TEACHING MATERIAL

MODERN LOGISTICS

AND PURCHASING MANAGEMENT

现代物流与采购管理系列教材

进出口通关实务

温耀庆 编著

中国物资出版社

图书在版编目（CIP）数据

进出口通关实务/温耀庆编著 .—北京：中国物资出版社，2007.1 重印
（现代物流与采购管理系列教材）
ISBN 978-7-5047-2295-9

Ⅰ. 进… Ⅱ. 温… Ⅲ. 进出口贸易—海关手续—中国—教材
Ⅳ. F752.5

中国版本图书馆 CIP 数据核字（2004）第 139643 号

责任编辑 李晓春
责任印制 沈兴龙
责任校对 孙会香

中国物资出版社出版发行
网址：http://www.clph.cn
社址：北京市西城区月坛北街 25 号
电话：（010）68589540 邮政编码：100834
全国新华书店经销
中国农业出版社印刷厂印刷

开本：787×980mm 1/16 印张：17 字数：240 千字
2005 年 1 月第 1 版 2007 年 1 月第 2 次印刷
书号：ISBN 978-7-5047-2295-9/F·0895
印数：5001—8000 册
定价：27.00 元

现代物流管理系列教材编审委员会

序　言

中共中央办公厅、国务院办公厅印发的《2002～2005年全国人才队伍建设规划纲要》指出："进入新世纪，国际形势正在发生深刻变化。随着经济全球化的发展，人才全球化趋势进一步增强，我国加入世界贸易组织后，面临的物流人才问题更加突出。发达国家利用各种手段吸引我国人才，人才竞争日益激烈：全球范围内的经济结构调整对人才素质提出了更高要求；综合国力的竞争更加倚重于科技进步和人才开发。今后5～10年，是我国经济和社会发展的重要时期，做好加入世界贸易组织后各项应对工作，实现'十五'计划确定的宏伟目标，把建设有中国特色社会主义事业不断推向前进，人才是关键。抓住机遇，迎接挑战，走人才强国之路，是增强我国综合国力和国际竞争力、实现中华民族伟大复兴的战略选择"。

面对世界经济一体化的进程加快，许多大型跨国集团的进入，我国各级政府部门和许多市场意识敏锐的企业已把物流作为提高竞争能力和提升企业核心竞争力的重要手段，把现代物流理念、先进的物流技术和现代经营与管理模式引入国家、地区经济建设和企业经营与管理之中。但是，我国的物流教育仍十分滞后，造成现代物流综合性人才、企业尤其是流通企业改造传统物流与加强物流管理、城市规划与物流系统运筹、第三方物流企业的运作技术操作等现代物流人才严重匮乏，阻碍了经济的发展和经济效益的提高。据各地人才预测，物流人才是全国12种紧缺人才之一，物流工程规划人员、物流管理人员、物流科研人员、物流师资全面紧缺。到2010年全国大专以上物流人才的需求量为30～40万人，物流技术操作和营销人才每年需要近10万人。不仅如此，根据我国加入WTO的承诺，物流和分销服务业是全面开放的行业之一，国内市场将会出现高层次、高起点的激烈竞争的局面，这势必会使本身就匮乏的人才竞争加剧。如果我们不从现在做起，加快我国物流管理与技术人才的培养，终将成为我国物流产业发展的瓶颈，物流产业化和成为21世纪新的经济增长点就成了一句空话。因此，加速推动现代物流产业的人才培养工程，实施多层次、多样化的物流教育，是21世纪物流产业化发展中保证物流产业形成合理的人才结构，提高我国物流管理水平和经济效益的决定因素。所以，中国物流与采购联合会为了适应物流人才的培养先后已组织大批著名物流专家、教授组织编写出版了三套现代物流系列教材，引起了物流学术界和企业界的普遍关注，取得了较大的社会效益和经济效益。为了进一步满足物流高等教育、高等职业技术教育和各层次人员培训教育的需求，在中国物流技术协会的指导下，我们根据教育部关于面向21世纪高、中等人才教育培养规格要求，组织大批物流专家、教授编写了一套最新现代物流管理系列教材。经审定本套现代物流管理系列教材和相关课程教学丛书既可作为普通高等院校、高职高专院校的物流及其相关课程的选用教材和教学参考资料，亦可作为各层次成人教育和企业培训教学参考用书，也适合作为广大物流从业人员的自学读物。同时。对参加物流职业资格认证考试的人员具有较高的参考价值。

现代物流管理系列教材，在编写过程中得到了许多院校和研究机构的专家、教授以及物流企业领导的大力支持，在此一并致谢。由于编写时间仓促加上编者水平有限，书中有不足之处在所难免，恳请广大读者提出宝贵意见，以日臻完善。

现代物流管理系列教材编审委员会

前　言

历经15年艰辛的历程，中国终于在2001年11月10日被批准加入世界贸易组织（WTO），并于同年12月11日正式成为世界贸易组织（WTO）的成员。中国加入WTO，无论是对其自身的发展还是对整个全球经济必将产生实质而又深远的影响。

这一变革对中国的外经贸领域而言，无疑是喜忧参半，面临机遇而又不乏严峻的挑战。中国政府正在认真履行各项入世承诺，商务部和海关总署及其他部委按照国际惯例和世界贸易组织的规则，清理废止了一批法规，重新调整公布了一系列管理制度。这一切在进出口通关领域表现得尤为明显。中国政府按照世界贸易组织的有关原则修订了一系列国家管理外贸法律法规，2001年新的《海关法》问世，出台了新的进出口税则和海关估价规则以及原产地规则，与世界海关同步实行了2002年版的HS商品分类制度，实行了新的进出口许可证商品管理目录等。

随着这一切的改变，势必要求中国海关在进出口通关的方法、程序和作业上有所变更和调整。与此同时，海关也实实在在地深化了通关作业的改革，例如推出了跨关区快速通关和大型高新技术企业便捷通关措施；推行了口岸电子执法系统；以及实际运行的出口加工区企业电子账册联网备案核销和ATA单证册核销子系统等。

本书恰好是在面对如此新的情况之下应运而生，紧紧围绕海关的实际通关业务，并结合最新的法律、法规，十分详尽的向读者介绍了海关的各项通关规定和详尽的通关程序与作业，在通关实务方面具有较强的实际操作性。本书十分适合于涉外经贸类工作人员以及各大专院校在校学生阅读和使用。它是了解和掌握中国现代海关通关作业实务的一本必不可少的实用书籍。

本书共分为十二章，分别详尽地叙述了中国海关管理、中国海关通关制度、中国关税政策、中国海关税则、一般贸易货物通关以及加工贸易货物通关和特殊货物通关、运输工具通关、海关保税业务、海关稽查、知识产权海关保护、通关与对外贸易管理等，最后对世界海关组织作了简要的介绍。

本书由上海对外贸易学院温耀庆同志担任主编，方学伟、许建红、胡二保、刘林涛、毛云飞、马蕾、付少云等同志参加了本书编写。

同时，在本书出版问世之际，要衷心感谢参加本书编辑、策划的各位同志。

本书在编写过程中，参阅了大量著作、期刊、文献和网上资料等，在此对原作者表示衷心的感谢。

由于本书编写时间仓促，编者的知识积累有限，再加上加入世界贸易组织后在通关方面的政策、法律和法规方面的不断变化，难以及时收集齐全，书中的错误和遗漏之处在所难免，恳请各位专家、同行和广大热心读者给予批评和指正。

编　者

目 录

第一章

海关管理制度

海关是国家进出境监督管理机关，是国家主权的象征。从 1949 年 10 月 25 日中国设立海关总署统一管理全国海关以来，中国海关就担负起维护国家主权和利益，加强海关监督管理，促进对外经济贸易和科技文化交流，保障社会主义现代化建设的重任。

第一节　海关管理体制

中国海关管理体制经过多次变更与调整，形成了以海关总署为最高领导机构，直属海关与隶属海关依法独立行使职权的垂直领导体制。

一、海关总署

海关总署是国务院主管海关监督管理和行政执法的职能部门，是国务院的直属机构，在国务院的领导下统一管理全国海关。其主要任务是领导和组织全国海关正确贯彻实施《中华人民共和国海关法》（以下简称《海关法》）和国家有关法规、政策，积极发挥把关服务职能，促进和保障社会主义现代化建设。目前，海关总署设有 10 个司局级机构，4 个事业单位。此外，海关总署还在广州设立广东分署，作为总署的派出机构。

海关总署的主要职责是：

- 研究制定海关各项业务工作方针、政策和法律、法规，并检查督促全国海关贯彻执行；
- 参与制定和修订关税条例、进出口税则并组织贯彻实施，统一管理进出口关税及进口环节税的税收征管工作；
- 领导全国海关依法监管进出境的运输工具、货物、行李物品、邮递物品和其他物品，严密制度，简化手续，加强后续管理，方便合法进出；

- 领导全国海关稽查工作；
- 负责海关统计，开展统计分析和咨询服务；
- 组织领导全国海关的缉私工作；
- 审理有关纳税争议和海关处罚决定的复议申请；
- 管理全国海关的组织机构、人员编制等；
- 组织研制、引进和开发海关技术设备，管理全国海关经费、财务、固定资产和基本建设等；
- 开展同外国海关、国际海关组织及有关机构的联系交往和合作。制定或参与制定有关海关问题的国际条约和草案。

二、直属海关与隶属海关

改革开放以来，中国的对外经济贸易和科技文化交流日趋频繁。为此，根据海关设置原则，中国在对外开放口岸和海关业务集中的地点设立海关。目前，经国务院批准，许多对外开放城市、对外开放地区以及内陆省市相继设立了海关机构，为对外经贸发展和国际科技文化交流提供了方便。海关的隶属关系，不受行政区划的限制，是一种垂直领导关系。

海关分为直属海关和隶属海关两个层次。直属海关，是指直接由海关总署领导，负责管理一定区域范围内的海关业务的海关；隶属海关，是指由直属海关领导，负责办理具体海关业务的海关。这种对海关层次的划分目的在于使海关层级清晰，职责分工周密，有利于提高效率，正确地行使权力。

海关依法独立行使职权，海关在履行职责时具有相对独立性，依照法定的职权和法定程序严格执法，依法对海关总署负责。

三、海关侦察走私犯罪公安机构

中国在海关设立专门侦察走私犯罪的公安机构，配备专职缉私警察，负责对其管辖的走私犯罪案件的侦察、拘留、执行逮捕、预审。海关侦查走私犯罪公安机构根据国家有关规定，可以设立分支机构。各分支机构办理其管辖的走私犯罪案件，应当依法向有管辖权的人民检察院移送起诉。地方各级公安机关应当配合海关侦查走私犯罪公安机构依法履行职责。

中国实行联合缉私、统一处理、综合治理的缉私体制。海关负责组织、协调、管理查稽走私的工作。

第二节　海关基本任务

中国海关依照《海关法》和其他有关法律、行政法规，监管进出境的运输工具、货物、行李物品、邮递物品和其他物品（以下简称进出境运输工具、货物、物品），征收关税和其他税、费，查缉走私，并编制海关统计和办理其他海关业务。

根据《海关法》的规定，中国海关的基本任务有四项：货运监管、征收关税、查缉走私和编制统计。

一、货运监管

货运监管由海关运用国家赋予的权力，通过报关登记、审核单证、查验放行、后续管理、查处违法行为等环节，监管进出境运输工具、货物、物品的合法进出，保证贯彻实施国家统一的对外贸易制度及有关的法律法规。

货运监管是中国海关的基本任务之一，监管可分为两部分：一是对货物和运输工具的监管，包括监管以各种贸易方式，通过各种运输渠道，出入中国关境的货物，以及所有进出中国关境的海、陆、空运输工具；二是对行李、邮递物品的监管，包括各类进出境人员携带的行李物品及通过国际邮递渠道进出关境的各类物品。

进出境货物系指通过各种贸易方式或为贸易目的而进出口的商品，包括进口货物、出口货物和过境、转运、通运货物等。海关对进出境货物监管可分为进出境环节监管和非进出境环节监管两部分。

进出境物品是指通过携带、邮寄、托运等方式进出境的非贸易性商品，海关将其分为进出境行李物品和邮递物品两类。根据海关管理的不同层次，进出境物品分为禁止进出境物品、限制进出境物品和非限制进出境物品。

进出境运输工具是指船舶、车辆、航空器和驮畜等，由于各类运输工具的运输方式不同，海关对运输工具的监管可分为海上运输工具监管、陆路运输工具监管、空中运输工具监管。

海关对进出境货物、物品及运输工具实施监管的目的及意义比较广泛。在经济方面，通过实施进出口管理制度，保护本国的民族工业和自然资源，改善进出口贸易条件，促进对外经济贸易的健康发展，在政治方面，严格管制与国家安全直接关联的货物、物品，如武器、弹药、爆炸品、无线电通讯器材及国家机密的出入境；在公众健康卫生方面，制止非法贩运的麻醉品以及国外病疫虫害等有害公众健康的其他物品入境；在文化道德方面，制止反动宣传品及淫秽物品的入境以及防止国家珍贵历史文物的流失等等。

二、征收关税

依据《中华人民共和国进出口关税条例》、《中华人民共和国海关进出口税则》以及海关总署发布的关于入境旅客行李物品和个人邮递物品征收进口税办法，对进出口货物及进出口物品征收关税及其他税、费，是中国海关的又一项基本任务。

海关的关税制度规定了纳税义务人、商品分类及编码、进出口税率结构、完税价格的审定、纳税期限、税款的征免退补及违规处理等原则和作业程序。

关税制度的内容主要涉及税则、估价、纳税、减免、征管、处罚和申诉等。具体规定了进出口税则、税目、税率的制定、设置、调整、公布，税则归类规则及归类方法，税率运用，原产地规则等；规定了海关审定、估定或确定完税价格的依据、标准、方法、程序和计算公式；规定了税款计算，币种及汇率适用，税款缴纳的方式、期限，税款的追征以及退税、补税办法；规定了各类关税减免的原则、范围、条件、幅度、年限、审批办法以及后续管理；规定了在征税环节征收机关的职责权限；规定了对违反关税法规行为的处罚和对纳税争议的申诉。

征收关税是海关运用经济杠杆，执行国家的关税政策，发挥关税的财政作用、调节作用、保护作用和互惠作用的具体表现。中国关税分为进出口货物关税和进口物品、邮递物品关税两种。中国海关除征收关税外，还依法代征有关国内税费以及依法征收税费、监管手续费、滞报金、滞纳金。

三、查缉走私

查缉走私是世界各国海关普遍承担的一项职责，也是中国海关的基本任务之一。走私是逃避海关监管进行非法的进出境活动，偷逃关税，非法牟取暴利，扰乱破坏社会经济秩序，严重危害国家主权和国家利益的违法犯罪行为。因此。必须坚决打击走私活动，查处走私案件，缉拿走私犯罪人员，惩罚走私行为。各有关行政执法部门查获的走私案件，应当给予行政处罚的，移送海关依法处理；涉嫌犯罪的，应当移送海关侦查走私犯罪公安机构、地方公安机关依据案件管辖分工和法定程序办理。

中国海关查缉走私的目标是制止和打击非法进出口货物、进出境物品的行为，维护国家的主权和利益，保障社会主义现代化建设的顺利进行。

四、编制统计

海关统计是中国正式对外公布的进出口统计。海关编制统计，为国家宏观经济调控提供了准确、及时的信息，又对监管、征税等业务环节起到了查验把关的作用。

海关统计是国家统计的一个重要组成部分。它以数字形式反映实际进出口的情况。国务院确定，海关统计是国家正式对外颁布的进出口统计。

列入中国海关统计的货物范围有两大类，即实际出入境的对外贸易货物和直接影响中国物资储备增减的进出境物品。海关统计的主要作用是：为国家制定对外经济贸易方针、政策和计划提供依据；及时反映国家对外经济贸易方针、政策和计划的实际贯彻情况，发挥国家宏观调控体系中的反馈、监督作用；为系统研究中国对外贸易和国际经济贸易关系提供资料；通过审核海关统计，对货运监管、征税等业务环节的工作质量起最后把关的辅助作用，以改进和严密海关的监督管理。

海关统计是以进出境的货物为调查和分析对象，运用一系列统计指标对国家的对外贸易发展状况进行统计监督，提供信息、咨询，促进对外贸易发展。海关统计制度是指依据有关规定而形成的关于对进出境的货物进行调查分析的原则与方法的总称。

海关统计是对外贸易货物实际进出口的统计，是国家统计的一个重要组成部分。对于能引起我国境内物资资源储备增加或减少的进出口货物，均列入海关统计。海关对列入统计范围的进出口货物按品种、数（重）量、价格、国别（地区）、经营单位、境内目的地、境内货源地、贸易方式、运输方式、关别等项目，并依照《中华人民共和国海关统计商品目录》进行统计。

《海关法》在规定了海关的基本任务的同时，为了保证任务的完成，赋予了海关若干权力。海关可以行使下列权力：（1）检查进出境运输工具，查验进出境货物、物品；对违反本法或者其他有关法律、行政法规的，可以扣留。（2）查阅进出境人员的证件；查问违反本法或者其他有关法律、行政法规的嫌疑人，调查其违法行为。（3）查阅、复制与进出境运输工具、货物、物品有关的合同、发票、账册、单据、记录、文件、业务函电、录音录像制品和其他资料；对其中与违反本法或者其他有关法律、行政法规的进出境运输工具、货物、物品有牵连的，可以扣留。（4）在海关监管区和海关附近沿海沿边规定地区，检查有走私嫌疑的运输工具和有藏匿走私货物、物品嫌疑的场所，检查走私嫌疑人的身体；对有走私嫌疑的运输工具、货物、物品和走私犯罪嫌疑人，经直属海关关长或者其授权的隶属海关关长批准，可以扣留；对走私犯罪嫌疑人，扣留时间不超过24小时，在特殊情况下可以延长至48小时。在海关监管区和海关附近沿海沿边规定地区以外，海关在调查走私案件时，对有走私嫌疑的运输工具和除公民住处以外的有藏匿走私货物、物品嫌疑的场所，经直属海关关长或者其授权的隶属海关关长批准，可以进行检查，有关当事人应当到场；当事人未到场的，在有见证人在场的情况下，可以径行检查；对其中有证据证明有走私嫌疑的运输工具、货物、物品，可以扣留。海关附近沿海沿边规定地区的范围，由海关总署和国务院公安部门会同有关省级人民政府确定。（5）在调查走私案件时，经直属海关关长或者其授权的隶属海关关长批准，可以查询案件涉嫌单位和涉嫌人员在金融机构、邮政企业的存款、汇款。（6）进出境运输工具或者个人违抗海关监管逃逸的，海关可以连续追至海关监管区和海关附近沿海沿边规定地区以外，将其带回处理。（7）海关为履行职责，可以配备武器。海关工作人员佩带和使用武器的规则，由海关总署会同国务院公安部门制定，报国务院批准。（8）法律、行政法规规定由海关行使的其他权力。

海关的权力也受到国家权力机关、司法机关、行政机关等部门以及人民群众的监督，包括立法监督、司法监督、行政监督、人民群众监督和舆论监督等。

第三节　海关法律体系

海关是根据国家法令，对进出境的运输工具、货物、行李物品、邮递物品和其他物品进行监督管理、征收关税和其他税费、查缉走私和编制海关统计的国家行政管理机关。海关法律体系是指调整海关管理关系的所有法律规范的总称，是海关对进出境活动实施监督管理的法律依据。中国海关法律体系的渊源来自于五个方面，即宪法、法律、行政法规、地方性法规和国际条约与协定，它们是相互衔接、有机联系的统一整体。

具体来看，中国海关法律法规主要包括《中华人民共和国海关法》《中华人民共和国进出口关税条例》《中华人民共和国海关进出口税则》《中华人民共和国海关审定进出口货物完税价格办法》《中华人民共和国知识产权海关保护条例》《中华人民共和国海关稽查条例》等。

一、《中华人民共和国海关法》

《海关法》是海关监督管理进出境运输工具、货物、物品和征收税费的法律规范的总和，是海关进行监督管理活动的法律依据。1987 年 1 月 22 日由第六届全国人大常委会通过，并于同年 7 月 1 日公布实施的《中华人民共和国海关法》，是新中国历史上第一部正式的海关法典。以此为基础，中国基本建立了比较完善的并符合国际规范的海关法律体系。2000 年 7 月 8 日根据第九届全国人大常委会第 16 次会议《关于修改〈中华人民共和国海关法〉的决定》进行修正。

《海关法》从维护国家主权和利益、加强海关监督管理、促进对外经贸发展和科技文化交流、保护当事人合法权益等基本原则出发，规定了中国海关管理的各项法律制度。《海关法》共设 9 章 102 条，具体内容有：（1）组织法律制度，包括海关的设置原则、海关总署和各地海关机构的隶属关系和管理体制、海关的任务和职权等。（2）监管法律制度，规定海关对进出境运输工具、货物、物品监管的各项程序、手续，参与进出境活动的有关当事人在办理海关手续方面的权利和义务等。（3）关税法律制度，主要规定中国的关税政策，关税征收、减免、退补的原则与手续，纳税义务人的权利与义务，纳税争议的处理程序等。（4）统计法律制度，规定海关统计的范围、商品分类、统计的价格和国别等指标和统计方法，以及海关统计资料的公布和使用办法等。（5）法律责任制度，规定违反海关各项法律制度应承担的责任，包括走私罪、走私行为和违反海关监管规定行为的认定及其处罚规定、处罚的执行程序，以及有关海关的行政复议、行政诉讼等。

二、《中华人民共和国进出口关税条例》

1985 年 1 月 8 日，国务院第五十七次常务会议通过了《中华人民共和国进出口关税条例》（以下简称《关税条例》），并自 1985 年 3 月 10 日起实施。1987 年和 1992 年，国务院两次对《关税条例》作出修订。2003 年 11 月 23 日国务院令第 392 号公布了新《关税条例》并于 2004 年 1 月 1 日施行，这是新中国成立以来的一部较完整、系统的关税立法。

《中华人民共和国进出口关税条例》共6章67条，确定了国务院关税税则委员会，由其负责《税则》和《进境物品进口税税率表》的税目、税则号列和税率的调整和解释，报国务院批准后执行；决定实行暂定税率的货物、税率和期限；决定关税配额税率；决定征收反倾销税、反补贴税、保障措施关税、报复性关税以及决定实施其他关税措施；决定特殊情况下税率的适用，以及履行国务院规定的其他职责。

根据《关税条例》规定，进口货物的收货人、出口货物的发货人、进境物品的所有人，是关税的纳税义务人。

具体规定了进出口货物关税税率的设置和适用，进出口货物完税价格的确定，进出口货物关税的征收及进境物品进口税的征收等内容。

《中华人民共和国进出口税则》（以下简称《税则》）和《中华人民共和国进境物品进口税税率表》（以下简称《进境物品进口税税率表》）规定关税的税目、税则号列和税率，作为《关税条例》的组成部分。

三、《中华人民共和国知识产权海关保护条例》

近年来，随着国际贸易的迅速发展，侵犯他人知识产权的非法货物的国际贸易数量也呈上升趋势，严重地破坏了国际贸易秩序，成为国际贸易中不正当竞争的重要因素。为遏制国际贸易领域的侵权盗版活动的进一步发展，世界各国在加强对知识产权的立法和司法保护的同时，也把知识产权保护的重点转向行政保护，特别是海关的边境保护方面。由于海关是国家进出境的监督管理机关，有能力对进出口货物实施有效的控制，在防止和制止侵权货物进出境方面可以发挥重要作用。各国大都先后颁布了有关禁止侵权货物进出境的法律法规。特别是乌拉圭回合达成《与贸易有关的知识产权的协定》后，世界各国都先后对其国内法规进行了补充修订，赋予海关采取措施、制止侵犯知识产权货物进出境方面的职权。

改革开放以来，中国先后制定了《著作权法》《计算机软件保护条例》《商标法》《专利法》等涉及知识产权保护的法律法规，建立了比较完整的知识产权保护法律体系。海关在保护知识产权、制止侵权产品的进出境方面的作用显得越来越重要。1995 年 7 月 5 日国务院发布了《中华人民共和国知识产权海关保护条例》，于同年 10 月 1 日正式实施。2003 年 11 月 26 日国务院第 30 次常务会议通过了新的《中华人民共和国知识产权海关保护条例》，自 2004 年 3 月 1 日起施行。

知识产权的海关保护，又称知识产权的进出境保护、知识产权的边境保护或知识产权的边境执法，指海关依法在边境制止侵犯受国家法律和行政法规保护的知识产权的货物进境或者出境的措施。知识产权海关保护的具体措施包括：要求收、发货人申报进出口货物的知识产权状况、扣留侵权嫌疑货物、对货物的侵权状况和收发货人进行调查、没收侵权货物、处置侵权货物、对侵权货物收发货人依法进行处罚等若干环节。其中，扣留侵权嫌疑货物是海关保护措施的一个重要环节，因为根据《中华人民共和国知识产权海关保护条例》的规定，对有些案件海关不能进行调查处理。所以，权利人申请海关采取的保护措施，就是指扣留侵权嫌疑货物。

中国海关的知识产权保护有 3 个特点：（1）在进口和出口环节同样保护。中国海关除了和其他国家海关一样，禁止侵权货物进口之外，还有责任对自中国出口的货物采取禁止的措施；（2）在对商标和版权实施保护的同时，还对专利和奥林匹克标志实施保护；（3）海关对经调查认定为侵权的进出口货物一律没收，不允许退运进境或者出境。

根据修订后的《中华人民共和国知识产权海关保护条例》，海关对知识产权的保护分为主动保护和被动保护两种执法模式。这两种模式的差异主要体现在海关介入的程度和权利人承担的义务两个方面。

四、《中华人民共和国海关稽查条例》

推行稽查制度是建立现代海关制度，向国际惯例靠拢的一项重要举措。为推行稽查制度的顺利实施，1997 年 1 月 3 日，国务院发布实施了《中华人民共和国海关稽查条例》。该《条例》规定了关于海关稽查的范围、对象、期限，规定了被稽查人与海关的权利和义务，规定了稽查程序等。

海关在规定的期限内依法对进出口经营企业及相关单位的会计账簿、凭证、报关单证及其他资料实施稽核，以审查有关企业、单位有无违反海关法律法规的行为即为稽查。

海关稽查的对象是与进出口活动有关的企业、单位。稽查内容是审查这些企业、单位进出口活动的真实性和合法性，保障国家税收，引导企业守法经营。

根据《中华人民共和国海关稽查条例》的规定，海关稽查的时限是从进出口货物放行之日起3年内或保税货物进境之日起至结关后年内或减免进口货物的海关监管期限内。

海关稽查程序是稽查准备—通知稽查—实施稽查—提出报告—作出结论—稽查处理。

思考题

1. 我国海关的基本任务是什么？
2. 我国海关为什么要对进出口货物实行监管？
3. 我国海关管理的法律法规有哪些？

第二章

海关通关制度

海关通关制度是对进出口货物、物品和运输工具在进出境口岸进行监督管理的基本制度。所谓通关，是指进出口货物的收发货人及其代理人、进出境物品的所有人、进出境运输工具负责人向海关申请办理进出手续，海关对其进行审核、查验、征缴税费、准予进出的全过程。通关有两层意义：一是海关对进出境运输工具、货物及物品的监管；二是进出境运输工具负责人、货物收发货人及其代理人、物品所有人向海关的申报。

第一节　海关监管制度

海关监管是由海关代表国家，按照《海关法》和其他有关法律法规，对进出关境的活动实施实际有效的监督、审核、检查的一种行政管理行为，是海关的一项基本任务。

中国《海关法》规定，进口货物自进境起到办结海关手续止，出口货物自向海关申报起到出境为止，过境、转运、通运货物自进境起到出境为止，应当接受海关监管。海关监管货物未经海关许可，任何单位或个人不得开拆、提取、交付、发运、调换、改装、抵押、转让或更换标记。

一、海关监管范围

海关的监管范围可以分为：海关监管的地域范围和对象范围。

根据《海关法》规定，中国在对外开放口岸和海关监管业务集中的地点设立海关，进出境运输工具、货物、物品都必须通过设有海关的地点进境或出境。在特殊情况下，经国务院或国务院授权的机关批准，可在未设立海关的地点临时进境或出境，但也必须依法办理海关手续。

海关监管的地域范围包括：（1）设立海关的港口、车站、机场、国界孔道、国际邮局互换局；（2）有海关监管业务的场所；（3）未设立海关但经国家批准进出境的地点。

海关监管的对象范围为运输工具、货物和物品。

运输工具，是指用以载运人员、货物、物品进出境的各种船舶、车辆、航空器、驮畜等。海关监管中将进出境运输根据作为监管对象，主要是考虑货物、物品的进出境总离不开运输工具的载运，必须将两者结合起来实施监管。同时还考虑到，物品的进出境总是与人携带有直接关系的，因而将载运人员和货物、物品的运输工具都列入监管对象。对运输工具的分类，实际上就是形成海关对水上运输工具、陆上运输工具、空中运输工具的监管。

货物，包括进出口货物，过境、转运、通运货物，暂时进出口货物、保税货物等。在海关监管中，对货物的监管是数量最多、涉及面最宽、情况最复杂的一种监管。对不同性质、不同状态的货物有不同的海关监管措施。

物品，即个人进出境的行李物品，邮递物品，其他物品和准予暂时免税进境或者暂时免税出境的物品。进出境物品与进出境货物的重要区别在于，前者是非贸易性的，后者是贸易性的，所以进出境物品应当以自用、合理数量为限。

二、海关监管程序

海关监管是国家对涉外经济实施宏观调控的一环，海关通过在口岸的实际监督管理，方便货物、物品、运输工具合法进出，保证关税的征收，防止未经批准和不合法的货物进出境，制止走私违规行为，从而有效地保证各项对外贸易管理制度和措施的实施。同时，通过监管为征税和统计业务提供可靠的数据。

（一）海关对一般贸易进出口货物的监管程序：申报—查验—征税—放行

1. 申报：申报有三个步骤，第一是申报单证，即按规定申报人应交验报关单、许可证件、提货单或装货单、发票、装箱单、检验检疫证明及其他单证；第二是申报登记，即由海关将上述单证签收后编号登记，批准申报日期；第三是审核单证。

2. 查验：查验货物的目的是核实单、货相符，以防止非法进出境，并为征税、统计提供可靠依据。查验货物一般在码头、车站、仓库等海关监管场所，或者在货物装卸过程中进行。

3. 征税：征税是海关基本任务之一。进出口货物除海关特准以外，在收、发货人缴清税款或提供担保后，才能由海关签印放行。

4. 放行：放行货物时，海关认真复核全部申报单证，并审核是否已经纳税。在一切海关手续具备的前提下，海关在提单、运单或装货单上加盖海关放行章以示放行。收、发货人只有凭海关加盖放行章的单据才能向港口、民航、车站、邮局办理提货或托运手续。海关监管到此结束。

（二）海关对加工贸易进出口货物的监管程序：登记审核—申报审单—查验货物—核销结案

1. 登记审核：凭有关主管部门颁发的加工贸易批准书连同由签约单位签章的合同副本向海关办理备案登记手续，海关核发《登记手册》。

2. 申报审单：经营单位应按规定填写《登记手册》和专用报关单向进出口地海关如实申报。

3. 查验货物：除按一般贸易货物要求进行查验外，重点查验进口料、件和出口成品的数量，防止进口以多报少，出口以少报多，并检查走私行为。

4. 核销结案：经营单位在合同执行完毕一个月内，凭《登记手册》和海关签印的专用报关单等有关单据向海关办理核销手续。

另外，对运输工具进出境的监管程序：申报—交验单证—监督—检查。

第二节　报关注册登记制度

报关是指运输工具的负责人，进出口货物的收发货人或其代理人、进出境物品的所有人向海关办理进出境手续的全过程。报关制度是海关依法对报关人的报关资格审定、批准和报关行为进行有效管理的业务制度。

海关对进出口货物报关管理的主要制度直译是报关注册登记制度。凡是在中华人民共和国进出境口岸办理进出口货物报关手续的企业必须向海关办理报关注册登记。

报关注册登记，即海关注册登记，系指进出口货物的收发货人或其代理人向海关提供规定的法律文件，申请报关资格，经海关审查核实，准予办理海关报关业务的管理规定。

一、报关单位的资格

报关单位，系指经海关审批准予注册，可直接或者接受委托向海关办理运输工具、货物、物品进出境手续的单位。

根据规定，目前可以向海关办理报关注册登记的企业除专门从事报关服务的企业和代办进出口货物报关手续的经营国际运输代理和国际货物运输工具代理等业务的企业必须向海关办理注册登记外，下列企业如直接向海关办理进出口报关手续的，也必须进行注册登记。

- 外贸专业进出口总公司及其分公司和所属省、自治区、直辖市、计划单列市级分公司，经批准有进出口经营权的外贸子公司；
- 有进出口经营权的工贸（农贸、技贸、商贸）总公司及其分支机构；
- 有进出口经营权或部分经营权的其他全国性和地方性的各类进出口公司；
- 有进出口经营权的生产企业、企业联合体、外贸企业和生产企业的联合公司；
- 信托投资公司、经济技术开发公司、技术引进公司和租赁公司；
- 中国成套设备进出口公司，各地区、各部门的国际经济技术合作公司、对外承包工程公司；
- 中外合资、合作经营企业，外商独资企业；
- 免税品公司、友谊商店、外汇商店、侨汇商店；

• 各类保税工厂、保税仓库（油库）、外国商品维修服务中心及其附设的零部件寄售仓库；

• 经海关认可，直接办理进出口手续的经营对外加工装配和中小型补偿贸易的企业；

• 接受国际组织、外国政府或非政府组织无偿援助项目，并在相当时期内常有进出口物资的单位；

• 其他经常有进出口业务的企业。

二、报关注册登记

符合海关规定条件的企业，向海关办理报关注册登记。具体手续是：（1）有关企业向海关提出书面申请，并应向海关递交规定的文件资料，如主管部门批准开业的证件、工商行政管理部门核发的营业执照，以及海关认为必要时需要提交的银行出具的经济担保书等；（2）海关对企业提供的文件资料进行审核，审核企业的资格；（3）在规定的期限内，批准并发给注册登记证明书。注册登记证明书的种类根据不同企业的性质分别有《自理报关单位注册登记证明书》《专业报关企业注册登记证明书》和《代理报关企业注册登记证明书》，并给予海关注册登记企业10位数编号；（4）企业将报关专用章和报关员的名章印模或签字式样送交海关备案存查。每次向海关递交的进出口货物报关单上必须盖有报关单位和报关人员已备案的印章（或签字），否则海关不予接受报关。

自理报关单位向海关办理注册登记的手续：应填写《自理报关注册登记申请书》，并持下列证件向海关提出申请：（1）经贸管理部门批准企业进出口经营权的批件副本或影印件；（2）工商行政管理部门核发的营业执照副本或者影印件；（3）银行出具的经济担保书（海关认为必要时提交）。海关审核批准后，发给《自理报关注册登记证明书》并收取工本手续费。报关单位需将“报关专用章”和报关人员的名章印模或签字式样送交海关备案存查。每次向海关递交的进、出口货物报关单上必须盖有报关单位和报关人员已备案的印章（或签字）。否则，海关不接受报关。

专业报关企业向海关办理报关注册登记的手续：开办专业报关企业和办理报关注册登记应具备下列条件：（1）海关认定的固定报关服务场所及符合海关作业所需要的设备；（2）注册资金人民币150万元以上；（3）交纳风险担保金人民币20万元；（4）健全的组织和财务管理机构及与经营规模相适应的从业人员。申请开办专业报关企业，需向所在地海关提交《专业报关企业注册登记申请书》（海关有此表格）、申请单位上级主管部门批准文件、可行性研究报告、专业报关企业章程等文件。经海关初审认为符合条件的，应将上述文件及初审意见报海关总署审批。

代理报关企业向海关办理报关注册登记的手续：企业申请代理报关注册登记应具备下列条件：（1）国务院主管部门批准经营国际货物运输代理、国际运输工具代理业务；（2）注册资本人民币150万元以上；（3）交纳风险担保金人民币20万元；（4）海关认为需具备的其他条件。代理报关企业所在地海关根据企业提交的《代理报关企业报关注册登记申请书》及以下文件正本（或影印件），办理注册登记手续，核发《代理报关企业注册登记证书》：（1）国务院主管部门批准经营国际货运代理、国际运输工具代理业务的文件；（2）工商行政管理机关核发的营业执照；（3）财会管理制度、账册设置情况；（4）验资报告及开户银行账号；（5）法定代表人、报关业务负责人和拟任报关员的姓名、联系电话号码、身份证号码；（6）海关认为需提交的其他文件。企业在获得《代理报关企业注册登记证书》后，方可开展代理报关业务。

自理报关企业在报关注册登记地以外的口岸进出口货物向海关办理报关的手续：自理报关企业可以在办理报关注册登记异地备案手续后，向海关办理报关业务。也可以委托进出口货物所在地的专业报关企业或代理报关企业代理报关。

没有经过海关注册登记的企业单位，不得直接办理进出口货物的报关手续，可委托专业报关企业或代理报关企业代为办理报关手续。对于接受货物收、发货人的委托代办报关手续的报关企业来说，必须遵守《海关法》对其委托人的各项规定，也就是说，一旦接受委托代理报关，该报关企业和报关人员就应当承担起《海关法》规定的货物收、发货人的全部义务和责任。

三、异地报关注册登记备案手续

“报关备案”是已在企业所在地海关办理了报关注册登记手续的报关单位，为了取得在其他海关关区报关的权利，而在有关区主管海关办理的一项批准手续。自理报关单位办理报关注册登记备案手续，应向所在报关注册地海关申领并填写《自理报关备案申请书》，交验《自理报关注册登记证书》影印件、营业执照影印件、批准文件影印件，经海关审核同意后，将上述文件封入关封，交异地海关，经该海关审核无异议，则颁发《自理报关单位报关备案证明书》，即享有在该关区内各口岸的进出口货物报关权。代理报关企业原则上限在所在关区各口岸办理报关业务。特殊情况需异地报关备案的，应由注册地主管海关与异地海关同意后，报海关总署核准，方可在异地办理报关备案手续。海关颁发《代理报关企业报关备案证书》。专业报关企业如需办理异地报关备案手续，应由企业所在报关注册地主管海关报海关总署审批后，由主管地海关颁发《专业报关企业报关备案证书》。

第三节　报关企业与报关员

报关企业系指已完成报关注册登记手续、取得办理进出口货物报关资格的境内法人。报关企业对一切报关行为负法律责任，必须遵守国家有关进出口管理的政策、法规和其他有关法规，保证按照海关的规定和要求认真如实地填写报关单据，交验有关单证，办理进出口货物的申报手续。陪同海关查验，并负责开拆和重封货物包装。缴纳税款、罚金以及海关规定的各项费用。海关认为必要时，还应负责向海关提供有关的合同、账册和其他单证。

要履行进出口货物的报关手续，必须先经海关批准成为报关单位。目前，海关把报关企业分为3种类型：（1）自理报关企业；（2）专业报关企业；（3）代理报关企业。后两类为办理代理报关注册登记单位。

办理报关和代理报关登记，在企业所在地海关办理。报关业务，应由报关企业和代理报关企业指派专人即报关员办理。报关员必须经海关培训、考核合格并获得由海关颁发的《报关员证》才可以从事报关工作。

自理报关企业，系指已在海关注册登记、仅为本企业办理进出口货物申报手续的报关企业。可以向海关申请办理报关注册登记的单位有：经批准有进出口贸易经营权的企业；中外合资、合作经营企业及外商独资企业；经海关认可，直接办理进出口手续的经营对外加工、装配和中小型补偿贸易的企业；经海关认可的经常办理进出口货物手续的单位。申请办理报关注册登记的企业，应向海关提交有关文件材料：(1) 经贸管理部门批准其经营进、出口业务的文件副本或影印件；(2) 工商行政管理部门核发的营业执照副本或影印件；(3) 银行出具的经济担保书或具有同等效力的证明文件；(4)《报关注册登记申请书》；(5) 有关部门批准开业的证件副本或者影印件。以上内容经海关审核批准后，发给《报关注册登记证明书》。

专业报关企业，系指已在海关注册登记、专门从事接受进出口货物经营单位和运输工具负责人以及代理人的委托，办理进出口货物和进出境运输工具的申报手续，具有境内法人地位的经济实体。

代理报关企业，系指经营国际货物运输代理、国际运输工具代理等业务，并兼营进出口货物的申报手续，履行代理报关注册登记手续的境内法人。

专业报关企业和代理报关企业均为办理代理报关注册登记的单位。具有法人资格的企业，可向海关申请办理代理报关注册登记，并同时向海关提交有关文件材料：工商行政管理部门核发的营业执照；代理报关注册登记申请书；资信证明文件，如有足够的流动资产或银行存款、保证进出口货物税款能够及时缴纳的证明文件，或是向金融机构投保并向海关提交金融机构出具的经济担保书，或者通过公证机关以固定资产抵押形式保证缴纳的资信证明文件。申请经海关审核批准后，发给《报关注册登记证明书》。企业取得报关单位的资格后，即可由专职或兼职报关员办理货物进出关境的手续。

报关单位的资格随同原申请成为报关单位的企业的撤消而自动终止。如更改注册登记内容时，需重新向海关申请。

报关员是经海关批准注册、代表所属报关企业向海关办理进出口货物申报纳税等通关手续，并以此为职业的人员。报关员是企业报关不可缺少的组成部分，一般将报关企业和报关员组合在一起，称“报关人”。

需要向海关办理报关手续的企业单位，应向海关提出书面申请，经海关审查并办理注册登记手续。报关单位指派专门人员经海关培训，由海关总署对其进行报关员资格考核，考核合格的，发给《报关员资格证书》，报关员需持《报关员证》，才能负责办理报关事宜。

海关对报关员实行注册制度，通过报关员资格考核并取得《报关员资格证书》者，应持所在海关注册登记的报关企业出具的证件，向所在地海关提出注册报关员的申请。并向海关提交《报关员注册申请书》、海关核发的企业注册登记证书、申请注册人所属企业的用工劳动合同或证明申请注册人为本企业正式职工的文件、申请注册人的身份证及照片等。海关根据申请以及进出口报关业务的需要对其进行审核，同意注册者，核发报关员证号，制发《报关员证》。为了加强对报关员的管理，全国海关在报关现场推行报关员条码系统对报关员报关情况进行管理，对持有《报关员证》的报关员核发《报关员卡》。

报关员遗失报关证件，应自证件遗失之日起15日内向海关递交情况说明，并登报声明作废。海关于声明作废之日起3个月后予以补发，期间不得办理报关业务。

报关员调动工作单位，应持调出、调入双方企业的证明文件向所在地海关办理重新注册手续。

报关企业对本单位脱离报关员工作岗位和被企业解聘的报关员，应及时收回其《报关员证》和《报关员卡》，交海关办理注销手续。因未办理注销手续而发生的经济法律责任由企业自行负责。

海关对报关员实行年度审核制度，考核报关员在办理报关纳税等通关过程中是否遵守报关管理及海关法规以及业务水平，以便重新确认其报关资格。

每个单位的报关员是这个单位的工作人员，报关员的报关行为意味着报关单位的行为，报关员的行为由报关单位向海关负责，报关员在报关时也需向海关负责。

报关人员向海关承担下列义务：

（1）遵守国家有关法律、法规和规章制度；

（2）接收并审查货主提供向海关申报的单证是否齐全、准确、有效；

（3）正确清楚地填好《进口货物报关单》《出口货物报关单》和应向海关交验的单据、证件，并按规定和要求办理进出口货物的报关事宜；

（4）按照海关指定的时间，陪同海关人员查验进出口货物，并负责办理货物搬移、开拆和重封货物的包装及衡量等工作；

（5）负责在规定的时间内办理缴纳所报进出口货物的税费、海关所处的罚款手续和销案手续；

（6）配合海关对走私违规案件的调查；

（7）在海关需要复查已放行的货物时，应当予以协助；

（8）参加海关有关报关业务会议与培训。

报关员由于违反《海关法》行为并受到海关按照《海关法》和《海关法行政处罚实施细则》规定处理的，不得重新申请报关员注册。

报关员由下列情形之一的，海关处以1000元以下罚款，并要求报关员重新接受海关业务培训。培训合格后，方能继续办理报关业务。

（1）同时受聘于两个或两个以上报关企业；

（2）非法代他人报关的，或超出本企业的报关业务范围报关的；

（3）未经海关同意，逾期一个月以内不参加年审的；

（4）持无效报关证件报关，转借、涂改、盗用报关证的；

（5）未经企业授权自行招揽报关业务的；

（6）不履行报关义务的；

（7）向海关人员行贿或败坏海关声誉的；

（8）其他原因需处以罚款的。

第四节　通关作业新模式

2001 年 1 月 1 日，新的通关作业模式在全国海关全面实施。改革后的通关作业模式利用现代信息技术，将分散审单变为专业化集中审单，即将原来下沉隶属海关的权力提升到直属海关，经由直属海关审单中心集中审单后，隶属海关业务现场接单，并按指令查验、放行，使电子流、信息流替代了过去的人员流、单证流，拓宽了货物通过时空，降低了企业通关成本，提高了通关速度。这是海关为了适应社会主义市场经济体制要求，建立现代海关制度的重要步骤。

一、通关作业新模式

（一）报关单电子数据申报

报关人按海关规定填制纸质《进出口货物报关单》《进出口货物价格申报表》草稿，备齐随附单证并签章，进行报关单电子数据输入。报关单电子数据可通过三种方式录入：（1）终端录入：报关人前往报关大厅委托预录入企业使用连接海关计算机系统的终端录入；（2）自行 EDI 方式录入：报关人在本企业办公地点使用 EDI 方式自行录入；（3）委托 EDI 方式录入：报关人委托预录入企业使用 EDI 方式录入。在计算机系统自动核对进口有效提（运）单电子数据后，始准申报。报关人插入报关员和企业法人身份证 IC 卡确认报关单电子数据内容。

（二）直属海关审单中心集中审单

直属海关审单中心收到报关单电子数据，通过计算机系统对报关企业及报关员进行资格认证后，开始进入计算机自动审核程序。（1）规范性审核。报关单电子数据不能通过规范性审核的，海关不接受申报，电子报关数据退回，允许报关人按海关要求修改报关单电子数据后重新进行电子数据申报。报关单电子数据通过规范性审核的，计算机自动接受申报，并记录接受申报的时间，此时构成报关人向海关申报及海关接受申报的法律行为。（2）专业化审核。报关单电子数据经通道判别委审单中心专业化审核的，计算机按商品分类分派至审单中心各专业化审单岗位，实施人工专业审单。经专业化审单确定有申报错误的，要求报关人修改报关数据，海关发出修改通知，说明应修改的内容，并可将原报关单电子数据退回（有走私违法嫌疑的不得退回修改），计算机自动作报关员差错记录，报关人按规定办理报关单电子数据修改、删除手续。(3)审结通过。报关单电子数据经通道判别为交由现场海关进行接单审核/征收税费处理的，以及经专业化审核通过的，系统自动完成计征税费程序处理，核销《进口减免税证明》，核注《预归类决定书》，核扣《加工贸易登记手册》进口料件和《进（出）口许可证》等备案数据，同时核注舱单。(4)审核结果发布。审单作业过程中，海关通过设置在报关或预录入大厅的显示屏幕和自助终端、寻呼机和EDI通关系统登记事项报关人通报审单等作业的处理过程及结果，以保证报关人能及时办理通关手续。

（三）接单审核/征收税费

报关人收到海关发布的“现场交单”信息后，打印纸质《进（出）口货物报关单》《进口货物价格申报单》，按规定被其随附单证并签章后，到隶属海关接单审核/征收税费环节办理交单手续。官员接受报关人递交的纸质单证，各项要求审核无误后，打印、签发各类税费专用缴款书，纳税义务人缴纳各项税费。

（四）查　验

对海关确定的查验货物，由隶属海关签发《查验通知书》，通知报关人准备查验。查验科（组）长操作查验子系统随机指定查验官员，打印《查验作业单》派单查验。对查验结果正常且税费已核销的，转入放行环节办理放行手续。

（五）放　行

放行环节官员操作放行子系统（REL）放行货物，在提运单上加盖放行章、签名并批注日期，系统核销《进（出）口许可证》、舱单等各项备案电子数据，赋予该票货物一个在中国境内的惟一放行编号，并将此编号通过网络传输至海关监管场所及卡口，报关人即可提取或发运货物。

新的通关管理模式使通关管理更加规范、严密、执法趋于统一，通关效率进一步提高，内部监管机制得到有效加强。

二、新的通关作业流程

新的通关作业流程划分为前、中、后三个阶段。现将与进出口企业关系最为密切的内容介绍如下：

第一，前期管理：前期管理要求进出口企业在运输工具、货物实际进出境前向海关办理各类审批、注册、备案手续。主要是：（1）港务部门、航空运输地面服务企业、国际邮件互换局、火车站、陆路进出境通道等海关监管场所（监管仓库）的审批、备案；（2）非口岸海关监管点的审批、备案；（3）海关监管仓库、各类保税仓库的审批、备案；（4）转关运输货物监管点、转关运输路线、转关运输企业及转关运输工具的审批、备案；（5）快件运营人、监管仓库的审批、备案；（6）报关企业的审批、备案；（7）减免税审批、备案；（8）加工贸易合同审批、备案；（9）加工贸易保税工厂及厂内备料保税仓库的审批、备案；（10）预归类决定书审批、备案；（11）免税外汇商品进口计划审批、备案；（12）各类许可证件备案。

第二，中期管理：中期管理包括物流监控、报关单电子数据申报、集中审单、接单审核/征收税费、查验、放行环节。中期管理是通关作业的主体，与报关企业的关系最为密切。

第三，后期管理：后期管理是指直属海关各业务职能部门在实际通关发生后，对通关作业的监督、评估，并据此设置或调整通关参数。管理的方式主要是对通关数据进行专项统计、分类、复核、综合分析，包括开展风险分析、执法评估和审计、督察、纠正通关作业错误或偏差，查找走私、偷逃税等违法线索，发现管理漏洞，提出风险防范和改进措施，从而进一步加强对通关作业的职能管理。

思考题

1. 海关监管的范围有哪些？
2. 如何办理报关注册登记？
3. 在通关作业新模式中，报关单电子数据可通过哪几种方式录入？

第三章

关税与海关税则

关税由海关征收，是一种国家税收。海关税则是一个国家通过立法程序公布实施的、按货物的不同类别排列的关税税率表，海关凭此征收关税。

第一节 关税概述

关税作为一种国家税收，是由海关具体代表国家，在边境、沿海口岸、机场或境内的水陆空国际交往孔道设置海关机构，并按照国家制定的关税法令和税则税率，对进出关境的货物征收关税。

一、关税的定义与性质

（一）关税的定义

关税是专门以进出关境的货物、物品为征税对象的一种国家税收，是国家税收的重要组成部分，征收关税是海关的主要任务之一。

从关税的定义可知，关税的基本属性是一种国家税收。国家是征收关税的主体，而海关是具体代表国家向纳税人征收其关税的。但是关税又与其他国家税收存在一个重要的区别，也可称其为关税的特殊性，即它的征税对象仅是进出关境的货物和物品，而其他的货物和物品则不在关税的征收范围之内。

关税的概念强调进出关境，因此对关境有一个清楚的了解是十分必要的。关境（Customs Territory）又称海关境域，目前较为权威的定义是由海关合作理事会主持下签订的有关关税的公约与协定中所下的定义，是指一个国家的海关法令完全实施的境域。一般而言，一个国家在其国境内实施统一的贸易法令和关税法令，因此国境与关境在通常情况下是一致的。但在某些特殊情况下，一国的国境与关境并不相吻合。例如，在几个国家组成关税同盟的情况下，它们组成了一个共同的关境，实施统一的关税法令和统一的对外税则。成员国之间的进出口货物并不征收关税，而只是对区外的非成员国的进出口货物进出共同的关境时征收关税，关境与国境便有所区别。以我国为例，大陆与香港虽然为同一国境，但是，彼此实行不同的关税政策，分别形成了两个不同的关税区，因此中国的关境与国境是不同的。又如在一个关境内可以设立免税区，在免税区内可以部分的不执行通常的关税和监管制度，但是区内的免税是按照本国海关法律和规定实施的，它依然处于关境之内。因此，关境应理解为一个与其他境域之间的人部分贸易保持着自身的税则或其他单独贸易规章的境域。

关税通常是在货物进出关境的流通领域中征收的，一个国家根据其自身的政治和经济等的需要，在边境、沿海口岸、机场或境内的水陆空国际交往孔道设置海关机构，并按照国家制定的关税法令和税则税率，对进出关境的货物征收关税。但应注意一点，海关对进出关境的货物所征收的税收并非全是关税，例如，海关对进出口货物所征收的消费税和增值税等并不属于关税。由此可见，关税作为一个单独的税种，它并不具有排他性，也不影响对其他税种的征收，进出关境的商品在其进出关境的前后，在国内市场上生产、流通和消费时，仍应根据有关税法，与本国产品同等对待，同样征收各种国内税费。

（二）关税的性质

关税无疑是一种国家税收，因此关税同样具有税收的基本属性。例如，固定性：指征税应该按照税法预先制定的税则税率来计征；强制性：指国家凭借其政治权利，按照法律的规定强制执行，任何个人和单位都要依法纳税，否则要受到法律的制裁；无偿性：指征收的税款直接交入国库作为中央政府或地方政府的财政收入，国家在征税时不付给纳税人任何报酬或代价，税款也不直接偿还给纳税人。

关税作为一种税收除了具有一般税收的基本属性外，作为一种单独的税种，它又有其自身的特性：（1）关税的征税对象仅仅是针对进出关境的货物或物品。进出关境的货物或物品通常是指有形的实物商品。对于无形的商品海关通常无法单独进行征税，而只能通过以实物为载体而对无形商品的进出境征收关税。但随着税收制度的发展与完善，某些无形商品也被列入关税的征收范围并可以具体的计量。（2）关税是专门对来自外国的或输往国外的商品而设置的税种。因此关税的征收以及税率的升降都会对贸易产生重要的影响，从而对本国及贸易伙伴的经济利益产生重要的影响。关税虽然是调节本国经济的政策工具，但由于其涉外性，它同样是国际贸易谈判与协定的一项重要内容。

二、关税的作用

关税作为国家税收的一种，对整个国民经济有着不可忽视的重要作用，具体如下：

（一）维护国家主权和经济利益

对进出口货物征收关税，表面上看似乎只是一个与对外贸易相联系的税收问题，其实一国采取什么样的关税政策直接关系到国与国之间的主权和经济利益。历史发展到今天，关税已成为各国政府维护本国政治、经济权益，乃至进行国际经济斗争的一个重要武器。我国根据平等互利和对等原则，通过关税复式税则的运用等方式，争取国际间的关税互惠并反对他国对我国进行关税歧视，促进对外经济技术交往，扩大对外经济合作。

（二）形成财政收入的来源之一

一个国家的正常运作需要有足够的财政作为运行的资金，而且随着政府对宏观经济的控制，要采取相应的调节国民经济的措施，这就需要有充足的财政资金相应的予以支持，否则政府也是巧妇难为无米之炊。因此关税为国家财政筹集资金是其基本职能之一。但是随着经济全球化的发展，传统的关税壁垒正在渐渐失去其原有的效用。尤其是在 WTO 的框架下，各成员国的关税税率正在逐年的消减，因此关税对国家财政的贡献也呈现出下降的趋势。尤其是在发达国家，随着经济的快速发展，国民收入的相应增加，征收直接税的税源越来越充裕，并且已经构成国家财政收入的主要来源。但对于发展中国家，整体经济仍然相对落后，人均国民收入依然较低，财政收入还是以间接税为其主要来源。

（三）关税对国内产业的保护作用

历史上最重要的一类贸易壁垒就是关税，它通过对进出关境的贸易商品课征税收，从而削弱进口商品在国内市场上的竞争能力，以保护本国的幼稚工业，使其能够建立、成长以及形成成熟产业。另一方面，通过保护本国业已衰退的产业不受国外同类产业的竞争，从而保护国内的就业和稳定。以上是指进口关税。出口关税的征收虽然较少，但同样有其保护作用，它可以减少国内紧缺物资的输出，以保护国内的充足供给。同时，它也可以在一定限度内减少国内战略性技术及物资的向外转移，从而保持本国在某一领域的领先地位，维持自身的战略利益。

关税的保护功能体现在，一方面运用保护关税提高进口商品的销售价格，削弱其在进口国市场上的竞争力。另一方面，提高外国进口商品在本国的售价，就可能提高或维持本国同类商品的市场价格，这样既促进和扶持了本国生产的发展，又保护和调动了本国生产者的积极性。

虽然关税有其保护作用，但是这是以牺牲国内消费者的利益以及国家整体社会福利为代价的，从而使少数利益集团获利。对关税进行局部分析，关税有以下 4 个效应：首先是关税的生产效应，即指由于关税的征收从而使国内相同产业扩大产品的产出，增加生产者福利，促进产业规模的扩大；其次是关税的消费效应，即指由于关税的征收从而使国内同类产品价格上升，导致国内消费的减少，造成国内消费者福利的损失；再次是关税的贸易效应（Trade effect of a tarrif），即指由于关税的征收从而使本国贸易总额下降，造成国家总体福利的损失；最后是关税的收入效应（Revenue effect of a tarrif），即指由于关税的征收从而使税收的税源及税额增加，从而使政府的财政收入增加。以上 4 个效用相互作用，最后会形成生产和消费的扭曲，造成国家整体福利的损失（大国的最优关税除外）。

（四）关税对经济的调节作用

关税作为一种经济政策的手段，通过关税的征收与减免人为地调节进出口货物的市场价格，运用价格机制调节进出口商品的数量。国家可以利用免税或低税等措施鼓励某些商品的进出口，或用高税限制某些商品的进出口，以达到经济调节的作用：

(1) 调节商品的供求状况。商品价格是资源配置的基本手段，在市场经济的条件下，价格的高低变动趋势对商品的供求关系产生重要的影响。关税作为进口商品价格的主要组成部分，其税额增减变化直接影响到商品价格的大幅度波动，进而影响市场商品的供求关系。通过关税对进出口商品流通的调节，既可以保持某些商品的市场供求的平衡，满足国内生产和消费的需求；也可以防止因某些商品价格的波动而对生产和生活所带来的不利影响。

(2) 调节分配和消费。对高价的非必需商品和奢侈品的进口征收高关税，一方面可以发挥关税再分配的职能作用，对使用高价商品的有钱人多征税收而对日用必需商品的进口低税或免税，这样既可以调节社会上的贫富不均，也可以给国家多增加一些财政收入；另一方面，它可以引导人民的消费倾向或人民的消费习俗，在国民收入较低的情况下，限制对非必需品或奢侈品的高消费。

(3) 调节外汇收支。调节进出口商品的数量，维持国际收支的基本平衡。一个国家进口商品数量过大，而无法用出口货物换取足够的外汇，势必会造成国际收支的逆差，限制进口数量是其解决办法之一，而利用关税限制进口数量是比较常用的一种办法。

(4) 调节进出口商品的结构，改善本国的贸易条件。对进口产品征收关税，减少其进口数量，影响进口商品的国内外的销售价格，因而改变了进口产品与本国出口商品的交换比价，可以改变本国的贸易条件。对一些发展中国家来说，它们一般是以农产品或初级产品换回工业产品的进口，由于工业制成品与农产品的不合理比价，使这些国家的贸易条件恶化。使用关税限制发达国家的工业制成品的进口，保护本国替代工业品的生产，鼓励和扶持替代产业的成长和发展，以及此种产品的未来的出口，这样可以改变其进出口的商品结构，从而改变本国的贸易条件。

三、关税的分类

按照不同的标准，关税有多种分类方法。按征收对象分类，关税可分为进口关税、出口关税和过境关税三类；按征收目的分类，可分为财政关税和保护关税；按征税计征标准分类，可分为从价税、从量税、复合税、滑准税；按货物国别来源而区别对待的原则，可分为最惠国关税、协定关税、特惠关税和普通关税等。

（一）按征收对象分类的关税，可以分成正税和特别税

1. 正　税

关税的正税包括进口税、出口税和过境税三种。

（1）进口税：进口税是海关对进口货物和物品所征收的关税。一般是在货物进入国境（关境）时征收，或在货物从海关保税仓库转出，投入国内市场时征收。进口关税是当前世界各国征关税的最主要的一种，在许多国家已不征出口关税与过境关税的情况下，它成为惟一的关税。进口税有正税与附加税之分。正税即按税则法定税率征收的关税；此外征收的即为附加税。我国加入 WTO 后，于 2002 年 1 月 1 日再次调整了进口税则税目税率，将总税目数增加到 7316 个，其中 5332 个税目的税率有不同程度的降低。

（2）出口税：出口税是海关对出口货物和物品所征收的关税。由于征收这种税增加出口商品成本，削弱竞争能力，不利于扩大出口，故目前较少征收。只是对在世界市场上已具有垄断地位的商品和国内供不应求的原料品，酌量征收。另外，在某些发展中国家，出于增加财政收入的考虑，也对部分商品征收出口税，但有逐渐减少的趋势。拉丁美洲的大多数国家征收 1% ~5% 的出口税，亚洲、非洲的发展中国家也有征收出口税的。我国在 2002 年出口税则中仅对一小部分关系到国计民生的重要出口商品征收出口税，一共有 36 个税目，其中对 23 个税目实行出口暂定税率，其余的不征税。

（3）过境税：过境税指当他国货物通过本国领域的，由本国海关征收的过境税。过境关税一般是由那些拥有特殊或有利地势的国家对通

过本国海域、港口、陆路的外国货物征收的税。征收过境关税不仅可以增加本国的财政收入，而且还可以将税负转移给货物输出国或输入国，影响其在国际市场上的竞争能力。目前，世界上大多数国家都不征收过境税，我国也不征收过境税。

2. 特别关税

特别关税是因某种特定的目的而对进口的货物和物品征收的关税。常见的特别关税有反倾销税和反补贴税。

（1）反倾销税：反倾销税是针对实行商品倾销的进口商品而征收的一种进口附加税。当进口国因外国倾销某种产品，国内产业受到损害时，征收相当于出口国国内市场价格与倾销价格之间差额的进口税，目的在于抵制倾销，保护国内产业。

（2）反补贴税：补贴是指某种产品在制造、生产、运输、出口等过程中直接或间接地从政府得到的奖励和津贴。一般来讲，补贴可分为国内补贴和出口补贴两种。根据国际反补贴实践，各国一般只对出口补贴采取措施。出口补贴系指国家对某一产品的出口所给予的各种财政上的好处，以促进出口为目的，出口产品接受补贴后，能够以低于其在本国市场上的价格在外国市场上销售，从而取得竞争优势。出口补贴的结果往往与倾销相同，即都能使一国产品在国外市场得以低价竞争。当一国对某种商品直接或间接地提供奖励或津贴，以致给另一国工业造成了损害时，该国才能采取反补贴措施。反补贴税是对于直接或间接接受奖金或补贴的进口货物和物品所征收的一种进口附加税。

我国政府规定，任何国家或者地区对其进口的原产于中华人民共和国的货物征收歧视性关税或者给予其他歧视性待遇的，我国海关对原产于该国家或地区的进口货物，可以征收特别关税。

（二）按征收关税的标准，可以分成从价税、从量税、复合税、滑准税

1. 从价税

从价税是一种最常用的关税计税标准。它是以货物的价格或者价值为征税标准的，以应征税额占货物价格或者价值的百分比为税率，价格

越高，税额越高。货物进口时，以此税率和海关审定的实际进口货物完税价格相乘计算应征税额。从价税的特点是，相对进口商品价格的高低，其税额也相应高低。优点是：税赋公平明确、易于实施；但是，从价税也存在着一些不足，如：不同品种、规格、质量的同一货物价格有很大差异，海关估价有一定的难度，因此计征关税的手续也较繁杂。目前，我国海关计征关税标准主要是从价税。

2. 从量税

从量税是以货物的数量、重量、体积、容量等计量单位为计税标准，以每计量单位货物的应征税额为税率。从量税的特点是，每一种货物的单位应税额固定，不受该货物价格的影响。计税时以货物的计量单位乘以每单位应纳税金额即可得出该货物的关税税额。从量税的优点是：计算简便，通关手续快捷，并能起到抑制低廉商品或故意低瞒价格货物的进口。但是，由于应税额固定，物价涨落时，税额不能相应变化，因此，在物价上涨时，关税的调控作用相对减弱。我国目前对原油、啤酒和胶卷等进口商品征收从量税。

3. 复合税

复合税又称混合税，即订立从价、从量两种税率，随着完税价格和进口数量而变化，征收时两种税率合并计征。它是对某种进口货物混合使用从价税和从量税的一种关税计征标准。混合使用从价税和从量税的方法有多种，如：对某种货物同时征收一定数额的从价税和从量税；或对低于某一价格进口的货物只按从价税计征关税，高于这一价格，则混合使用从价税和从量税等等。复合税既可发挥从量税抑制低价进口货物的特点，又可发挥从价税税赋合理、稳定的特点。我国目前仅对录像机、放像机、摄像机、数字照相机和摄录一体机等进口商品征收复合税。

4. 滑准税

滑准税是根据货物的不同价格适用不同税率的一类特殊的从价关税。它是一种关税税率随进口货物价格由高至低或由低至高设置计征关税的方法。通俗地讲，就是进口货物的价格越高，其进口关税税率越低；进口商品的价格越低，其进口关税税率越高。滑准税的特点是可保持实行滑准税商品的国内市场价格的相对稳定，不受国际市场价格波动的影响。我国目前仅对进口新闻纸实行滑准税。

（三）按货物国别来源而区别对待的原则，可以分成最惠国关税、协定关税、特惠关税和普通关税

1. 最惠国关税

最惠国关税是指某国的来自于其最惠国的进口产品享受的关税税率。根据最惠国待遇原则，最惠国税率一般不得高于现在或将来来自于第三国同类产品所享受的关税税率。所谓最惠国待遇原则，是指缔结经济贸易条约协定的一项法律原则，又称无歧视待遇原则，指缔约一方在贸易、航海、关税、公民的法律地位等方面给予缔约国第一方的优惠待遇，最惠国待遇原则的具体规定有四种形式：（1）片面的（单方面受惠）；（2）相互的（双方受惠）；（3）有条件的（如第三国为享有优惠已经或将要作出相应的补偿，缔约的有关方需作出同样的补偿才能享有这样特定的优惠）；（4）无条件的（缔约一方将新的优惠提供给第三国时，应自动地、无条件地提供给缔约的另一方）。最惠国关税适用原产于与我国共同适用最惠国待遇条款的 WTO 成员国或地区的进口货物，或原产于与我国签订有相互给予最惠国待遇条款的双边贸易协定的国家或地区的进口货物。

2. 协定关税

协定关税是指由于参加某一含有关税优惠条款的区域性贸易协定，经各缔约方同意而达成的有关货物进口时所应用的关税。协定关税适用原产于我国参加的含有关税优惠条款的区域性贸易协定的有关缔约方的进口货物。

3. 特惠关税

特惠关税是对特定的从某个国家或地区进口的全部或部分商品给予的特别优惠的低关税或免税待遇，仅适用于有特殊关系的国家。特惠关税适用原产于与我国签订有特殊优惠关税协定的国家或地区的进口货物。

4. 普通关税

普通关税即指适用于未签订最惠国待遇原则贸易协定的国家和地区的关税。普通关税适用原产于上述国家或地区以外的国家或地区的进口货物。

（四）按征税的目的不同，关税可以分为财政关税和保护关税

1. 财政关税：即以筹集国家财政收入为目的而课征的关税。其基本特征是对进口产品与本国同类产品征同样的税，或者征收的关税既不引导本国生产该种产品，也不引导生产能转移该种产品需求的代用品。财政关税在各国历史上曾占据主要的地位，其收入往往占有较大的比重。资本主义制度的发展和现代经济的确立，财政关税的作用大大地被削弱了，其收入所占的比重也大幅度下降。

2. 保护关税：即为保护本国经济发展为目的而课征的关税。对进口商品征收较高的关税，有效地保护本国新兴产业、朝阳产业和有发展潜力的高科技产业免受先进国家制成品的竞争，保护本国市场的占有率，从而使这些产业得以平稳发展，同时也增加了就业机会，减少了失业。随着社会经济的迅猛发展，提升了保护关税的作用，同时也导致了财政关税的衰弱。保护关税政策始于重商主义。现代各国关税保护的重点则有所不同。发达国家所要保护的通常是国际间竞争性很强的商品，发展中国家则重在保护本国幼稚工业的发展。

四、关税政策与关税减让

关税政策决定着一国关税职能取向和关税制度特征。关税政策是一个国家对外贸易政策的重要组成部分。关税政策也是国家经济政策的重要组成部分，关税具有财政、保护、调节三大作用。长期以来，中国实行保护关税政策，为计划经济下发挥关税的财政收入职能起了一定的作用，为国家积累了一些建设资金。改革开放以后，随着中国海关工作的指导思想由过去的“以防范为主”逐步转向“以促进为主”，中国的关税政策作了重大调整。

现行的关税政策从贯彻国家的对外开放政策出发，既体现鼓励出口

和扩大必需品的进口，又体现保护和促进国民经济的发展，以保证国家的关税收入。中国海关征收关税的方针是依率计征，依法减免，正确估价，科学归类，严肃退补，及时入库。

1992 年底以来我国开始了连续大幅度地降低进口关税税率的工作。1992 年 12 月 31 日，我国降低了 3371 个税号商品的进口关税税率，降低税率的税号占税则税号总数的 53.6%，使进口关税的算术平均税率从 42.5% 降至 39.9%，降幅为 6.1%。1993 年 12 月 31 日，降低了 2898 个税号商品的进口关税税率，降低税率的税号占税则税号总数的 46.1%，使进口关税的算术平均税率从 39.9% 降至 36.4%，降幅为 8.8%。1994 年 1 月 1 日，对小汽车的进口关税作了重大调整：取消了对外商投资企业进口的小轿车免征关税的规定，同时将进口汽车的关税税率从 220% 和 180% 降至 150% 和 110%，从而使进口关税的算术平均税率从 36.4% 降至 35.9%。1995 年 3 月 1 日，降低了进口烟、酒、录像带、中型客车等商品的关税税率，从而使进口关税的算术平均税率从 35.9% 降至 35.6%。1996 年 4 月 1 日，降低了 4972 个税号商品的进口关税税率，降低税率的税号占税则税号总数的 75.9%，使进口关税的算术平均税率从 35.6% 降至 23%，降幅为 35.4%。这是新中国成立以来降低进口关税涉及商品范围最广、幅度最大的一次。1997 年 10 月 1 日，降低了 4874 个税号商品的进口关税税率，降低税率的税号占税则税号总数的 73.3%，使进口关税的算术平均税率从 23% 降至 17%，降幅为 26.1%。1998 年 1 月 1 日，对于国家鼓励发展的外商投资项目和国内投资项目在投资总额之内进口的符合规定的设备，利用外国政府贷款和国际金融组织贷款进口的设备，从该日起免征关税。1999 年 1 月 1 日，再次降低了 1014 个税号商品的进口关税税率，降低税率的税号占税则税号总数的 14.16%，使进口关税的算术平均税率从 17% 降至 16.8%。

这样，从 1992 年底到 1999 年初，中国政府和人民履行了自己的庄严诺言，逐步地将进口关税的算术平均税率从 42.5% 降至 16.8%；通过降低关税水平、调整税率的结构和清理减税、免税，初步实现了关税调控由减免税调节为主向税率调节为主的转变，大幅度地降低了关税税率水平，理顺了关税结构，强化了关税对于进出口贸易的调节作用，也为“入世”作了充分的准备。

从2002年1月1日起，中国开始履行入世的关税减让承诺，关税总水平由15.3%降至12%。降税涉及到5300多个税目，降幅面达73%。降低关税后中国工业品关税的平均税率为11.6%，农产品（不包括水产品）15.8%，水产品14.3%。工业品中，原油及成品油的平均税率为6.1%，木材、纸及其制品8.9%，纺织品和服装17.6%，化工产品7.9%，交通工具17.4%，机械产品9.6%，电子产品10.7%。到2008年中国的关税总水平将降至10%。

中国对进口税则税率的栏目作相应调整，实行的税率栏目由原来的2个增加到4个，分别为最惠国税率、协定税率、特惠税率和普通税率。从2002年1月1日起，中国对700种原产于韩国、斯里兰卡和孟加拉国三个曼谷协定成员的进口产品实行比最惠国税率进一步优惠的曼谷协定税率。2004年1月1日起，在《曼谷协定》框架下，对原产于韩国、印度、斯里兰卡、孟加拉国和老挝五国的902个税目的进口商品实行《曼谷协定》税率。对原产于孟加拉国的20个税目的进口商品实行特惠税率。根据《中国—巴基斯坦优惠贸易安排》，上述《曼谷协定》税率也适用于原产于巴基斯坦的进口商品。根据《中华人民共和国与东南亚国家联盟全面经济合作框架协议》，2004年对原产于东盟9国（越南、泰国、新加坡、马来西亚、印度尼西亚、文莱、缅甸、老挝、柬埔寨）的若干商品实施中国—东盟自由贸易区“早期收获”税率（各国的商品范围和税率不尽相同，2003年10月1日开始实施的中泰蔬菜水果零关税安排已并入其中）。在此框架下，对原产于老挝、柬埔寨和缅甸若干进口商品实行特惠税率，税目分别为238、330和131个。根据《内地与香港关于建立更紧密经贸关系的安排》，2004年首批适用该《安排》项下税率商品税目为374个。根据《内地与澳门关于建立更紧密经贸关系的安排》，2004年首批适用该《安排》项下税率商品税目为311个。

第二节　协调制度

协调制度是由海关合作理事会（现为世界海关组织 WCO）主持制定的一部供海关统计、进出口管理及与国际贸易有关各方共同使用的商品分类编码体系，其全称是《商品名称及编码协调制定》（The Harmonized Commodity Description and Coding System，简称协调制度或 HS）。

一、协调制度的产生

在国际贸易中，各主权国家对进出本国的商品征收税金，需要对商品进行分类，政府为了解进出口贸易情况，也需要借助于商品目录进行统计，因此，许多国家不同程度地开发了对进出口商品的分类和编码工作。最早的商品目录极为简单，仅是将商品名称按笔划多少或字母顺序列成表。由于各国的商品目录在商品名称、目录结构和分类方法等方面存在种种差别，给贸易商造成很大不便。同时，由于由此产生的统计资料的可比性很差，也为对贸易活动和必须有系统、科学的分类，必须有国际通用性，才能适应国际贸易的发展。为此，从 20 世纪初期，国际上就开始探索如何制定一个国际统一的商品分类目录，经过几十年的努力，制定了两套国际通用的分类编码标准。

1948 年，联合国统计委员会制定了《国际贸易标准分类》（简称 SITC）。欧洲经济委员会（欧洲海关同盟）于 1950 年 12 月 15 日在布鲁塞尔签订了《海关税则商品分类目录公约》，1972 年修订后改名为《海关合作理事会商品分类目录》（简称 CCCN）。SITC 和 CCCN 的产生，对简化国际贸易程序、提高工作效率起到了积极的推动作用。但两套编码同时存在，仍不能避免商品在国际贸易往来中因分类方法不同而需重新对应分类、命名和编码。这些都阻碍了信息的传递，妨碍了贸易效率，增加了贸易成本，不同体系的贸易统计资料难以进行比较分析；同时也给利用计算机等现代化手段来处理外贸单证及信息带来很大困难。因此，从 1973 年 5 月开始，海关合作理事会成立了协调制度临时委员会，以 CCCN 和 SITC 为基础，以满足海关进出口管理、关税征收和对外贸易统计以及生产、运输、贸易等方面的需要为目的，着手编制一套国际通用的协调统一商品分类目录。约60多个国家和20多个国际组织参与了新目录的编制工作。

经过13年努力，终于在1983年6月海关合作理事会第61届会议上通过了《商品名称及编码协调制度国际公约》及其附件《协调制度》，以HS编码“协调”涵盖了CCCN和SITC两大分类编码体系，于1988年1月1日正式实施。这样，世界各国在国际贸易领域中所采用的商品分类和编码体系有史以来第一次得到了统一。

二、协调制度分类原则及方法

协调制度一般把同一工业部门或相关工业部门的商品归于一类，如第二类（6~14章）为植物产品，第六类（28~38章）为化学工业及相关性工业的产品，第十一类（50~63章）为纺织工业产品。有些章自立为一类，如第15章（第三类）是油脂工业产品，第93章（第十九类）是军工业品，第97章（第二十一类）为艺术品。

一般来说，不同原料的商品列入不同的章。例如机织织物按其原料不同分别归入第50章（丝织物）、第51章（毛织物）、第52章（棉织物）、第53章（麻织物）以及第54章（人造丝织物）。金属制品也按其原料不同分别归入第73章（钢铁制品）、第74章（铜制品）、第75章（镍制品）、第76章（铝制品）、第78章（铅制品）、第79章（锌制品）、第80章（锡制品）。

相同原料制成的商品一般编排在同一章内。例如塑料及其制品在第39章，橡胶及其制品在第40章，玻璃及其制品在第70章。在同一章内的商品按照从原料到成品的加工程度依次排列，即原材料—坯件—半成品—制成品。加工程度越深，商品的品目号排得越后。如第44章的“木和木制品”按燃料木料（44.01）—原木（44.03）—粗加工的木棍（44.04）—锯木（44.07）—制胶合板用的薄板（44.08）—胶合板（44.12）—木制品（44.15~44.21）的顺序列划分为21个品目号。

章与章之间的编排也是这样。加工程度越复杂的商品越往后排，例如活动物排在第1章，鲜肉排在第2章，肉类的保藏则排在第16章。

活树排在第6章，木材排在第44章，木制玩具排在第95章，木制工艺品排在第97章。

由于商品的种类和性质的复杂性，不可能刻板地把所有的商品都按原料分类，尤其对于那些由多种原料组成的商品或加工程度较高的工业品，如精密仪器、光学仪器、航天航空器以及工艺品和艺术品等等。因此许多章是按商品的用途划分的，这时就不考虑其所使用的材料。例如羽绒衣、羽绒被、羽毛球及羽毛掸，就没有按其所使用的原料归入第67章（羽毛，羽绒制品），而是按它们各自的用途分别归入第62章（机织服装）、第94章（床上用品）、第95章（体育用品）以及第96章（杂项制品）。此外像第57章的地毯、第64章的鞋类以及第95章的玩具，也都不考虑其原料结构，而根据其用途单立一章。

为了不使人们在商品归类上发生争议，协调制度还为每个类、章甚至有的品目和子目加了注释。这些注释和品目条文一样是确定商品最终归属的依据，被称为“法定注释”，而相对来说，各类、章的标题对商品的归类却没有法定的约束力，仅为查阅的方便而设。了解这一点对正确查阅HS编码十分重要。例如第22章的标题为“饮料、酒和醋”，而章注释却明确标明“本章不包括以重量计醋酸浓度超过10%的醋酸溶液”（品目29.15）。

通过上述分析，可以看出协调制度的分类原则是按商品的原料来源，结合其加工程度、用途以及所在的工业部门编排商品。这里原料来源为编排的主线条，加工程度及用途为辅线条。主辅线条相辅相成，再加上“法定注释”，就使人们能在HS所涉及的成千上万种商品中迅速、准确地确定自己商品所处的位置。这也正是协调制度分类法的科学性和系统性所在。

三、协调制度结构与特点

协调制度是一部科学、系统的国际贸易商品分类体系。协调制度的总体结构包括三大部分：（1）归类规则；（2）类、章及子目注释；（3）按顺序编排的品目与子目编码及条文。这三部分是HS的法律性条文，具有严格的法律效力和严密的逻辑性。

为了保证国际上对协调制度使用和解释的一致性，使得某一特定商品能够始终如一地归入一个惟一编码，协调制度首先列明6条归类总规则，规定了使用协调制度对商品进行分类时必须遵守的分类原则和方法。

协调制度的许多类和章在开头均列有注释（类注、章注或子目注释），严格界定了归入该类或该章中的商品范围，阐述协调制度中专用术语的定义或区分某些商品的技术标准及界限。

协调制度采用六位数编码，把全部国际贸易商品分为21类，97章（其中第77章为保留章）。章下再分为品目和子目。商品编码的前两位数代表“章”，前四位数代表“目”。五、六位数代表“子目”。协调制度中，“类”基本上是按经济部门划分的，如食品、饮料和烟酒在第四类，化学工业及其相关工业产品在第六类，纺织原料及制品在第十一类，机电设备在第十六类，运输设备在第十七类，武器、弹药在第十九类等。

协调制度“章”分类基本采取两种办法。一是按商品原材料的属性分类，相同原料的产品一般归入同一章。章内按产品的加工程度从原料到成品顺序排列。如第52章棉花，按原棉—已梳棉—棉纱—棉布顺序排列。二是按商品的用途或性能分类。制造业的许多产品很难按其原料分类，尤其是可用多种材料制作的产品或由混合材料制成的产品（如第64章鞋、第65章帽、第95章玩具等）及机电仪器产品等，HS按其功能或用途分为不同的章，而不考虑其使用何种原料，章内再按原料或加工程序排列出目或子目。协调制度的各章均列有一个起“兜底”作用，名为“其他”的子目，使任何进出口商品都能在这个分类体系中找到自己适当的位置。

由于协调制度是一个以国际公约进行约束管理和统一执行的国际商品分类目录，其宗旨是便利国际贸易，便利统计资料，特别是国际贸易统计资料的收集、对比与分析，减少国际贸易往来中因分类制度不同，重新命名、分类及编码而引起的费用，便利数据的传输和贸易单证的统一。因此，同国际上以往主要的商品分类目录相比，协调制度有以下突出特点：

协调制度是一部多功能、多用途的商品分类目录。协调制度是国际上多个商品分类目录协调的产物，是各国专家长期努力的结晶。正如协调制度公约所阐明，协调制度的编制充分考虑了与贸易有关各方面的需要，是国际贸易商品分类的一种“标准语言”。

协调制度是世界上最广泛采用的商品分类目录。世界上已有150多个国家使用协调制度，全球贸易总量90%以上的货物都是以协调制度分类的。

作为一个国际上政府间公约的附件，国际上有专门的机构、人员进行维护和管理，协调制度委员会决定，每四年对协调制度作一次全面审议和修订。现在使用的是世界海关组织公布的2002年版《商品名称及编码协调制度》。

协调制度是国际上多个商品分类目录协调的产物，是各国专家长期努力的结晶。它的最大特点就是通过协调，适合于与国际贸易有关的各个方面需要，成为国际贸易商品分类的一种“标准语言”。它是一部完整、系统、通用、准确的国际贸易商品分类体系。所谓“完整”是由于它将目前世界上国际贸易主要品种都分类列出，同时，为了适应各国征税、统计等商品目录全向型的要求和将来技术发展的需要，它还在各类、章列有起“兜底”作用的“其他”项目，使任何进出口商品，即使是目前无法预计的新产品，都能在这个体系中找到自己适当的位置。“系统”则是因为它的分类原则既遵循了一定的科学原理和规则，将商品按人们所了解的生产部类、自然属性和用途来分类排列；又照顾了商业习惯和实际操作的可行性，把一些进出口量较大而又难以分类的商品，如灯具、活动房屋等专门项目，因而容易理解、易于归类和方便查找，即使是门外汉也不难将其掌握。讲到“通用”，一方面指它在国际上有相当大的影响，已为上百个国家使用，这些国家的海关税则及外贸统计商品目录的项目可以相互对应转换，具有可比性；另一方面，它既适于作海关税则目录，又适于作对外贸易统计目录，还可供国际运输、生产部门作为商品目录使用，其通用性超过以往任何一个商品分类目录。至于“准确”，则是指它的各个项目范围清楚明了，绝不交叉重复。由于它的项目除了靠目录条文本身说明外，还有归类总规则、章注、类注和一系列的辅助刊物加以说明限定，使得其项目范围准确无误。

除了协调制度本身的优点外，它作为一个国际上政府间公约的附件，国际上有专门的机构、人员进行维护和管理，技术上的问题还可利用世界上各国专家的力量帮助解决，各国也可通过制定或修订协调制度，争取本国的经济利益，施加本国的影响，这些都不是一个国家的力量所能办到的，也是国际上采用的其他商品分类目录所难以比拟的。

四、协调制度在中国的应用

1992年6月23日，中国海关根据外交部授权，代表中国政府正式签字成为协调制度公约的缔约方。多年来，中国海关积极参与服务分类标准的制定和修订工作，在国际场合争取我国的经济利益，施加我国的影响。

中国海关自1983年开始研究协调制度，并参与了对协调制度的制定工作。1987年将协调制度译成了中文，并着手对原海关税则目录和海关统计商品目录向HS的转换工作。转换过程中广泛征求了贸易管理部门和产业部门的意见。

1992年1月1日中国海关正式采用协调制度，并于1996年1月1日按时实施了1996年版HS编码。中国海关采用的HS分类目录，前6位数是HS国际标准编码，第7、8两位是根据我国关税、统计和贸易管理的需要加列的本国子目。为满足中央及国务院各主管部门对海关监管工作的要求，提高海关监管的计算机管理水平，在8位数分类编码的基础上，根据实际工作需要对部分税号又进一步分出了第9、10位数编码的协调制度编码制度。

根据中国政府加入的《协调制度公约》对缔约国权利义务的有关规定，中国海关进出口税则和统计目录自2002年1月1日起采用世界海关组织制定发布的2002年版《商品名称及编码协调制度》。世界海关组织为使各缔约国能够统一理解、执行协调制度，编制了《商品名称及编码协调制度注释》，该注释是关于协调制度各品目的商品范围及所涉及商品的惟一解释。根据协调制度，海关总署制定了《海关进出口税则——统计目录商品及品目注释》（简称“税则注释”或“统计目录注释”），作为海关对进出口商品进行税则归类或统计目录归类的法律依据之一。

第三节　海关税则

海关税则是一个国家通过立法程序公布实施的、按货物的不同类别排列的关税税率表，海关凭以征收关税。目前中国海关进出口税则是以2002年版《商品名称及编码协调制度》为基础编制的。

一、2004年版《中华人民共和国进出口税则》

《中华人民共和国进出口税则》的税目、税率自2004年1月1日起进行调整：（1）调整进口税则的部分税目，进口税则的税目总数由2003年的7445个增加到7475个。（2）降低进口税则中2414个税目的最惠国税率，调整后关税总水平（算术平均税率）由11%下降至10.4%；进口税则普通税率不变。（3）继续对感光材料、冻鸡产品等51个税目的商品实行从量税、复合税征收方式。（4）继续对小麦、豆油、食糖等10种农产品和磷酸二铵等3种化肥实行关税配额管理。糖的关税配额税率由20%下调至15%，其他维持不变。（5）出口税则的商品税目及税率不变，为避免产生歧义，个别税目条文增加了商品注释。（6）2004年对209项商品实行进口最惠国暂定税率，对24个税目商品实行出口暂定税率。（7）对部分商品实行区域性或双边协议税率。（8）对12个非全税目信息技术产品继续实行海关核查管理。（9）根据进口货物的原产地及各种税率形式的适用范围，当某种进口货物同时适用于特惠税率、协定税率、最惠国税率中一种以上税率形式时，税率从低执行；当某种进口货物同时适用于特惠税率、协定税率、进口暂定最惠国税率中一种以上税率形式时，税率从低执行；当某种进口货物同时适用于进口暂定最惠国税率和最惠国税率时，优先执行进口暂定最惠国税率。执行国家有关进出口关税减征政策时，首先应当在最惠国税率基础上计算有关税目的减征税率，然后根据进口货物的原产地及各种税率形式的适用范围，将这一税率与同一税目的特惠税率、协定税率、进口暂定最惠国税率进行比较，税率从低执行。

二、税则归类

税则归类系指按照税则商品分类目录的分类规则，将进出口商品归入税则中适合的税目，以便按照该税目的适用的税率计征关税。

由于进出口商品种类繁多，变化日新月异，因此，要把每一种进出口商品准确地归入税则中适合的税目，是一项专业性、技术性很强的工作。税则归类有一定的规则，其总规则则是《协调制度》中所规定的最为基本的商品归类规则。

规则一：类、章及分章的标题，仅为查找方便而设；具有法律效力的归类，应按税目条文和有关类注或章注确定，如税目、类注和章注无其他规定，按以下规则确定。

规则二：①税目所列货品，应包括该项货品的不完整品或未制成品，只要在进口或出口时该不完整品或未制成品具有完整品或制成品的基本特征；还应包括该项货品的完整品或制成品（或按本款可作为完整品或制成品归类的货品）在进口或出口时的未组装件或拆散件。②税目中所列材料或物质，应视为包括该种材料或物质与其他材料或物质混合或组合的货品。税目所列某种材料或物质构成的货品，应视为包括全部或部分由该种材料或物质构成的货品。由一种以上材料或物质构成的货品，应按规则三归类。

规则三：当货品按规则二中②或由于其他原因看起来可归入两个或两个以上税目时，应按以下规则归类：①列名比较具体的税目，优先于列名一般的税目。但是，如果两个或两个以上税目都仅述及混合或组合货品所含的某部分材料或物质，或零售的成套货品中的某些货品，即使其中某个税目对该货品描述得更为全面、详细，这些货品在有关税目的列名应视为同样具体；②混合物、不同材料构成或不同部件组成的组合物以及零售的成套货品，如果不能按照规则三中①归类时，在可适用本条款条件下，应按构成货品基本特征的材料或部件归类；③货品不能按照规则三中①或②归类时，应按号列顺序归入其可归入的最末一个税目。

规则四：根据上述规则无法归类的货品，应归入与其最相类似的货品的税目。

规则五：除上述规则外，本规则适用于下列货品的归类：①制成特殊形状仅适用于盛装某个或某套物品并适合长期使用的照相机套、乐器套、枪套绘图仪器盒、项链盒及类似容器，如果与所装物品同时进口或出口，并通常与所装物品一同出售的，应与所装物品一并归类。但本款不适用于本身构成货品基本特征的容器。②除①规定的以外，与所装货品同时进口或出口的包装容器，如果通常是用来包装这类货品的，应与所装货品一并归入。但明显可重复使用的包装材料和包装容器可不受本款限制。

规则六：货品在某一税目下多子目的法定归类，应按子目条文或有关的子目注释以及以上各条规则来确定，但子目的比较只能在同一数级上进行。除本税则目录另有规定的以外，有关的类注、章注也适用于本规则。

报关企业向海关申报进出口货物时，应当做到：（1）清楚进出口货物的名称，按税则类、章注的要求，正确填制；（2）填明货物的规格、用途和性能；（3）对由多种材料制成的物品，要报明组成该物品具体材料及其成份比例；（4）进口货物的散装件，要填清是否是整套散装，如是关键零部件要写明零部件的具体名称。

三、税率运用

中国进口税率分设最惠国税率、协定税率、特惠税率和普通税率四个栏目。

最惠国税率适用于原产于与中国共同适用最惠国待遇条款的世界贸易组织成员国或地区的进口货物，或原产于中国签订的有相互给予最惠国待遇条款的双边贸易协定的国家或地区的进口货物。

协定税率适用原产于中国参加的含有关税优惠条款的区域性贸易协

定的国家或地区的进口货物。

特惠税率适用原产于与中国签订有特殊优惠关税协定的国家或地区的进口货物。

普通税率适用原产于上述国家或地区以外的国家和地区的进口货物。

中国出口税率只设一栏。为鼓励出口，税则中大部分税目未订有出口税率，凡不订出口税率的货物不征出口税。

四、原产地规则

国际贸易中，货物的原产地具有重要地位。原产地指的是与货物的生产地有关的某一产品的经济国籍。原产地规则，是各国和地区为了确定商品原产国或地区而采取的法律、规章和普遍适用的行政命令。而签发原产地证书是各国实行进出口贸易管理的一种手段，也是海关凭以核定关税的证件。在许多情况下，原产地规则都是国家贸易政策的重要组成部分，具有广泛的多方面的作用。关税方面：在采用多种进口税率的情况下，如果从不同国家（或地区）进口的货物在关税规定中享受不同的待遇，则进口国（或地区）首先必须确定进口货物的原产地，从而进一步对来自不同国家（或地区）的货物给予不同的关税待遇。海关统计方面：在实施配额和许可证管理等贸易政策时，往往以产品原产地为根据统计某特定国家（或地区）年度内货物进口量，以此为政府提供贸易统计数据。政府则根据海关统计的数据检查许可证和配额等制度的执行情况，并制定和修改地区贸易政策，掌握国别（或地区）政策，实现外贸平衡。非关税措施方面：进口国根据某些限制规定，对来自不同国家（或地区）的货物给予不同待遇，则必须首先确定进口货物的原产地。这些限制包括的范围非常广泛，如在提起反倾销诉讼时，一国（或地区）常以原产地为依据统计某项进口商品在国内（或地区）市场上的占有量，以此判断该项产品给国内（或地区）的工业是否造成了重大损害或产生重大威胁或者对某一国内（或地区）工业的重建产生严重阻碍。此外，国家间实行贸易报复或其他原因排斥某国（或地区）货物的进口也是以产品的原产地为依据的。

在原产地规则中，原产地标准是原产地规则的核心。所谓原产地标准是指一国（或地区）用来衡量某种产品本国（或地区）生产或制造的标准或尺度，是签发原产地证明的依据。凡符合原产地标准的产品即视为本国（或地区）原产。

《中华人民共和国进出口货物原产地条例》（以下简称《原产地条例》）已经2004年8月18日国务院第61次常务会议通过，自2005年1月1日起施行。《原产地条例》适用于实施最惠国待遇、反倾销和反补贴、保障措施、原产地标记管理、国别数量限制、关税配额等非优惠性贸易措施以及进行政府采购、贸易统计等活动对进出口货物原产地的确定。

《原产地条例》规定的原产地标准为：一是完全在一个国家（地区）获得的货物，以该国（地区）为原产地；一是两个以上国家（地区）参与生产的货物，以最后完成实质性改变的国家（地区）为原产地。

完全在一个国家（地区）获得的货物，是指：(1) 在该国（地区）出生并饲养的活的动物；(2) 在该国（地区）野外捕捉、捕捞、搜集的动物；(3) 从该国（地区）的活的动物获得的未经加工的物品；(4) 在该国（地区）收获的植物和植物产品；(5) 在该国（地区）采掘的矿物；(6) 在该国（地区）获得的除上述第 (1) 项至第 (5) 项范围之外的其他天然生成的物品；(7) 在该国（地区）生产过程中产生的只能弃置或者回收用作材料的废碎料；(8) 在该国（地区）收集的不能修复或者修理的物品，或者从该物品中回收的零件或者材料；(9) 由合法悬挂该国旗帜的船舶从其领海以外海域获得的海洋捕捞物和其他物品；(10) 在合法悬挂该国旗帜的加工船上加工上述第 (9) 项所列物品获得的产品；(11) 从该国领海以外享有专有开采权的海床或者海床底土获得的物品；(12) 在该国（地区）完全从上述第 (1) 项至第 (11) 项所列物品中生产的产品。

实质性改变的确定标准，以税则归类改变为基本标准；税则归类改变不能反映实质性改变的，以从价百分比、制造或者加工工序等为补充标准。所谓税则归类改变，是指在某一国家（地区）对非该国（地区）原产材料进行制造、加工后，所得货物在《中华人民共和国进出口税则》中某一级的税目归类发生了变化。所谓从价百分比，是指在某一国家（地区）对非该国（地区）原产材料进行制造、加工后的增值部分，超过所得货物价值一定的百分比。所谓制造或者加工工序，是指在某一国家（地区）进行的赋予制造、加工后所得货物基本特征的主要工序。

思考题

1. 按征收关税的标准，关税可以分成哪几种？
2. 什么是协调制度？它有何作用？
3. 我国进口税率设有几栏？如何适用？
4. 我国是如何确立原产地标准的？

第四章

一般贸易货物通关

一般贸易是指中国境内有进出口经营权的企业单边进口或单边出口的贸易。海关监管方式代码为“0110”。一般贸易进出口货物通关基本程序为申报、查验、征税、放行。

第一节　进出口申报

进出口申报，系指进出口货物的收发货人或其代理人向海关办理进出境手续的过程。根据《海关法》的规定，进出口申报必须符合海关的规定，必须在海关规定的期限内，采用纸质报关单和电子数据报关单的形式向海关申告其进出口货物情况，并随附有关货运与商业单据，申请海关查验放行。申报是进出口通关的第一个环节。经过海关审核准予注册的专业报关企业、代理报关企业和自理报关企业及其报关员具有申报资格。

一、申报程序

《海关法》规定：进出口货物，除另有规定的外，可以由进出口货物收发货人自行办理报关纳税手续，也可以由进出口货物收发货人委托海关准予注册登记的报关企业办理报关纳税手续。

报关企业接受进出口货物收发货人的委托，以委托人的名义办理报关手续的，应当向海关提交由委托人签署的授权委托书，遵守本法对委托人的各项规定；报关企业接受进出口货物收发货人的委托，以自己的名义办理报关手续的，应当承担与收发货人相同的法律责任；委托人委托报关企业办理报关手续的，应当向报关企业提供所委托报关事项的真实情况；报关企业接受委托人的委托办理报关手续的，应当对委托人所提供情况的真实性进行合理审查。

进出口货物收发货人、报关企业办理报关手续，必须依法经海关注册登记。报关人员必须依法取得报关从业资格。未依法经海关注册登记的企业和未依法取得报关从业资格的人员，不得从事报关业务。报关企业和报关人员不得非法代理他人报关，或者超出其业务范围进行报关活动。

进口货物的收货人、出口货物的发货人应当向海关如实申报，交验进出口许可证件和有关单证。国家限制进出口的货物，没有进出口许可证件的，不予放行。

进出口申报程序可以分为：申报准备、填制进出口货物报关单、报关单预录入、海关接受申报、审核单证等五个程序。

（一）申报准备

进口申报准备：当进口人接到运输或邮递公司寄交的“提货通知单”，即表示欲进口的货物已经到达进口口岸（包括港口、机场、车站或邮局），进口人应当立即准备向海关办理报关手续，或委托专业或代理报关企业向海关申请办理报关手续。

出口申报准备：当出口人根据合同规定，按时、按质、按量备齐出口货物后，即应向运输公司办理租船订舱手续，准备向海关办理报关手续或委托专业（代理）报关企业办理报关手续。

委托报关申报准备：委托专业或代理报关企业向海关办理申报手续的企业，在货物进口或出口时，就近向专业或代理报关企业办理委托报关手续。接受委托的专业或代理报关企业要向委托单位收取正式的报关委托书。委托书应载明委托人和被委托人双方的企业名称、海关注册登记编码、地址、法定代理人姓名以及代理事项、权限、期限、双方责任等内容，并加盖双方单位公章。

（二）填制进出口货物报关单

进出口货物报关单是进出口货物的报关人向海关递交的申报货物情况的法律文书，是海关依法监管货物进出口的重要凭证。报关单是由海关制作的具有规范的格式和内容的报关单据，是海关进行审核、查验、征税、放行以及统计的基本单据。报关单的法定形式有两种，即纸质报关单和电子数据报关单。

进出口货物的收发货人或其代理人向海关申报时，必须填制并递交进出口货物报关单。报关单的填制必须符合真实、准确、齐全、清楚的原则，做到两个相符，即单证相符、单货相符。不同合同的货物，不能填在同一份报关单上；同一批货物中有不同贸易方式的货物，用不同的报关单向海关申报。

电脑预录入的报关单，其内容必须与原始报关单完全一致。报关员应认真核对，防止录错，一旦发现有异，应及时提请录入人员重新录入。

向海关申报的进出口货物报关单，事后由于各种原因，出现原来填报内容与实际进出口货物不相一致的，需立即向海关办理更正手续，填写报关更正单。对于海关接受申报并放行后的出口货物，由于运输工具配载等原因，全部或部分未能装载上原申报的运输工具的，出口货物发货人应向海关递交《出口货物报关单更改申请》。

（三）报关单预录入

在实行报关自动化系统处理进出口货物报关单中采用的海关申报程序。根据有关规定，在实行计算机报关的口岸，专业报关单位、代理报关单位和自理报关单位或者报关员应当负责将报关单上的数据录入电子计算机，海关方予接受申报。因此，报关单预录入和填制报关单均是报关工作的一部分。经电子计算机传送数据的报关单与手工填写的报关单具有同等的法律效力。

报关单预录入必须具备两个条件：（1）报关单位和报关数据录入服务单位须经海关批准方可负责电子计算机数据录入工作；（2）数据录入单位对录入电子计算机的报关单据的完整性和准确性承担责任。

（四）海关接受申报

海关接受报关人递交的报关单，是海关与报关人发生法律关系的开始，也是海关依法对进出口货物进行实际监管的开始。海关接受申报后，首先要审核报关人的报关资格，审核报关单的填制是否符合海关规定，审核报关单据是否正确等。通过审核，符合上述要求的，则可接受报关；否则，不接受报关。海关对报关单进行编号登记，并批准接受申报的日期。

海关接受申报后，报关单证及其内容不得修改或者撤销；确有正当理由的，经海关同意，方可修改或者撤销。

（五）审核单证

海关对申报人递交的报关单及有关报关单证进行审核，检查判断进出口货物是否符合《海关法》和其他国家有关法律法规、方针政策。

审核单证的具体要求是：（1）交验的单证必须齐全、正确、有效；（2）报关单填报内容必须正确、全面；（3）所报货物必须符合有关规定。

二、申报期限

进口货物的申报期限：进口货物的收货人应当自运输工具申报进境之日起 14 日内向海关申报。进口货物的收货人超过规定期限未向海关申报的，由海关征收滞报金。进口货物的收货人自运输工具申报进境之日起超过 3 个月未向海关申报的，其进口货物由海关依法提取变卖处理（不宜长期保存的，海关可以根据实际情况提前处理），所得价款在扣除运输、装卸、储存等费用和税款后，尚有余款的，自货物依法变卖之日起 1 年内，经收货人申请，予以发还；其中属于国家对进口有限制性规定，应当提交许可证件而不能提供的，不予发还。逾期无人申请或者不予发还的，上缴国库。确属误卸或者溢卸的进境货物的收发货人自该运输工具卸货之日起 3 个月内，向海关办理退运或者进口手续；必要时，经海关批准，可以延期 3 个月。逾期未办相关手续的，由海关按上述规定处理。

出口货物的申报期限：出口货物的发货人应当在货物运抵海关监管区后、装货的 24 小时以前向海关申报。即出口货物的申报时间最早应于货物运抵海关监管区后进行申报，最迟应于货物装运出境前 24 小时以前申报。

滞报金：进口货物的申报期限为 14 天，若超过 14 天期限未向海关申报的，由海关征收滞报金。滞报金的征收对象是进口货物的收货人。滞报金的日征收金额为进口货物到岸价格的0.5‰，起征点为人民币10元，不足10元的免征。这里的进口货物的到岸价格指由海关审定的正常的到岸价格，如到岸价格不能确定，由海关估定。进口货物的到岸价格是以外币计价的，由海关按应征收滞报金之日国家外汇管理部门公布的外汇牌价的买卖中间价折合人民币。无牌价的外币，按照国家外汇管理部门决定的汇率折算。

进境货物滞报金的起收日期为运输工具申报进境之日起第15日；邮运的滞报金起收日期为收件人接到邮局通知之日起第15日。转关运输滞报金起收日期有两个：一是运输工具申报进境之日起第15日；二是货物运抵指运地之日起第15日。两个条件只要达到一个，即征收滞报金；如果两个条件均达到则要征收两次滞报金。

海关规定申报期限和征收滞报金是为了运用行政手段和经济手段，促使进口货物收货人或其代理人及时报关，加速口岸运输，使进口货物早日投入生产和使用，促进国民经济的发展。滞报金是由进口货物收货人或其代理人超过法定期限向海关报关而产生的一种费用，不是罚款。海关出具的滞报金收据不是罚款通知书。如果进口货物的收货人或其代理人对海关滞报金的决定不服，可以向作出决定的海关提出异议，但必须先交纳滞报金。

三、申报地点与转关

进口货物应当在货物的进境地海关办理申报手续。出口货物应当在货物的出境地海关办理申报手续。

为了方便进出口人办理海关手续，经进出口人申请，海关审核同意，进口人可在设有海关的指运地，出口人可在设有海关的启运地，办理申报手续。这种异地办理申报手续的进出口货物，被称之为转关运输货物。

经电缆、管道或其他特殊运输方式输送进出境的货物，由于不能向普通货物那样接受海关的直接检查、清点和核对，而需要借助有关仪器和特殊的计量工具进行测量，因此，要由报关企业定期向指定的海关报关。

过境、通运、转运货物由运输工具的负责人向进境地海关申报。

中国海关允许海关监管货物由关境内一设关地点转运到另一设关地点办理进出口通关手续。海关监管的转关运输货物有三种：一是由进境地入境后，运行另一设关地点办理进口通关手续的货物；二是在启运地已办理出口通关手续运往出境地，由出境地海关监管放行的货物；三是由国内一个设关地点转运到另一设关地点应受海关监管的货物。

办理转关运输，要有一定的条件，要由收、发货人向海关提出申请；指运地或启运地要设有海关，未设有海关的，要经分管海关同意。运输工具和货物要符合海关监管要求，并具有加封条件和装置。经海关审核符合条件的，才核准办理转关运输。准予转关运输的货物，必要时海关可以派员押运，也可进行复验。

申请转关运输的进口货物，其收货人或代理人应自运输工具申报进境之日起 14 日内向进境地海关申报转关运输。申报货物转关运输时，申请人应填报《中华人民共和国进口转关运输货物申报单》一式三份，如实向海关申报，并递交《中华人民共和国进口转关运输货物申报单》、指运地海关签发的《进口转关运输货物联系单》，随附有关单证。海关审核申报人递交的有关单证后，签发关封交申请人。申请人将货物运至指运地海关，向指运地海关递交进境地海关签发的关封，并在货物运至指运地海关之日起 14 日内向指运地海关办理报关纳税手续。指运地海关在办理了转关运输货物的进口手续后，按规定向进境地海关退寄回执，以示进口转关货物监管工作的完成。

来往港澳地区进境运输工具装载的转关货物，由运输工具负责人向进境地海关交验《载货清单》一式三份，并随附有关单证，进境地海关审核后制作关封交申请人带交出境地海关，由出境地海关办理货物的监管手续。

空运转关运输货物的指运地与运单的目的地相同时，可免填《中华人民共和国进口转关运输货物申报单》，海关不签发关封，在运单上编号并加盖“海关监管货物”印章。

出口转关运输货物，其申请人应向启运地海关申报。申请人在申报前应填写一式三份的《中华人民共和国海关出口转关运输货物申报单》《中华人民共和国出口货物报关单》，并随附有关单证向启运地海关办理出口报关纳税手续。启运地海关在办理出口货物的报关手续后，签发《出口转关运输货物联系单》并将关封交申请人带交出境地海关。出境地海关在货物出口后按规定向启运地海关退寄回执，完成出口转关运输货物的监管手续。

来往港澳的出境运输工具装载的出口转关运输货物，由运输工具负责人向启运地海关交验《出口货物报关单》或《载货清单》一式三份，并随附有关单证，启运地海关审核后制作关封交申请人带交出境地海关，由出境地海关负责办理货物的监管手续。

四、申报单证

要使进出口货物能够顺利通关，进出口货物的收发货人，必须事先准备好各种应交验的单证文件，随同进出口货物报关单向海关递交，它们与进出口货物报关单一起统称申报单证。申报单证共有四类：（1）商业单证，（2）货运单据，（3）货物进出口证明，（4）补充单证。

（一）进出口货物报关单

1. 进口货物报关单的填制：进口货物报关单是货物的收货人或其代理人在货物进境时，向海关申请办理进口查验、征税、放行等海关手续的法定文件。根据中国海关规定，申报人要准确填报进口货物报关单中的下列项目：

（1）预录入编号：指预录入单位对书面报关单或 EDI 报关单位对报关单电子报文的内部编号。预录入编号仅限于上述报关或录入单位与接受申报的海关之间使用，应能惟一标识该单位录入或申报的每一张报关单。凡要求预录入编号与海关编号一致的，其编号规则应符合海关编号的要求，海关编号由九位数组成，其中一至二位是关区代码，第三位为年份代码，后六位为顺序号。

（2）海关编号：指海关接受申报后所作的报关单标识号。

（3）进口口岸：指货物进境内第一口岸的名称。转关运输货物，经收货人申请，海关同意，进口货物在设有海关的指运地办理海关手续，进口口岸仍应填写进境口岸的名称；如从深圳入境的进口货物到上海办理海关手续，其进口口岸一栏应填为深圳。对于原为暂时进境、后又不再运出的进口货物，货物的进口口岸也应填写原进境的口岸为准。

（4）备案号：根据不同情况分别填报如加工贸易的《登记手册》编号、《征免税证明》编号、保税仓库进出口货物《登记手册》编号、其他经海关审批备案的合同备案编号。

（5）进口日期：指运载进口货物的运输工具申报进境的日期。船舶的进口日期以船舶申报进境日期为准，并由船舶代理公司记录在提货单上，航空器、车辆、驮畜的进口日期均由承运人记录在提（运）单上。

（6）申报日期：指海关接受收、发货人或其代理人申报货物进口的日期。

（7）经营单位：经营单位是指从事对外贸易经营活动的法人和其他组织。包括对外签订并执行合同。

（8）运输方式：载运货物进境的方式，包括海运、陆运、空运等六类运输方式。

（9）运输工具名称：进口货物运抵中国第一口岸所使用的运输工具名称及号码，如船名及航次、车牌号码、车次、航班号等。

（10）提运单号：各类货运单据号码。

（11）收货单位：进口货物在境内最终消费、使用或最终运抵的单位名称。

（12）贸易方式：按海关《贸易方式代码表》填报，如一般贸易，其代码为0110。

（13）征免性质：海关对征、减、免税各类规定的类别划分，按海关《征免性质代码表》填报。如保税区进出口货物，代码为307。

（14）征免比例：按海关核对的比例填报。

（15）许可证号：货物进口许可证编号。

（16）起运国（地）：货物起始发出直接运往或在运输中转国未发生任何商业性交易的情况下运往进口国的国家（地区）。

（17）装货港：进口货物从国外起始发出地点（港口）。

（18）境内目的地：货物境内最终地点。

（19）批准文件：除进口许可证以外所需的其他批准文件及编号。

（20）成交方式：按海关《成交方式代码表》确定的贸易条件，如CIF、FOB等填写。

（21）运费：实际支付的运费金额或运费率。

（22）保险费：实际支付的保险费或保险费率。

（23）杂费：实际支付的包装、劳务等其他费用。

（24）合同协议号：进口货物贸易合同或协议的编号。

（25）件数：有包装的货物的实际件数。

（26）包装种类：货物外包装种类。

（27）毛重：本批货物的全部重量，计量单位为千克。

（28）净重：货物毛重扣除外层包装后的自然净重，计量单位为千克。

（29）集装箱号：装运货物集装箱的号码。

（30）随附单据：随报关单一并向海关申报的单据名称。

（31）用途：进口货物的实际用途。

（32）标记唛码及备注：货物外包装上的标记唛码及其他说明事项。

（33）项号：货物在本报关单中的序号和加工贸易保税货物在《登记手册》中的序号。

（34）商品编号：按照《中华人民共和国海关统计商品目录》确定的海关统计商品编号。

（35）商品名称、规格型号：货物的中英文名称、规格、型号等。

（36）数量及单位：海关统计商品目录规定的计量单位及相应的货物的数（重）量。

(37) 原产国别（地区）：以货物的产地证明书确定。

(38) 单价：货物成交的单位价格。

(39) 总价：货物成交的总金额。

(40) 币制：按海关《币制代码表》填报。

(41) 征免：按海关《征减免税方式代码表》填报。

(42) 税费征收情况：由海关填写。

(43) 申报单位：对本报关单内容的真实性直接向海关负责的单位名称及报关专用章，同时盖上经海关核准的报关员章，填写报关单位地址、邮编、电话等。

(44) 填制日期：填制本报关单的日期。

2. 出口货物报关单的填制：出口货物报关单是出口货物的发货人或其代理人在货物出境时，向海关申请办理出口查验、征税、放行手续的法定文件。根据中国海关规定，申报人要准确填报出口货物报关单中的下列项目：

(1) 预录入编号：预录入单位对书面报关单的编号。

(2) 海关编号：海关接受申报后所作的报关单标识号。

(3) 出口口岸：货物出境的最后一个口岸名称。

(4) 备案号：加工贸易的《登记手册》编号以及保税仓库进出口货物的《登记手册》编号。

(5) 出口日期：运载该批货物的运输工具申报出境的日期。

(6) 申报日期：海关接受出口货物的发货人或其代理人申报货物出境的日期。

(7) 经营单位：从事对外贸易经营活动的法人和其他组织。

(8) 运输方式：货物出境载运的最后运输方式。

(9) 运输工具名称：运载该批货物出境前的中国最后一个口岸时所使用的运输工具名称或号码。

(10) 提运单号：各类货运单据号码，海运填装货单号码。

(11) 发货单位：货物在境内的生产或销售单位名称。

(12) 贸易方式：货物进出的交易方式，按海关《贸易方式代码表》填报。

(13) 征免性质：征免性质是按海关征、减、免税管理规定的类别划分，按海关《征免性质代码表》填报。

(14) 许可证号：货物出口许可证的编号。

(15) 结汇方式：出口人通过银行收结汇的方式，按海关《结汇方式代码》填报。

(16) 运抵国：出口货物直接运抵的国家（地区)，途经各国（地区）不发生任何商业交易。

(17) 指运港：货物运往境外的目的港。

(18) 境内货源地：货物在境内的产地或原始发货地。

(19) 批准文号：除出口许可证以外所需的其他批准文件及编号。

(20) 成交方式：填报按海关《成交方式代码表》确定的贸易条件，如 CIF、CFR、FOB 等。

(21) 运费：实际支付的运费或运费率。

(22) 保险费：实际支付的保险费或保险费率。

(23) 杂费：实际支付的包装、劳务等其他费用。

(24) 合同协议号：货物出口的合同或协议的编号。

(25) 件数：有包装的货物的实际件数。

(26) 包装种类：货物的外层包装。

(27) 毛重：本批货物的全部重量，计量单位为千克。

(28) 净重：毛重扣除外层包装后的自然净重，计量单位为千克。

(29) 集装箱号：装运货物的集装箱号。

(30) 随附单据：随出口货物报关单向海关一并递交的有关单证。

(31) 生产厂家：生产该批出口货物的厂家。

(32) 标记唛码及备注：货物外包装上的标记唛码及其他说明事项。

(33) 项号：货物在本报关单中的序号和加工贸易保税货物在《登记手册》中的序号。

(34) 商品编号：按照《中华人民共和国海关统计商品目录》确定

的海关统计商品编号。

(35) 商品名称、规格型号：货物的中英文名称、规格、型号等。

(36) 数量及单位：海关统计法定的计量单位及相应货物的数（重）量。

(37) 最终目的国：货物的消费、使用或进一步加工制造的国家（地区），不能确定最终目的国时以尽可能预知的最后运往国作为最终目的国。

(38) 单价：合同的成交价。

(39) 总价：合同的总价。

(40) 币制：按海关《币制代码表》确定的货币符号。

(41) 征免：按海关《征减免税方式代码表》确定的税款计征代码。

(42) 税费征收情况：由海关填写。

(43) 申报单位：对本报关单内容的真实性直接向海关负责的单位名称及报关专用章，同时盖上经海关核准的报关员章，填写报关单位地址、邮编、电话等。

(44) 填制日期：填制本报关单的日期。

3. 计算机打印格式进出口货物报关单填制：中国海关总署决定自1996年1月1日起启用计算机打印格式报关单，该报关单的设计按照当前通用的打印机的技术标准，并参照国际标准及国家标准中有关规定的要求，采用标准A4纸。该种报关单的填制要求如下：

(1) 预录入编号：由计算机系统对预录入的每票进出口货物报关单自动编制一个标识码。

(2) 海关编号：由计算机系统对海关接受申报的每票进出口货物报关单自动编制一个标识码。

(3) 进出口口岸：进出口口岸是指货物实际进出中国关境的口岸名称，进口货物应为货物进境的第一口岸海关名称，出口货物应为货物出境的最后一个口岸海关名称。本栏目应根据货物实际进出口口岸海关选择填报《关区代码表》中相应的口岸名称及代码。

(4) 备案号：加工贸易为《登记手册》编号，《征免税证明》编号，保税仓库进出口货物《登记手册》编号，其他经海关审批备案的合同备案编号。

(5) 进出口日期：进口日期是指运载该票货物的运输工具申报进境的日期；出口日期为运载该票货物的运输工具实际出境的日期，出口日期由海关放行环节控制。

(6) 申报日期：申报日期是指海关接受进出口货物的收发货人或其代理人申报货物进出境的日期。

(7) 经营单位及编号：填报经营单位的中英文全称及编号。经营单位为从事对外贸易经营活动的境内法人，即单位签订和执行合同的单位。如签订和执行合同为两个单位，以执行合同的单位为经营单位；援助、赠送、捐赠的货物，以直接受赠单位为经营单位；进出口企业之间相互代理进出口，或没有进出口经营权的企业代理进出口的，以代理方为经营单位；外商投资企业委托外贸企业进口投资设备、物品的，经营单位为外商投资企业；境外企业不得作为经营单位。经营单位编码是进出口企业在办理海关注册登记手续时，海关按企业报关注册地和企业性质分组设置的编码。每个企业由一个在全国范围内惟一的代码标识。经营单位编码为10位数字。经批准临时有进出口经营权的单位或个人应根据海关经营单位编码规则编制一个临时性的企业代码。

(8) 运输方式：根据载运货物进出境的运输工具填报运输方式名称及代码。进口货物填报载运该货进境的第一运输方式，出口货物填报载运该货出境的最后运输方式。运输方式分为：江海、铁路、汽车、航空、邮运、保税区、保税仓库和其他运输方式。

(9) 运输工具名称：进口货物填报运抵中国第一口岸时所使用的运输工具名称和号码；出口货物填报运离中国最后一个口岸时所使用的运输工具名称或号码。江海运输须填报船名及航次；汽车运输须填报车牌号码；铁路运输须填报车次和进出境日期；航空运输须填报航班号和进出境日期。

(10) 提（运）单号：填报各类货运单据号码。

（11）收（发）货单位：进口报关单收货单位；出口报关单发货单位。

（12）贸易方式：根据进出口货物交易形式选择填报《贸易方式代码表》中相应的贸易方式简称及代码。

（13）征免性质：根据进出口货物交易实际征、减、免税规定选择填报《征免性质代码表》中相应的征免性质简称及代码。

（14）征收比例/结汇方式：进口货物本栏目为征收比例，即贸易方式为“非对口合同进料件”（代码“0715”）进口料件时，按海关核准的比例作为不出口部分照章征税，此栏目用于填报实际应征税的比率。出口货物应根据合同规定的收结汇方式选择填报《结汇方式代码表》中相应的结汇方式名称及代码。

（15）许可证号：本栏目填报商务部及其授权机关签发的进出口货物许可证的编号。

（16）起运国（地区）/运抵国（地区）：进口货物的起运国（地区）指货物起始发出直接或在运输中转国（地区）未发生任何商业性交易的情况下运往进口国的国家（地区）。出口货物的运抵国（地区）指出口国所发运货物直接运抵的国家（地区），或在运输中转国（地区）未发生任何商业性交易的情况下的最后指运国（地区）。进口货物应填报起运国（地区），出口货物应填报运抵国（地区）。根据《国别（地区）代码表》分别选择填报起运国或运抵国中文名称或代码。

（17）装货港/指运港：装货港是指进口货物境外起始发出地点；指运港是指出口货物运往境外的目的港，装货港及指运港应按《港口航线代码表》选择填报相应的港口中文名称及代码。

（18）境内目的地/境内货源地：境内目的地指进口货物在国内的消费、使用地或最后运抵地；境内货源地指出口货物在国内的产地或原始发运地。进口货物境内目的地和出口货物境内货源地分别根据进口货物收货单位和出口货物生产厂家或发货单位分属国内地区，选择填报《国内地区代码表》中对应的地名及代码。

（19）批准文号：本栏目填报除进出口货物许可证外的其他批准货

物进出口的文件号码。

（20）成交方式：根据《成交方式代码表》填报合同（协议）所规定的贸易条件的英文缩写。

（21）运费/率：填报进出口货物实际支付的运费。

（22）保险费：填报进出口货物实际支付的保险费。

（23）杂费：填报实际支付的除成本、运费、保险费以外的其他费用。

（24）合同号：用于填报进出口合同（协议）的全部字头和号码。

（25）件数：填报有外包装的进出口货物实际件数。

（26）包装种类：填报进出口货物实际外包装种类。

（27）毛重：填报进出口货物实际毛重，计量单位为千克。

（28）净重：填报进出口货物实际净重，计量单位为千克。

（29）集装箱号：填报装运进出口货物的集装箱编号。

（30）随附单据：填报随进出口货物报关单一并向海关递交申报货物进出口的一个单证的名称。

（31）用途/生产厂家：进口货物报关单根据进口货物的实际用途填报按《用途代码表》确定的代码；出口货物报关单填报生产该货物的企业全称。

（32）标记唛码：填报货物外包装上的标记唛码。

（33）备注：选报以下内容如进口货物国外供货企业名称；相互委托代理进出口业务的委托单位全称；收、付汇核销单编号；其他申报时必须说明的事项。

（34）项号：指进出口货物在本票报关单中的排列号码。

（35）商品编号：指按《海关进出口税则》和《海关报关自动化系统商品综合分类表》确定的商品编号。

（36）商品名称：填报进出口货物中、英文名称。

（37）规格型号：填报商品的牌号、规格、型号、货号、成分等。

（38）数量：填报商品的实际数量或重量。

（39）计量单位：实际计量单位与海关统计计量单位一致时，填报按照《海关统计商品目录》确定的该商品所对应的计量单位；凡海关统计列明第二计量单位的，必须报明商品第二计量单位的数量；实际使用的计量单位与海关统计计量单位不一致时，填报实际的计算单位，同时还必须填报按海关统计计量单位转换的数量；海关统计按价值统计的商品，即《海关统计商品目录》未列计量单位的，只需填报实际计量单位。

（40）原产国（地区）/最终目的国（地区）：根据《国别（地区）代码表》选择填报相应的国家（地区）名称及代码。进口货物填报货物的生产、开采或加工制造的国家（地区）名称及代码；出口货物应填报最终实际消费、使用或进一步加工制造的国家（地区）名称及代码。

（41）单价：填报实际成交的商品单位价格。

（42）总价：填报实际成交的商品总价格。

（43）币制：按《币制代码表》填报实际对外成交的货币名称及符号。

（44）征免方式：指按《征免方式代码表》确定的征税、减税、免税或特案处理方式代码。

（45）申报单位：指对本票报关单申报内容的真实性直接向海关负责的企业或单位全称。

（46）税费征收情况：本栏目供海关批注进出口货物税费征收及减免情况。

（47）录入人、录入单位。

（48）报关员、地址、邮编、电话号码。

（49）填制日期。

（二）商业单证

此类单证主要指发票，发票包括了商品交易的主要内容，如品质条款、数量条款、价格条款、包装条款等。发票是海关审定完税价格的重要依据。根据《进出口关税条例》规定，进出口货物的收发货人或者他们的代理人，在向海关递交进出口货物报关单时，应当交验载明货物的真实价格、运费、保险费和其他费用的发票（如有厂家发票应附在内）。同时还规定，应当由货物的收发货人或者他们的代理人签字证明无讹。

（三）货运单据

货运单据包括装箱单一份（单一品种且包装一致的件装货物和散装货物可免交），提货单或装货单一份（海运进口或出口），运单一份（空运），包裹单一份（邮运），领货凭证一份（陆运）。海关检查单证和查验实货后，在货运单据上加盖放行章发还给报关人，其凭此提取或装运货物。

（四）特殊单证

指国家有关法律法规规定实行进出口管制的证明。如配额许可证，进口证明文件，核销单，减税、免税或免验证明，商品检验、动植物检疫、药品检验等主管部门签发的证件。其中进出口货物许可证是办理报关手续的重要文件，必须随同报关单一起交验。有的根据规定可以免予申领进出口许可证的，应交验相应的批准文件。

（五）补充单证

指办理申报手续时需要提供的海关认为必要的其他单据。主要包括贸易合同、货物原产地证明、营业执照、账册资料等。

第二节　进出口查验

中国《海关法》规定，进出口货物，除经收发货人申请，海关总署特准可以免验的以外，都应当接受海关的查验。海关查验货物时，进口货物的收货人、出口货物的发货人应当到场，并负责搬移货物，开拆和重封货物的包装。海关认为必要时，可以径行开验、复验或者提取样品。

一、查验的程序

海关查验，亦称验关，是海关派员到现场、仓库对进出口货物进行查验，也就是海关在接受申报后，对进口或出口的货物进行实际的核对查验、确定货物的物理性质或化学性质以及货物的数量、规格等是否与报送单证所列相一致。海关查验的依据是进出口货物报关单，海关通过实际的核查、验证，对实际进出口货物是否与报关单和进出口货物许可证相符，确定货物的性质、成分、规格、用途等，以便准确依法计征关税，进行统计归类。同时，通过查验，发现海关在审单阶段难以发现的走私违法情形。

海关查验的程序包括查验货物存放处所、查验货物包装唛头、核对件数、指件查验、拆包或开箱、查验货物内容和提取货样等环节。

（一）查验货物存放处所

进出口货物存放处所须与进出口报关单申报的存放处所相符，如有不符，海关将不予查验。进出口货物的查验地点，分海关监管区内与海关监管区外两种情况。

海关监管区内的场所，即监管区域内的口岸码头、车站、机场、邮局或海关的其他监管场所。为了加速验放，海关对进出口的大宗散货、危险品、鲜活商品、落驳运输的货物等，经申报人的申请，海关可结合装卸环节，在作业现场予以查验放行。

在海关监管区外查验是针对于成套设备、精密仪器、贵重物资、急需急用的物资和“门对门”运输的集装箱货物等，在海关规定地区进行查验有困难的，经进出口货物收发货人的申请，海关核准，海关可以派员到监管区域以外的地点进行查验，就地查验放行货物。但申请单位应按规定缴纳规费，并提供往返交通工具、住宿等方便。每一关员每一工作日人民币 50 元，每一工作日按 8 小时计算。

（二）查验货物包装与唛头

国际贸易货物，除少数不必包装，可直接装入运输工具中的散装货和在形态上自成件数，无需包装或略加捆扎即可成件的裸装货以外，绝大多数货物都需要适当的包装。一般货物无论以何种贸易方式成交，卖方均应提供包装。货物包装是否适当，关系运送安全。因此，一项完善的包装必须符合以下条件：

- 应求坚固完整；
- 包装材料应适应货物性质；
- 应尽量减少重量或体积，不宜超长、超大、超重；
- 应在安全的前提下，尽量节省包装费用；
- 每件大小应整齐划一，以便装卸、堆积、计算、检量及识别；
- 应遵守买方的指示办理；
- 应合乎进口国家的海关规定。

海关根据包装的种类进行审核，如属散装货物，毋需包装，可直接装于运输工具上；裸装货物在形态上自成件数，毋需加包装；包装货物根据包装材料和包装方式的不同又可分为箱装货物、捆包包装、袋装包装、桶装包装、瓶罐装、篓装、无容器包装、笼装和柜装。

唛头是货物包装上所标示的图形、文字、数字、字母及件号的总称。货物外包装的唛头应与报关单上所申报的相符。

（三）核对件数与指件查验

海关对货物的数量进行审核，申报人应向海关声明短卸或溢卸情况，并在报关单上注明。

申报人遵照派验报关单主管人员的批注，自行指定件数查验。

（四）拆包或开箱

海关查验货物时，申报人应按有关规定，办理货物的搬移、拆包或开箱，并使货物恢复原状等。验货人员取验时，应尽可能保持货物装箱及包装的原状，并避免货物的损失。

（五）查验货物内容

海关查验时，应核对如下事项：

- 货物名称、牌名、品质、规格、货号、型号等；
- 产地或生产国别；
- 数量；
- 净重。

（六）提取货样

海关对查验的货物依查验人员在报关单上的指示，提取货样。所取样品，应足以代表该批货物的真实情况，但以在鉴定技术上认为必要的数量为限。

对所验货物的名称、种类或品质等无法鉴定或有疑问时，亦得检样送请鉴定。

凡已拆包或开箱查验的货物，验货关员应监视申报人恢复原状并加封。

二、查验的方法与验货记录

（一）查验方法

根据查验的要求，海关采取一般查验和重点查验两种方法。海关采取的一般查验，是对经审核属正常往来的进出口货物可不予查验，或对进出口货物进行一般性的检查行为；海关采取的重点查验，是对经审核属海关重点监管的，或有走私违规嫌疑的进出口货物采取开启货物包装逐件清点、核对的检查行为。

（二）验货记录

海关查验进出口货物后，均要填写一份验货记录。验货记录由海关执行查验任务的关员填写。验货记录包括查验时间、地点、进出口货物的收发货人或其代理人名称、申报货物情况、运输包装情况、货物的名称、规格型号、原产国别、自然属性、新旧程度、数量、重量、进出口时状态等。查验关员和陪同查验的报关员应在验货记录上签名。

三、海关规费与监管手续费的征收

海关规费系指进出口货物的申报人请求海关在常规的办公时间或办公地点以外监管货物的装卸或查验货物，海关按规定的收费标准收取的费用。海关规费还包括海关监管手续费和海关签发各种证明文件的签证费。

海关监管手续费是对减税、免税和保税货物实施监管所提供服务而征收的手续费。海关监管手续费征收的范围较广，主要涉及国外进口的，经海关核准予以减税、免税或保税的货物。其中减、免税货物是指根据中国海关有关法律法规规定，进口时准予减征或免征关税的货物。保税货物是指经海关批准进口时没有办理纳税手续，在中国境内储存、加工、装配后再复运出境的货物。

对于各种减免税或保税货物的海关监管手续费，其征收标准不尽相同，但征收期限与方式大致一致。根据规定，进口减免税或保税的收货人或代理人，是海关监管手续费的纳费人。纳费人应当自海关签发手续费缴纳证次日 7 天内向海关缴纳手续费。逾期不交的，海关除依法追缴外，还要自到期之日起至缴清手续费之日止，按日征收手续费总额的1‰的滞纳金。滞纳金起征点为人民币 10 元，10 元以下的免征。

海关监管手续费应在货物进口时由口岸海关征收，特殊情况可由主管海关在审批减免税或保税时征收。海关征收手续费后，对纳费人发给手续费缴纳凭证。

除外，还有一部分进口货物，既属于减免税或保税范围，又免予征收监管手续费。

四、货损的赔偿

为了保护申报人的合法权益，《海关法》规定，海关查验进出境货物、物品时，损坏被查验的货物、物品的，应当赔偿实际损失。并公布实施了《中华人民共和国海关关于查验货物、物品造成损坏的赔偿办法》，对海关查验货物、物品造成损坏的赔偿责任、赔偿原则、赔偿对象、赔偿方式和程序等作了具体规定。

（一）海关赔偿的范围

海关在查验进出口货物时，由于海关关员责任造成被查货物、物品损坏的直接经济损失属于海关的赔偿范围。其金额由被损坏的货物、物品及其部件受损失程度或修理费用确定。但由于海关的抽象行政行为、合法行为，海关人员与行使职权无关的个人行为或因进出口收发货人自己的过错而造成被查验货物、物品损失的，海关不予赔偿。

有下列情形之一的，海关不承担赔偿责任：

1. 属于本办法第七条规定的情形的；

2. 由于当事人或其委托人的搬移、开拆、重封包装或保管不善造成的损失；

3. 易腐、易失效货物、物品在海关正常工作程序所需要时间内（含代保管期间）所发生的变质或失效，当事人事先未向海关声明或者海关已采取了适当的措施仍不能避免的；

4. 海关正常检查产生的不可避免的磨损和其他损失；

5. 在海关查验之前所发生的损坏和海关查验之后发生的损坏；

6. 海关为化验、取证等目的而提取的货样。

（二）海关赔偿程序

海关人员在查验进出口货物、物品时造成损坏的，由海关查验人员据实填写《中华人民共和国海关查验货物、物品损坏报告书》一式两份，由查验关员和当事人双方签字，一份交当事人，一份由海关存查。海关依法进行开验、复验或者提取货样时，应当会同有关货物、物品保管人员共同进行。如造成货物、物品损坏，查验关员应当请在场的保管人员作为见证人在《海关查验货物、物品损坏报告书》上签字，并及时通知当事人。

当事人收到海关查验货物、物品损坏报告书后，可与海关共同协商确定被查货物、物品的受损程度，必要时，可凭公证机构出具的鉴定证明来确定受损程度。受损确定后，以海关审定的完税价格为基数，确定实际的赔偿金额。进出口货物的收发货人和海关对赔偿金额有争议时，可向法院起诉，由法院裁定和判决赔偿金额。

赔偿金额确定后，由海关填发《中华人民共和国海关损坏货物、物品赔偿通知单》，当事人应自收到上述通知单之日起3个月内凭单向填发海关领取赔款，或将银行账号通知海关，由海关直接从银行划拨，逾期海关不再赔偿。赔款一律以人民币支付。

当事人对赔偿有异议的，可以在收到《通知单》之日起60日内向作出赔偿决定的海关的上一级海关申请行政复议，对复议决定不服的，可以在收到复议决定之日起15日内向人民法院提起诉讼；也可以自收到《通知单》之日起3个月内直接向人民法院提起诉讼。

第三节　进出口征税

根据《海关法》的规定，进出口货物由海关依法征收关税，关税分为进口关税和出口关税。进口货物的收货人、出口货物的发货人是关税的纳税义务人。

一、完税价格的确定

国际上通常采用的计税标准有从量税、从价税、复合税、滑准税和选择税等，计税标准不同，计算税款的方法也不同。中国海关目前主要实行从价税，对于采用从价税计征标准计算的进出口关税，税则中制定的税率，是以完税价格的百分比率表示。所谓“完税价格”，是指对进出口货物计征应交税款时所使用的价格。进出口货物的完税价格由海关以该货物的成交价格为基础审查确定。成交价格不能确定时，完税价格由海关依法估定。

（一）进口货物完税价格

进口货物完税价，由海关以进口货物成交价格以及货物运抵中华人民共和国境内输入地点前的运输、保险等相关费用为基础审查确定。其中，进口货物的成交价格指卖方向中华人民共和国境内销售该货物时买方为进口该货物向卖方实付、应付的，并经过适当调整后的价款总额，包括直接支付的价款和间接支付的价款。

成交价格应符合的条件：对买方处置或者使用该货物不予限制，但法律、行政法规规定实施的限制、对货物转售地域的限制和对货物价格无实质性影响的限制除外；该货物的成交价格没有因搭售或者其他因素的影响而无法确定；卖方不得从买方直接或者间接获得因该货物进口后转售、处置或者使用而发生的任何收益，或者虽有收益但能够按照有关规定进行调整；买卖双方没有特殊关系，或者虽有特殊关系但未对成交价格产生影响。

下列费用应当计入完税价格：（1）由买方负担的购货佣金以外的佣金和经纪费；（2）由买方负担的在审查确定完税价格时与该货物视

为一体的容器的费用；（3）由买方负担的包装材料费用和包装劳务费用；（4）与该货物的生产和向中华人民共和国境内销售有关的，由买方以免费或者以低于成本的方式提供并可以按适当比例分摊的料件、工具、模具、消耗材料及类似货物的价款，以及在境外开发、设计等相关服务的费用；作为该货物向中华人民共和国境内销售的条件，买方必须支付的、与该货物有关的特许权使用费；卖方直接或者间接从买方获得的该货物进口后转售、处置或者使用的收益。

下列税收、费用，不计入完税价格：厂房、机械、设备等货物进口后进行建设、安装、装配、维修和技术服务的费用；进口货物运抵境内输入地点起卸后的运输及其相关费用、保险费；进口关税及国内税收。

进口货物的成交价格不符合上述条件的，或者成交价格不能确定的，海关经了解有关情况，并与纳税义务人进行价格磋商后，依次以下列价格估定该货物的完税价格，纳税义务人也可以向海关提出申请，颠倒下述（3）和（4）的适用次序：（1）该货物同时或者大约同时向中华人民共和国境内销售的相同货物的成交价格。（2）与该货物同时或者大约同时向中华人民共和国境内销售的类似货物的成交价格。（3）与该货物进口的同时或者大约同时，将该进口货物、相同或者类似进口货物在第一级销售环节销售给无特殊关系买方最大销售总量的单位价格，并扣除：同等级或者同种类货物在中华人民共和国境内第一级销售环节销售时通常的利润和一般费用以及通常支付的佣金；进口货物运抵境内输入地点起卸后的运输及其相关费用、保险费；进口关税及国内税收。（4）按照下列各项总和计算的价格：生产该货物所使用的料件成本和加工费用，向中华人民共和国境内销售同等级或者同种类货物通常的利润和一般费用，该货物运抵境内输入地点起卸前的运输及其相关费用、保险费。（5）以合理方法估定的价格。

（二）出口货物完税价格

出口货物的完税价格由海关以该货物的成交价格以及该货物运至中华人民共和国境内输出地点装载前的运输及其相关费用、保险费为基础审查确定。其中，出口货物的成交价格是指该货物出口时卖方为出口该货物应当向买方直接收取和间接收取的价款总额。出口关税不计入完税价格。

出口货物的成交价格不能确定的，海关经了解有关情况，并与纳税义务人进行价格磋商后，依次以下列价格估定该货物的完税价格：(1) 与该货物同时或者大约同时向同一国家或者地区出口的相同货物的成交价格；(2) 与该货物同时或者大约同时向同一国家或者地区出口的类似货物的成交价格；(3) 按照下列各项总和计算的价格：境内生产相同或者类似货物的料件成本、加工费用通常的利润和一般费用，境内发生的运输及其相关费用、保险费；(4) 以合理方法估定的价格。

（三）特殊进口货物完税价格

运往境外加工的货物，出境时向海关报明，并在海关规定期限内复运进境的，应当以加工后的货物进境时的到岸价格与原出境货物或者与原出境货物相同的或类似的货物在进境时的到岸价格之间的差额确定完税价格。

运往境外修理的机械器具、运输工具或者其他货物，出境时已向海关报明并在海关规定期限内复运进境的，应当以海关审定的修理费和料件费作为完税价格。

以租赁和租借方式进境的货物，以海关审定的货物的租金作为完税价格。

二、税款计算

进出口货物完税价格经过审定和确定后，接下来就是进行应征税款的计算。税款一经计算确定，海关即可出具有强制性的征税决定，纳税义务人必须按时履行，在规定期限内向海关缴纳。税款计算是稽征关税的重要环节。

计算税款的一般作业程序是：审核申报单证、单据齐全正确、确认单货相符；正确归类、确定税率；审定或确定其完税价格，确定完税价格时，如货物是以外币计价的应按银行外汇牌价折合成人民币，然后计算出税款，填发税款缴纳证（税款缴款书）交纳税义务人并由其交纳税款。

计算进出口关税税款的最基本公式是：

关税税额 = 完税价格 × 关税税率

（一）进口关税税款的计算

计算进口关税的公式为：

进口关税税额 = 完税价格 × 关税税率

进口关税税额以人民币方式缴纳，如果进口货物是以外币计价成交的，由海关按照签发税款缴纳证之日国家公布的人民币外汇牌价的买卖中间价折合人民币计征。人民币外汇牌价表未列入的外币，按国家外汇管理部门确定的汇率折合人民币。

完税价格金额计算到元为止，关税税额计算到分为止。

一票货物的关税税额在人民币 10 元以下的免征。

（二）出口关税税款的计算

计算出口关税税款的公式为：

出口关税税额 = 完税价格 × 关税税率

出口货物以 FOB 价成交的，可直接按上述公式计算税款；如出口货物以其他贸易条件成交的，需要将货价折算成 FOB 价，再计算税款。

（三）海关代征进口环节税

根据国际惯例，进口货物进口后可以视为未征收国内税费的产品，因此，进口货物进口后还应缴纳国内税。为简化手续，进口货物的国内税一般在进口环节由海关征收。目前，中国规定由海关在进口环节征收的国内税主要有增值税和消费税。

所有申报进入中华人民共和国关境内的货物均应缴纳增值税、消费税。进口货物的收货人或其代理人或者负责向海关办理报关手续的单位或个人为进口货物增值税、消费税的纳税义务人。

三、关税缴纳与退补

关税缴纳是保证国家关税收入及时收缴入库的一项重要海关管理制度。海关在计算应征关税税额后应作出征收关税的决定，并由纳税义务人受领之后才能被执行，纳税义务人才实际产生纳税义务。纳税义务人缴纳税款后，海关应制发收据交纳税义务人，作为纳税凭证。

（一）关税纳税方式

关税纳税方式是指海关与纳税义务人征纳关税的形式。一般采取3种方法：1. 基本纳税方式，即由接受进出口货物通关手续申报的海关逐票计算应征关税并填发关税缴款书，由纳税义务人向海关或指定的银行办理税款交付或转账入库手续后，海关办理结关放行手续。征税手续在前，结关放行手续在后，有利于税款及时入库，防止拖欠税款。2. 关税后纳方式，即海关允许纳税义务人在办理了有关担保手续后，先行办理放行货物的手续，然后再办理征纳关税的手续。3. 定期汇总纳税手续，即对进出境应税货物逐票申报计征关税，纳税义务人定期统一缴纳关税的一种方法。

（二）关税缴纳期限

为了保证海关作出征收关税决定得以执行，使关税收入及时收缴入库，必须规定纳税义务人缴纳关税的时间限制。由海关法规定的纳税义务人应当履行关税给付义务的时间限制称为关税缴纳期限。中国海关法规定关税缴纳期限为海关作出征税决定后的15日，即自海关填发税款缴纳书之日起15日内，纳税义务人必须向海关指定的银行缴纳关税。逾期未纳，即构成关税滞纳。

（三）滞纳金

纳税义务人未在规定的期限内缴纳税款的，由海关征收滞纳金。海关作出征收关税决定，填发的关税缴纳书一经纳税义务人受领即发生法律效力。纳税义务人如果在法定的缴款期限内未缴纳税款，又未获批准暂缓纳税的，即构成滞纳，海关应按其应纳税款的一定比例，征收滞纳金。征收滞纳金是为了促使纳税义务人尽快履行纳税义务，保证国家税收及时入库，具有一定的惩罚性。《海关法》规定，自关税缴纳期限到期之次日起到纳税义务人缴清滞纳税款之日止，按日征收滞纳税额的1‰的滞纳金。

（四）关税强制征收

关税强制征收是海关对未履行关税给付义务的纳税义务人采取的一种直接取得应纳款项的行政强制行为。纳税义务人超过税款缴纳期限3个月仍未缴纳税款的，经直属海关关长或者其授权的隶属海关关长批准，海关可以采取下列强制措施：（1）书面通知其开户银行或者其他金融机构从其存款中扣缴税款；（2）将应税货物依法变卖，以变卖所得抵缴税款；（3）扣留并依法变卖其价值相当于应纳税款的货物或其他财产，以变卖所得抵缴税款。

进出口货物的纳税义务人在规定的纳税期限内有明显的转移、藏匿其应税货物以及其他财产迹象的，海关可以责令纳税义务人提供担保；纳税义务人不能提供纳税担保的，经海关关长或者其授权的隶属海关关长批准，海关可以采取下列税收保全措施：（1）书面通知纳税义务人开户银行或者其他金融机构暂停支付纳税义务人相当于应纳税款的存款；（2）扣留纳税义务人价值相当于应纳税款的货物或者其他财产。纳税义务人在规定的纳税期限内缴纳税款的，海关必须立即解除税收保全措施；期限届满仍未缴纳税款的，经海关关长或者其授权的隶属海关关长批准，海关可以书面通知纳税义务人开户银行或者其他金融机构从其暂支付的存款中扣缴税款，或者依法变卖所扣留的货物或者其他财产，以变卖所得抵缴税款。采取税收保全措施不当，或者纳税义务人在规定期限内已缴纳税款，海关未立即解除税收保全措施，致使纳税义务人的权益受到损失的，海关应当依法承担赔偿责任。

（五）关税追征、补征与退还

指在纳税人按海关核定的关税税额缴纳税款后，海关发现原核定税额少于应征税额时，对原纳税人征收原短征的关税税款的行政行为。根据造成短征关税的原因不同，分为关税的追征和关税的补征。因纳税人违反海关规定造成短征的，称为关税的追征，亦称追征关税，简称追征。非因纳税人违反海关规定造成短征的，称为关税的补征，亦称补征关税，简称补税或补征。

在通常情况下，关税纳税义务人在履行其关税给付义务之后，海关与纳税义务人之间的关税法律关系就消失了。但有时海关事后发现原核定实际征收的税额少于应征收的税额，即为关税短征。海关将对原纳税义务人征收短征的税额，这种行为就是关税的追征与补征。

海关作出追征或补征关税的决定应以书面形式，即关税缴款书，经纳税义务人受领后即发生效力。纳税义务人应按规定在关税缴纳期限内缴纳税款。

海关作出关税追征或补征是有时间限制的，超过时效规定，海关就丧失了追征或补征的权利。中国海关规定的追征或补征的时效应从海关放行货物或纳税义务人缴纳关税税款的第二天开始，海关补征关税的时效为 1 年；海关追征关税的时效为 3 年。

关税退还是纳税义务人缴纳关税后，由海关退还误征、溢征的原缴纳关税税款的行为。中国的关税退还包括以下两类退税：

1. 复出口退税（Drawback）

对已缴纳进口关税的进境货物，在境内经加工、制造或修理后复出境时，海关退还全部或部分已纳关税税额。

2. 溢征退税（Repayment of Overcharged Duties）

关税纳税义务人缴纳关税义务后，海关或纳税人发现应征税额少于实征税额，即构成溢征。其原因可能是由于海关作出征收关税决定的依据发生变化，也可能是纳税义务人申报时疏忽而错报，还可能是由于海关工作人员对法律和事实认识错误以及技术原因。这些原因导致征收关税的决定应当被撤销或变更，或在原征税决定被撤销后由海关重新作出征税决定，在重新作出征税决定时，应征税额少于原决定核定的税额。撤销或变更原征税决定的行为可以由海关主动作出，也可以应原纳税义务人的申请向原征收关税海关或其上级海关作出，还可由人民法院判决。

为严肃税收和维护当事人的合法权益，《海关法》对关税退补问题作了如下规定：（1）退补税的期限。进出口货物、进出境物品放行后，海关发现少征或漏征税款，自缴纳税款或货物、物品放行之日起一年内，向纳税义务人补征。对纳税义务人违反规定而造成少征或者漏征的，在3年内海关可予追征。海关多征的税款，海关发现后应当立即退还；纳税义务人自缴税之日起一年内，可以要求海关退还。（2）办理退税的手续。办理退税应做到退税依据确实，单证齐全，手续完备。纳税单位（或纳税人）应填写退税申请，附原税款缴纳证及其必要证件。上述申请及有关单证送经原征税海关审核，并签署意见，注明退税理由和退税金额。单位退税，一律由银行转账退付，不退现金。办理退税手续，除海关原因退税外，由纳税单位向海关交纳50元人民币手续费。

（六）纳税争议复议

为了保护纳税义务人的合法权益，中国海关法律法规规定了纳税义务人对海关确定的进出口货物的征税、减免税、补税或退税等有异议时，有向海关提出申诉的权利，即纳税争议复议。纳税复议的基本程序是纳税人申请复议—原海关复议—海关总署复议—法院申诉。

纳税义务人同海关发生纳税争议时，应当先缴纳税款，然后自海关填发税款缴纳证之日起30天内向原征税海关书面申请复议。海关应当在收到复议申请之日起15日内作出复议决定，制发《纳税争议复议决定书》答复纳税人。纳税人对原海关复议决定不服的，可以自收到复议决定书之日起15日内向海关总署申请复议，海关总署收到纳税人的复议申请后，应当在30日内作出复议决定，并制成决定书交原征税海关送到申请人。纳税人对海关总署的复议决定仍然不服的，可以自收到复议决定书之日起15日内向人民法院起诉。对海关总署维持地方海关决定的案件，应向原作出征税决定的海关所在地人民法院起诉，由地方海关出庭应诉；海关总署变更了地方海关的决定的案件，应向海关总署所在地的人民法院起诉，由海关总署出庭应诉。

第四节　关税减免

中国关税减免分为三种：（1）法定减免；（2）特定减免；（3）为临时减免。法定减免系指根据中国《海关法》、《关税条例》所规定给予的关税减免；特定减免系指根据国家规定对特定地区、特定企业或特定用途的进出口货物所实行的关税减免；临时减免系指除法定减免、特定减免规定范围以外的临时性减征或者免征关税。

一、法定减免

根据《海关法》规定，下列进出口货物减征或者免征关税：

• 无商业价值的广告品及货样；

• 国际组织、外国政府无偿赠送的物资；

• 在海关放行前遭受损坏或者损失的货物；

• 关税税额在人民币10元以下的一票货物，以及每次税额不足50元的进口邮包；

• 法律规定减征、免征关税的其他货物；

• 中国缔结或者参加的国际条约规定减征、免征关税的货物。

二、特定减免

《海关法》规定特定地区、特定企业或者有特定用途的进出口货物，可以减征或者免征关税。改革开放以来，中国出台了一系列针对特定地区、特定企业及特定用途的进出口货物的减免税优惠措施。

（一）对特定地区实施的关税减免

1996年前中国对特定地区实施的关税减免包括：（1）对进出经济特区的货物的关税减免；（2）对经济技术开发区进出境货物的关税减免；（3）对对外开放地区进出境货物的关税减免；（4）对高新技术产业开发区进出境货物的关税减免。目前，特定关税减免包括保税区进出口货物、边民互市和边境小额贸易进口货物（物品）、经济特区和上海浦东新区进口自用物品等。

（二）对特定企业实施的关税减免

对特定企业实施的关税减免包括外商投资企业，加工装配、补偿贸易项目进口的外商不作价设备，进出境口岸免税店免税物品等。

（三）对特定用途的进出口货物实施的关税减免

对特定用途的进出口货物实施的关税减免包括国家为了支持科学教

育、社会福利事业的发展和能源开发而对进口有关物资等给予免税等。

三、临时减免

临时减免关税是在法定减免和特定减免外，国家为照顾某些纳税义务人的特殊情况和临时困难或者支持社会公益事业而给予的关税减免。

根据国家有关规定和实践，中国对下列货物实行临时减免：（1）为救灾而进口的专用物资；（2）中外合作的科研项目中，由外方无偿提供的科研专用车辆、仪器、设备和化学试剂；（3）老、少、边、穷地区进口必需的生产资料或特殊生活用品，由于进口价太高而难以承受的。

对于临时减免税项目，纳税义务人应当在货物进出口前，向海关提出书面申请，说明理由，并随付必要的证明资料，由海关按照国家规定的程序审查批准。

除外，《海关法》规定：经海关批准暂时进口或者暂时出口的货物，以及特准进口的保税货物，在货物收发货人向海关缴纳相当于税款的保证金或者提供担保后，准予暂时免纳关税。

第五节　进出口放行

根据《海关法》的规定，除海关特准的外，进出口货物在收发货人办完向海关申报、接受查验、缴清税款或提供担保后，由海关在货运单据上签印放行。

一、放行与结关

对于一般贸易进出口货物来讲海关放行是监管的最后一个环节，放行就是结关。对于担保放行货物、保税货物、暂时进口货物和海关给予减免税进口的货物来说，放行不等于办结海关手续，还需在办理核销、结案或者补办进出口纳税手续后，才能结关。海关在决定放行进出口货物后，需在进出口报关单据上签盖“海关放行章”，进出口货物的收发货人凭此办理提取进口货物或装运出口货物手续。对于海关监管货物来说，盖有“海关放行章”的报关单也是海关核销的依据。

放行意味着一般贸易进出口货物可解除海关现场监管，特殊贸易进入后续管理，因此，海关在放行环节的工作重点是对通关程序中的申报查验征税几个环节的工作进行复核。主要是对进出口货物的申报单证是否齐全有效、有无遗漏，进出口货物的通关程序是否合法，各项签章是否完整、有效，海关查验进出口货物的记录和批注是否准确及符合规范，进出口货物缴纳税费情况，监管货物的登记、备案记录是否完整正确等事项进行复核。申报人应随时答复海关的复核询问或进一步提供海关需要的单证，以保证放行手续的迅速办理。

二、放行的手续

（一）签印放行

一般贸易进出口货物的收发货人或其代理人如实向海关申报，并如数缴纳应缴税款和有关规费后，海关在货物的进出口货运单据，如进口提单或运单，出口装货单或特制的放行条上签盖“海关放行章”，进口货物的收货人凭此到海关监管仓库提取货物，出口货物的发货人凭此装船启运出境。

在办完放行手续后，海关签发《进口货物证明书》或《出口货物证明书》。证明书是证明货物经海关监管合法实际进口或出口的文件，海关签发证明书主要是为了方便进出口货物的所有人办理有关业务。申报人只要同时符合两个条件，海关才签发证明书。条件一，报关员或货物所有人提出要求的；条件二，某项进口或出口的货物是经海关监管验放的、合法的进出口货物，且需要证明的。

（二）签发出口退税报关单

出口企业向税务机关申请退税，须提供两单两票，即出口货物报关单、银行的出口结汇清单和出口销售发票、出口产品购进发票。

申请出口产品退税的企业，在向海关办理出口报关手续时，除应按规定填制报关单随附单证外，还应填制一份与普通出口报关单格式一致的浅黄色《出口退税报关单》。此单是税务机关办理出口退税的主要凭证。出口企业应在海关放行货物之日起 15 日内，向海关申领《出口退税报关单》，凭此办理退税手续。

海关在放行货物后，在报关单上加盖"验讫章"和已向税务机关备案的海关审核出口退税负责人的签章，并加贴防伪标签后，退还报关单位，送交退税地税务机关。

（三）签发进口付汇、出口收汇进出口货物报关单

对属于进口付汇、出口收汇进出口货物报关单，海关在办结放行手续后，出具一份盖有海关验讫章的电脑打印报关单，并在报关单的右上角加贴防伪标签，交进口或出口单位专门用于办理进口付汇或出口收汇核销手续。

（四）出口货物退关

已申报出口的货物，在海关办理放行后，因故未能装运出口的，申报人应向海关申请办理退关手续。申请退关的出口货物发货人应当在退关之日起 3 天内向海关申报退关，经海关核准后方能将货物运出海关监管区。已征出口税的退关货物，可以在缴纳税款之日起的 1 年内，提出书面申请，向海关申请退税。对出口货物海关接受申报并放行后，由于运输工具配载问题，全部或部分货物未能装载上原申报的运输工具，出口货物发货人应向海关递交《出口货物报关单更改申请》。其中，对全部未出口的，海关审批后，按退关处理，重新办理出口海关手续。对部分未出口的，海关对原申报出口的货物作全部退关处理，然后再对实际出口的货物办理重新报关手续。

三、进出口货物担保

进出口货物担保系指担保人因进出口货物税款或某些报关证件不能及时备齐而申请海关先予放行时，以法定的方式向海关保证在一定期限内履行其在通关过程中承诺的义务的法律行为。

《海关法》规定了海关事务担保制度，进出口货物的收发货人在办结海关手续前，提供与其应当履行的法律义务相适应的担保的，海关对其货物可以予以放行。

在确定货物的商品归类、估价和提供有效报送单证或者办结其他海关手续前，收发货人要求放行货物的，海关应当在其提供与其依法应当履行的法律义务相适应的担保后放行。法律、行政法规规定可以免除担保另有规定的，从其规定。国家对进出口货物、物品有限制性规定，应当提供许可证件而不能提供的，以及法律、行政法规规定不得担保的其他情形，海关不得予以担保放行。

具有履行海关事务担保能力的法人、其他组织或公民，可以成为担保人。法律规定不得为担保人的除外。担保人可以以下列财产、权利提供担保：人民币、可自由兑换货币；汇票、本票、支票、债券、存单；银行或者非银行金融机构的保函；海关依法认可的其他财产、权利。担保人应当在担保期限内承担担保责任。担保人履行担保责任的，不免除被担保人应当办理有关海关手续的义务。

（一）海关接受担保申请

按照规定，在下列情况下海关可以接受担保申请：

1. 暂时进出口货物；

2. 国家限制进出口的货物，已经领取了进出口许可证但因故不能及时提供的；

3. 进出口货物不能在报关时交验有关单证（如发票、合同、装箱单等），而货物已运抵口岸，急待提取或发运，要求海关先行放行货物后补交有关单证的；

4. 正在向海关申请办理减免税手续而货物已运抵口岸亟待提取或发运，要求海关延缓进出口纳税手续的；

5. 经海关同意，将海关未放行的货物暂时存放在海关监管区之外的场所的；

6. 因特殊情况经海关总署批准的。

（二）海关不接受担保申请

下列情况，海关不接受担保申请：

1. 国家限制进出口的货物而未领到进出口货物许可证的；

2. 进出口金银、濒危动植物、文物、中西药品、食品、体育及狩猎用枪支弹药和民用爆破器材、无线电器材、保密机等受国家有关规定管理的进出口货物，不能向海关交验有关主管部门批准文件或证明的。

（三）进出口货物担保的形式

进出口货物担保有两种形式：缴纳保证金；提交保证函。

1. 保证金是由担保人向海关缴纳现金的一种担保形式，保证金的金额为有关货物的进口税费之和。所有的要求减免税的进口货物，在未办结有关海关手续以前，担保人申请先期放行货物的情况，当事人都应先支付保证金，保证金的金额应相当于有关货物的进口税费之和。在担保期内要求办理有关货物进口手续的，经海关同意，可将保证金抵作税费，并向申报人补征不足部分或退还多余部分。

2. 保证函是由担保人按照海关的要求向海关提交的，订有明确权利义务的一种担保文件。出具保证函的担保人必须是中国法人，对属应税货物以保证函形式申请缓缴税款者，必须由申请缓税单位的开户银行或其上级机构出具保证函担保。

凡符合申请担保条件的货物，由申请担保人向办理有关货物进出口手续的海关申请担保。海关进行审核后，确定担保的形式。

以保证金形式申请担保的，由申报人向海关缴纳相当于有关货物的进口税费等额的保证金。海关收取保证金后，向申报人出具《中华人民共和国海关保证金收据》。

以保证函形式申请担保的，由担保人按照海关规定的格式填写保证函一式两份，并加盖担保人的公章，一份留海关备案，另一份由担保人留存。

一般情况下，担保期不得超过20天。否则，由海关对有关货物进行处理。特殊情况的，在担保期限内申请延长担保期限的，由海关审核确定适当予以展期。

暂时进口货物的担保期限按照海关对暂时进口货物监管办法的有关规定执行，一般是在货物进口之日起6个月内。

（四）海关办理销案的手续

如果报关人因故未能在担保期限内向海关办理销案手续，海关将区别不同情况，分别按以下规定处理：

1. 将保证金抵作税款，并责令担保人按规定补办进口或出口手续，并同时处以罚款；

2. 责令担保人缴纳税款或通知银行扣款，并同时处以罚款；

3. 暂停或取消报关人的报关资格。

担保人办理进出口担保申请时，应向办理有关货物进出口手续的海关申请担保，并且在该关办理销案手续。

所谓销案是指在规定期限内履行了事先承诺的义务后，海关退还担保人已缴纳的保证金或注销已提交的保证函，以终止所承担的义务。已缴纳保证金的担保销案，由担保人凭《中华人民共和国海关保证金收据》向海关办理退还保证金和销案手续；以保证函向海关申请担保的，由申请担保人凭留存的一份保证函向海关办理销案手续。

思考题

1. 一般贸易进出口货物通关的基本程序是什么？
2. 我国是如何确定进口货物完税价格的？
3. 我国的关税减免方式有哪几种？
4. 何谓进出口货物担保？

第五章

加工贸易货物通关

加工贸易是指经营单位从国外购进原料、材料、辅料、元器件、零部件、配套件和包装物料，在国内加工、装配为成品后再复运出口的一种贸易方式。

中国《海关法》规定：加工贸易合同须经海关备案，加工贸易货物应接受海关监管。

第一节　加工贸易基本方式与程序

加工贸易的基本方式有两种：（1）进料加工；（2）来料加工。加工贸易一般经过四个阶段：（1）准备阶段；（2）谈判签约阶段；（3）报批阶段；（4）履约阶段。

一、基本方式

目前世界上加工贸易主要有两类，一类是进料加工，另一类是来料、来件、来图来样加工装配。其中，进料加工是具有较长历史的一种灵活贸易方式；而加工装配（包括来料加工、来件装配、来图来样加工）则是近几十年才盛行起来的一种贸易方式。本章重点阐述后一类加工贸易，即来料加工、来件装配和来图（样）生产。

（一）进料加工（Processing With Imported Materials）

进料加工是指一国的公司用自己的外汇，直接或间接进口生产所需的原材料，利用自己的工厂、设备、劳动力进行加工后出口，使原有外汇增值，从中获取利润。

在这类贸易中，一国的加工方可以同国外一个客户既签订进口合同又签订出口合同，也可以同两个客商分别签订进口合同和出口合同，进料加工合同与一般货物进出口合同内容相同。在进料加工中，原料的供应商在合同中不承担回购的义务。进料加工产品的质量标准由加工方按国际市场的需求制定。进料加工产品的出口须另行签订出口合同，而且进口合同和出口合同的签订往往是不同步的。

进料加工进口的原料是进口方国家急需的物资，这类加工有助于加工方克服国内原材料比较紧缺的困难，扩大生产，也有助于加工方增加产品的花色、品种、规格，提高产品质量和档次，促进出口创汇。

此外，如果进料加工的产品属于保税产品，即原料进口免征进口关税（指进口应税产品），成品出口也免征出口关税（指出口应税产品）。

（二）来料加工（Processing With Supplied Materials）与来件装配（Assembling With Supplied Parts）

来料加工、来件装配是指一国的加工方接受另一国委托方的委托，前者利用后者提供的原料、辅料、零部件、元器件等（必要时还提供加工装配所需的设备、仪器、工具和技术等），按照委托方要求的品质、规格、式样、技术标准、设计和工艺要求进行加工装配，并将成品按规定的时间和数量交给委托方，同时收取加工费。

（三）来图来样加工（Processing With Supplied Drawings and Samples）

来图来样加工是指一国的加工方受另一国委托方的委托按其提供样品的规格、质量、款式等，主要利用当地的原料、辅料、包装材料等加工成产品，在规定的时间内将产品交付给委托方，并收取加工费。加工费还应包括加工方为生产产品所配套提供的原料等价款。

与来料加工不同，来图来样加工所需的原料往往是加工方国家充裕的物资，这样可以充分利用加工方的资源、工厂设备、劳动力，产生更多的效益。

来图来样加工贸易双方的关系属于货物进出口贸易关系。一般来说，图纸和样品的提供方就是产品的包销方，两者之间的关系纯属买卖关系。

必须注意的是来图来样加工的加工方，有时可不必一成不变地按委托方提供的样品和图纸加工生产，只要符合要求，且委托方乐于接受，加工方可以作适当的改进。但双方必须在合同中明确规定，并以改进后确认的样品为准。

此外，来图来样加工合同一般都订有复样和限制条款，样品一旦确认，委托方必须返销。因为这些产品完全是按委托方的市场需求设计的，加工方国内市场不一定适销。如没有复样和限制条款，一旦委托方不收购加工产品，加工方就无法销售，会给加工方带来损失。

（四）与补偿贸易相结合的综合性加工贸易

补偿贸易（Compensation Trade）是指一国的企业在取得另一国的设备出口方信贷的基础上，先行进口设备、技术，通过进口的机器设备、技术直接生产的产品返销，以此分期偿还进口设备、技术价款的贸易方式。除上述直接补偿外，还有间接补偿、劳务补偿等方式。关于补偿贸易的具体业务将在本章第四、五节中专门论述。

来料加工、来件装配、来样加工与补偿贸易相结合的综合加工贸易，是指委托方在提供原料、辅料、零部件、元器件、图纸、样品的同时还提供部分加工设备、工具、仪器、技术（或其中一项），加工方按委托方的要求进行加工生产，产品交委托方后收取加工费。委托方所提供的设备、工具、仪器、技术的价款从支付给加工方的加工费中分期分批扣除。综合加工贸易合同比一般加工贸易合同在内容上更为复杂。当然，综合加工贸易也可以是进料加工和补偿贸易相结合的形式。

二、加工贸易业务程序

就加工方而言，开展加工贸易，一般经过以下四个阶段：（1）准备阶段；（2）谈判签约阶段；（3）报批阶段；（4）履约阶段。

（一）准备阶段

1. 确定项目：国际加工贸易项目，要根据加工地和加工企业的工业基础、技术条件、劳动力状态来选择。一般应选择加工方出口货源不足、生产技术落后、需要引进设备技术、提高产品质量的产品。有时也可根据实际情况选择一些有条件的劳动密集型产品。对加工方国家原先大量出口的产品以及在国外市场已占优势的产品，不应作为开展对外加工贸易的项目。

2. 寻找合作伙伴：国际加工贸易和其他业务一样必须有好的合作伙伴。加工方必须认真选择资信好、有技术、有经营能力的客户。为了确保国际加工贸易的顺利进行，加工方在确定合作伙伴前，一定要了解合作伙伴的资信，核实其订约及履约能力。对合作伙伴的资信调查应包括其法律地位、资金和技术状况。

3. 可行性研究：加工贸易的项目和合作的伙伴初步确定之后，就可以与合作伙伴共同商讨制定可行性研究报告。对加工贸易项目来说可行性研究的重点是研究生产技术上的可行性、先进性、可靠性，财务经济上的合理性、获利性、效益性。加工贸易项目规模不同，周期长短不同，可行性研究的繁简也不同。

（二）谈判签约阶段

在国际加工贸易的谈判签约阶段，合作双方经充分协商、讨论后签订书面加工贸易合同。合同中应明确规定双方的权利义务，并规定一旦发生争议时的解决办法。

（三）报批阶段

在国际加工贸易合同签订后，加工方必须按照国家的有关法律规定办理报批等手续，国家主管部门对报批的加工贸易合同主要审查其进出口的原辅料件和产品是否是涉及国计民生的大宗商品、战略物资或紧缺物资，是否是涉及进出口配额和许可证管理的商品。此外还要审查项目是否属于国家政策的许可范围，该项目是否有利于本国产品出口和经济发展，是否会造成环境污染等。在对外加工贸易中，加工方要从国外引进原辅材料、出口产品，只有在取得批准文件和备案证明之后才能凭此办理有关进出口手续。各国海关对加工贸易中进出口原辅料件及产品的管理是根据本国的国民经济发展需要确定的，不同的国家管理的内容和办法不尽相同，不同的时期的管理也不尽相同。

（四）履约阶段

国际加工贸易合同签订、批准后，贸易双方应本着“重合同、守信用”的原则，共同遵守、严格履行合同的各项规定。下面介绍加工方在履约阶段应做的工作。

1. 进口环节中应做的工作

加工方在进口环节中应履行的义务主要包括：

（1）办理海关登记手续。加工合同批准后加工方应按国家规定向海关办理登记备案手续，不办理登记备案手续的，其货物进出口时，不能享受优惠。

（2）办理运输、保险手续。若进口货物的价格条款是 FOB，加工方应在进口货物时办理运输及保险手续，若进口货物为 CFR 价格条件成交的，加工方应办理保险手续。

（3）办理凭单付款手续。若是进料加工合同，加工方收到进口单据后，应在付款前对单据进行认真仔细的审核。只有在审核无误后，方能办理付款手续。

（4）办理报关及报验手续。进口货物到港后，加工方凭办理海关登记手续的证明向海关申报，并接受海关检查，有关货物自进口之日起到加工成品出口之日止均受海关监管。

2. 出口环节中应做的工作

（1）备货。加工方应保证按时交货。对加工方来说，履行合同就是按合同要求按时、按质、按量准备好应交付的加工成品，并组织出运。

（2）催证、审证与改证。国际加工贸易合同中如规定委托方使用信用证结算方式，加工方必须在出口产品时做好催证、审证和改证三项工作。催证、审证和改证与一般货物贸易的信用证结算时的催证、审证和改证相同，其目的是保证款项能及时收妥。

（3）运输和保险。若出口货物的价格条款是 CIF 或 CFR，加工方还要安排货物出运。加工方在备妥货物并收到委托方信用证后，即可办理租船、订舱和装运手续。若采用 CIF，则装船前还须办理货物海运保险。

（4）报关核销。加工方在出口货物时，应按照国家的规定向海关办理核销手续。

(5) 制单、收取加工费。产品装运出口后，加工方应按合同或信用证要求，正确缮制各种单据，确保正确无误地收取款项。

三、加工贸易业务海关监管

对外加工贸易进口的原辅料件、设备和加工出口的产品属于海关的保税货物应接受海关的监管，如发现有走私违法行为，海关将依法给予处理。情节严重者将由司法机关追究刑事责任。海关监管的主要环节如下:

(一) 审核合同，发放登记手册

加工企业应自加工贸易合同批准起一个月内，持合同副本、审批部门的批准文件、工商登记执照以及税务登记证等文件向所在地海关办理登记手续，海关发给《对外加工装配进出口货物登记手册》。

(二) 审查单证和登记手册

对外加工贸易企业进口料件、出口货物时须凭《对外加工装配进出口货物登记手册》办理进出口手续。海关要检查进出口货物的单据是否齐全、项目是否完备、填写是否清楚、核对单货、单单、单证是否相符，同时审核《对外加工装配进出口货物登记手册》。《对外加工装配进出口货物登记手册》如发生遗失，应及时向海关报失，并将加工贸易的批准文件和有关单证呈送海关。经海关调查核实后给予补发，否则有关加工的料件及产品不得进出口。

(三) 对进出口货物的监管

加工贸易项下进口的料件（包括来料加工装配进口的设备、仪器等）均属保税货物。进口料件自进口之日起至产品完全出口之日止（设备自进口之日起至全部用加工费偿还，解除监管之日止）均应接受海关监管。未经海关许可，任何单位或个人（包括外商）均不得出售、转让、租赁、掉换、抵押或移作他用，否则将按海关的规定依法追究当事人的法律责任。

加工贸易项下进口的料件和加工出口产品均不得在境内销售。如因故必须转为内销，应经外经贸主管部门批准和海关许可。加工企业应及时就转为内销的货物缴纳原进口料件的关税及进口环节税。

按我国《海关法》的有关规定，加工企业应按合同将加工贸易进出口货物的情况记入海关认可的专门账册。对上述账册以及有关加工贸易的往来函件、设立的保税仓库、加工车间等海关有权随时进行检查。

一旦发现对外加工贸易企业有走私行为，海关将依法对其作出处理，同时外经贸主管部门将吊销其加工贸易经营权。

第二节　加工贸易货物通关

加工贸易货物通关不同于一般进出口通关，它涉及货物进境、储存或加工、复运出境的全过程，只有办理了全过程的各种海关手续后，才完成其通关任务。

一、加工贸易货物通关程序

加工贸易货物通关的基本程序：登记备案→申报进口→储存加工→复运出口→核销结案。

（一）登记备案

经营保税与加工贸易货物的单位持有关批件、对外签订的合同及其他有关单证向主管海关申请办理合同登记备案手续，海关核准后，签发有关登记手册。登记手续必须在保税与加工贸易货物进口前办妥。

（二）申报进口

在海关办理合同登记备案的保税与加工贸易货物实际进境时，经营单位或其代理人应持海关核发的该批货物的《登记手册》及其他单证，向进境地海关申报，办理进口手续。

（三）储存加工

保税与加工贸易货物进境后，或储存在海关指定的场所，或交付给海关核准的加工企业进行加工制造。

（四）复运出口

保税与加工贸易货物在储存期满或经加工制造成成品后，再复运出口。经营单位或其代理人持该批货物的《登记手册》及其他单证，向出境地海关申报办理出口手续。

（五）核销结案

在备案合同期满或加工产品出口后的一定期限内，经营单位持有关加工贸易登记手册、进出口货物报关单及其他有关资料，向合同备案海关办理核销手续，海关对保税货物的进口、储存、加工、使用和出口情况进行核实并确定最终征免税意见后，对该备案合同予以核销结案。

二、进料加工

进料加工系指中方用外汇购买进口的原料、材料、辅料、元器件、零部件、配套件和包装物料加工成成品或半成品后再外销出口的交易形式。

进料加工是国际上使用较多的加工贸易方式，是扩大出口、增加外汇收入的重要手段。它的基本概念是：用外汇购买进口原料、材料、辅料、元器件、零部件、配套件和包装物料（以下简称料件），加工或装配成成品或半成品后返销出口。

从上述概念可以看出，进料加工业务与加工装配业务一样，也包含着加工和装配两种基本形式，并且在一项进料加工业务中也往往是混合采用。但进料加工项下进口机器设备，因系购买进口并不再复出口，与进口料件和返销成品的交易并无直接联系。

进料加工的业务特征：（1）进料加工的料件多为本国不能生产或生产能力有限的品种，动用外汇购买进口料件的目的是为加工或装配成适合外销的成品再行出口，并以此创汇。（2）进料加工业务从料件采购、生产到产品销售均由我方经营，盈亏自负。（3）进料加工业务的料件是购买进口的，因而经营者拥有所有权。但实际上仍受到进出口国家管制制度及海关通关制度的限制，原则上在未经批准进出口手续的情况下必须加工成成品返销出口。

进料加工的合同形式：（1）一般进口料件的合同。即单边逐笔签定的合同。这种合同形式与一般贸易进口几乎没有区别，惟有合同标的物应为可用于加工的料件，且有外经贸主管机关的批件为证明。(2) 进料加工的对口合同。即分别订有料件进口和成品出口的两份购销合同。但两份合同的标的物（料件和成品）在品种、数量上须对应，且由我方同一家经营单位对外签约。(3) 客代辅料的国外订购合同。即在出口合同中订有国外订货商提供（免费或在出口货价中扣除）部分辅料、包装物料，甚至部分原材料的条款。这些提供的辅料也随交货条件在进口时转移所有权，对此，可按进料加工办理通关手续。

进料加工的业务和通关程序：合同登记备案→进口料件报关→出口产品报关→合同核销。

（一）合同登记备案

开展进料加工的单位必须是经商务部或其授权的外经贸主管部门批准的有进出口经营权的企业，加工生产企业必须具有法人资格并有能力承担进口料件加工出口产品的生产企业。

经营单位开展进料加工应在有关货物进口前到加工生产企业所在地主管海关办理合同登记备案手续，提交有关单证。海关审查经营单位提交的合同登记备案单证后，对加工企业实地验厂验库。主管海关签发《银行保证金台账联系单》，经营单位凭此到主管海关所在地指定中国银行办理设立银行保证金台账手续，银行设立台账后，签发《银行保证金台账登记通知单》。

主管海关对已开设银行保证金台账手续的合同，根据合同备案单证是否齐全、有效以及验厂验库情况，确定不同的征免税比例，在《登记手册》上签署海关备案意见，并加盖海关业务印章，将《登记手册》核发给经营单位。经营单位凭此《登记手册》办理有关货物进出口和合同的最终核销手续。

（二）进口料件报关

进料加工项下料件进口时，经营单位或其代理人持《登记手册》及其他有关报关单证，填制进料加工专用进口货物报关单，向进境地海关申报。

进境地海关审核无误后，按规定收取海关监管手续费，验放进口货物，并在《登记手册》以及进口货物报关单上加盖海关印章后退还经营单位或其代理人，作为今后合同核销的单证依据。

（三）出口产品报关

进口料件经加工生产为成品返销出口时，经营单位或其代理人持《登记手册》及其他报关单证，填制进口加工专用出口货物报关单，并在《登记手册》填明有关出口产品内容后，向出境地海关申报。

出境地海关审核单证无误后，验放有关出口货物。并在《登记手册》以及出口货物报关单上加盖海关印章后退还经营单位或其代理人，作为今后合同核销的单证依据。

（四）合同核销

进料加工合同执行完一个月内，经营单位持有关单证到主管海关办理合同核销手续。核销的单证包括：《登记手册》、进料加工进出口专用报关单、核销申请表或进口料件使用情况表。

海关对经营单位提供的核销单证进行审核，对合同执行情况正常的，海关对登记备案的进料加工合同予以核销结案，签发《核销结案通知书》，同时，对开设银行保证金台账的合同，签发《银行保证金台账核销联系单》。经营单位凭此向银行办理保证金台账的销账手续。

三、来料加工装配

（一）来料加工装配的含义

来料加工装配系指由外商提供全部或部分原材料、辅料、零部件、元器件、配套件和包装物料，必要时提供设备，由中方按对方的要求进行加工装配，成品交对方销售，中方收取工缴费，中方用工缴费偿还的交易形式。

（二）来料加工装配贸易方式

来料加工装配贸易是国际间惯用的一种交易方式，也是我国利用外商直接投资与我国的劳务相结合，以发展出口商品的生产和增加外汇收入为目的的重要对外经济合作形式。它的基本概念是：外商提供全部或部分原材料、辅料、零部件、元器件、配套件、包装物料和必要的机器设备，委托我方企业按国外厂商的要求进行加工、装配，成品由国外厂商负责销售，我方按合同收取工缴费。外商提供的作价设备价款，我方用工缴费偿还。

从上述可以看出，这种贸易方式有两种基本形式：（1）来料加工。指对外商提供的原材料、辅料，按品质、规格、款式、技术等要求进行加工，改变原材料、辅料的尺寸、性质或表面形态，使之符合规定的成品要求。例如，服装裁制、铜铸件毛坯铣削、硫酸钙与硫酸钡等化合钛白粉等。（2）来件装配。指对外商提供的零部件、元器件、配套件，按工艺要求进行配合和连接，使之成为成品的过程。例如，钟表装配、计算机组装等。

上述两种基本形式亦经常混合采用。例如进口手表机芯和手表壳的毛坯，需先对机壳毛坯打磨、抛光，然后才进行成品装配，因此加工装配习惯上也直接称作来料加工。

此外，因生产需要，在外商提供料件的同时，往往还提供有关的生产机器和技术、秘方，我方以所赚工缴费抵偿。

（三）来料加工装配的业务特征

1. 加工装配业务虽有料件进口和成品出口，但实际上是一笔交易，故必须同时签订进出口协议。交易对我方来说，目的在于赚取加工费。同时通过加工装配实践，借以提高国内企业生产技术、产品质量和管理水平。

2. 加工装配业务因系代外商完成产品的产制品，故我方无需具备购买料件的外汇资金，也不负责料件的采购。

3. 对料件及加工后的成品并无所有权。因此，如果管理不善使料件损毁，或在加工装配时超出规定损耗，都将承担经济责任。

4. 我方不需负责成品在境外的销售，只收取约定的加工费，与外商经营盈亏无关。

（四）来料加工装配的合同形式

1. 委托加工装配合同。即一项加工业务只签一份合同，有关料件进口和成品出口涉及的双方必须承担的义务和可以享受的权利均在这份合同中列明。

2. 加工装配对口合同。即一项加工业务分别订立料件进口和成品出口的合同，分别规定双方的权利、义务。由于两份合同在交易方和进出口货物的对应关系上互相制约，所以实际仍为一笔交易。在这种形式下，料件和成品分别计价，货款采用先收后付的方式结算，因而并不需要动用外汇，仍保持加工装配业务的基本特征。

（五）来料加工装配的业务与通关程序

对外加工装配包括来料加工和来件装配两种形式，中国海关将其合并为来料加工装配业务。来料加工装配的业务与通关程序为：合同登记备案→进口料件报关→出口成品报关→合同核销结案。

1. 合同登记备案

凡经商务部以及地方政府批准有对外贸易经营权的企业，可以对外签订来料加工装配合同，也可以联合国内加工单位共同对外签约。经营来料加工装配的企业必须具备法人资格。

经营来料加工装配业务的单位应在对外签订来料加工装配合同获得外经贸主管部门批准后一个月内，到加工企业所在地主管海关办理合同登记备案手续，填写《加工装配和中小型补偿贸易进出口货物登记手册》。海关在审核经营单位提供的合同登记备案单证后，对加工企业验厂验库。根据《加工贸易进口料件银行保证金台账制度》，主管海关签发《银行保证金台账联系单》，经营单位凭此到主管海关所在地指定的中国银行办理开设银行保证金台账手续，银行签发《银行保证金台账登记通知单》后，主管海关核发《加工装配和中小型补偿贸易进出口货物登记手册》。经营单位凭此办理货物进出口和合同核销手续。

2. 进口料件报关

经合同登记备案的加工装配项下进口的料件和设备等，由经营单位或其代理人持《加工装配和中小型补偿贸易进出口货物登记手册》及其他单证，并填制来料加工专用进口货物报关单向进境地海关申报。

进境地海关审核无误后，按规定征收海关监管手续费，验放有关进口货物，在《加工装配和中小型补偿贸易进出口货物登记手册》及报关单上加盖印章后退交经营单位，作为今后合同核销的依据。

3. 出口成品报关

进口料件经加工装配为成品返销出口时，经营单位或其代理人持海关核发的《加工装配和中小型补偿贸易进出口货物登记手册》及其他单证，填制来料加工专用出口货物报关单向出境地海关申报。

出境地海关审核单证无误后，验放有关货物出口。在《加工装配和中小型补偿贸易进出口货物登记手册》及报关单上加盖印章退交经营单位，作为今后合同核销的依据。

4. 合同核销结案

加工装配合同到期后或最后一批成品出口后的一个月内，经营单位持有关单证向主管海关办理合同核销手续。办理核销的单证包括：《加工装配和中小型补偿贸易进出口货物登记手册》、进料加工进出口专用报关单、核销申请表或进口料件使用情况表。

海关审核核销单证后，对符合规定的合同予以核销结案，签发《核销结案通知书》。同时对开设银行保证金台账的合同，签发《银行保证金台账核销联系单》，经营单位凭此向原开设银行保证金台账的银行办理销账手续。

第三节　加工贸易银行保证金台账制度

1995 年 11 月国务院决定试行对外加工贸易进口料、件银行保证金台账制度，1996 年下半年在全国推广实行。实行这一制度旨在充分发挥海关、银行等部门的监督作用，以确保我国的对外加工贸易健康有序地发展。实施加工贸易进口料件银行保证金台账制度是充分发挥外经贸、海关、银行等部门的监督作用，堵塞加工贸易管理上的漏洞的重要措施。

一、银行保证金台账

所谓“保证金台账”，就是指银行根据海关核准的加工贸易备案进口料件金额建立的台账记录。该项制度贯穿于加工贸易通关管理的全过程，将外经贸审批、海关的备案和核销管理与银行的台账管理紧密地结合在一起。目前，中国银行是国家指定惟一办理加工贸易进口料件保证金台账业务的银行。

保证金台账的运作程序：

（一）合同审批

经营加工贸易的单位在对外签订加工贸易合同后，应根据加工产品的类别（限制、允许）报相应级别的外经贸主管部门批准。

（二）合同的登记备案

加工贸易合同经由外经贸主管部门审批后，经营单位需在加工生产企业所在地主管海关办理合同的登记备案手续。海关根据加工贸易合同及外经贸主管部门的批件进行审核，按合同备案进口料件金额签发《开设银行保证金台账联系单》交经营单位向指定的中国银行办理开设保证金台账的手续。

（三）台账开设

经营单位持海关签发的《开设银行保证金台账联系单》向海关所在地指定的中国银行办理保证金台账的设立手续。中国银行根据海关签发的联系单及经营单位的申请，审核后按合同备案料件金额设立保证金台账或按海关收取保证金，并签发《银行保证金台账登记通知书》和保证金收存凭证，交经营单位凭此向主管海关领取贸易《登记手册》。

（四）登记手册的核发

主管海关根据中国银行签发的《银行保证金登记通知单》和保证金收存凭证及其他有关单证，向经营单位核发加工贸易《登记手册》。

（五）合同核销

经营单位在海关规定的期限内执行完加工产品出口后，向主管海关办理合同的核销手续。经海关审核确认后，签发《银行保证金台账核销联系单》，以及退还保证金通知单，交由经营单位到银行办理台账销账手续。

（六）台账销账

经营单位持主管海关签发的《银行保证金台账核销联系单》向原

设立台账的银行办理保证金台账的销账手续，领取应该退还的保证金及按活期存款利率计付的利息。

海关与中国银行按月对保证金台账的设立、核销情况进行对账。

二、保证金台账的分类运作

保证金台账的实施与加工贸易项目（商品）的类别及加工贸易企业的类别有密切的联系，并以该两项分类管理为基础，采用保证金台账的“实转”、“空转”或“不纳入台账制度”的不同运作方式。

（一）不纳入保证金台账制度管理

鉴于开展加工贸易的一部分企业资信状况良好，且有更为严密的海关管理措施，以及合同数额较小，适宜简化手续等方面的原因，下列几种情况不纳入保证金台账制度管理：

1. 海关驻厂监管或主管海关实行计算机联网管理的保税工厂，或从事飞机、船舶等特殊行业加工贸易的企业，或年进出口额在3000万美元（自营生产型企业出口额1000万美元）及以上，或年加工出口额1000万美元以上的企业开展的加工贸易，以及保税区内企业开展加工贸易不纳入保证金台账制度管理，按《企业分类计算机管理程序》，对上述不实行保证金台账制度的企业，该系统设定的系统代码为AA（故对上述企业亦称作为AA类企业）。

2. 对金额在10000美元及以下的加工贸易合同，如由A类或B类企业经营，不纳入保证金台账制度管理。

3. 对出口企业为履行出口产品合同，由外商免费或有价提供用于出口产品的辅助材料，在规定的辅料品种范围内，且每批合同进口辅料金额在10000美元以下（含10000美元），不纳入保证金台账制度管理。

（二）保证金台账的“空转”

保证金台账的“空转”是指加工企业为开展加工贸易在指定的中国银行开设保证金台账，但并不向银行交付保证金的台账运作方式。可适用“空转”方式的有下列两种情况：

1. 按加工贸易企业分类标准已评定为A类的企业，除前述不纳入保证金台账制度管理的几种情况外，加工限制类或允许类商品均适用保证金台账的“空转”的运作方式。

2. 按加工贸易企业分类标准已评定为 B 类的企业，加工非限制类商品的，可适用保证金台账的“空转”运作方式。

（三）保证金台账的“实转”

所谓保证金台账的“实转”是指企业在中国银行开设保证金台账后，将保证金存于海关在中国银行设立的指定账户，企业在加工产品出口并办理核销手续后，银行退还保证金及其相当活期存款的利息的台账运作方式。应以“实转”方式运作的主要是：

1. 按加工贸易企业分类标准已评定为 B 类的企业，加工限制类的商品，应以“实转”方式运作。

2. 按加工贸易企业分类标准已评定为 C 类的企业，无论加工限制类的还是允许类的商品，无论合同金额大小，均应以“实转”方式运作。

如加工贸易经营单位与承接委托加工的生产企业管理类别不一致时，以 A、B、C、D 为顺序，按较后的管理类别适用保证金台账“实转”方式运作。

（四）保证金台账制度的其他规则

1. 合同变更的保证金台账管理规则。加工贸易合同在执行过程中发生合同变更事项，经营单位或企业应报外经贸主管部门和主管海关核准，由海关签发《银行保证金台账变更联系单》，经营单位或企业凭此联系单向设立台账的中国银行办理保证金台账的变更手续。

2. 加工产品转为内销的保证金台账管理规则。在加工贸易合同执行过程中，如加工的产品因故不能复出口而转为内销的，经营单位或企业在报批并办理进出口、纳税手续，经核销后按前述规定至原设立保证金台账。

如未按规定办理进口手续并缴纳税款的，海关可从该经营单位或企业的保证金账户中直接划扣；未缴保证金的，由海关会同税务部门、银行向该经营单位或企业追缴。

三、银行保证金台账核销

实行银行保证金台账制度后，国家还规定，加工贸易企业应按期向海关办理核销手续。如原合同既不按期核销又无正当理由，银行有权不给该加工贸易企业办理新合同的台账，这样该企业就无法开展新的加工贸易业务。

（一）关于加工贸易银行保证金台账核销的规定

在上述银行保证金台账制度的运作程序中，海关与银行也制定了有关的核销规定。加工贸易合同的海关核销可分为核销结案、核销未结案两类；银行保证金台账的银行核销相应地可分为正常销账和挂账待销、停账待销3种。

1. “核销结案”是指加工贸易企业在规定的期限内提交有关单证，经海关审核后确认其齐全、有效，符合有关监管规定时，海关方可解除对已登记备案合同的监管，并准予结案。

2. “核销未结案”是指加工贸易未能在规定的期限内提交有关单证，虽在规定的期限内提交有关单证，但单证不齐，不符合有关监管规定，海关对所登记备案的合同不予结案并继续监管。

3. “正常销账”是指经海关核销结案后，银行对该合同已开设的保证金台账准予销账。

4. “挂账待销”是指经海关核销但未予结案，银行对该合同已开设的保证金台账不予销账，并作挂账处理。

5. “停账待销”是指经海关核销但未予结案，银行对已开设保证金的台账不予核销，不再开设新台账。

（二）对外加工贸易的管理措施

1999年5月国务院办公厅转发了国家有关部门《关于进一步完善加工贸易银行保证金台账制度的意见》，强调要进一步完善对外加工贸易银行保证金台账制度，以确保我国的对外加工贸易健康有序地发展。其中主要管理措施如下：

1. 对外加工商品分类的管理制度

我国对外加工贸易实行按商品类别、分级审批、分级管理的制度。按加工商品类别将加工贸易项目分为禁止类、限制类和允许类。

(1) 禁止类商品是指我国规定禁止进口的商品，以及海关无法实行保税监管的商品。其目录如下：①进口料件属于我国禁止进口商品(包括旧服装，含淫秽内容的废旧书刊，含有害物质、放射性的工业垃圾等)；②返销制成品属军民通用化学品、易制毒化学品；③返销制成品属我国加入国际公约并对外作出数量承诺的商品（如锡等)；④废旧汽车、摩托车及其主要部件拆解翻新；⑤国家明令不许开展加工贸易业务的其他商品。

(2) 限制类商品是指进口料件属国内外差价较大且海关不易监管的敏感商品。我国对限制类商品的加工贸易采取由商务部直接审批的办法。限制类商品的目录国家将根据实际情况适时作出调整。

(3) 允许类商品是指除禁止类和限制类以外的商品。国家对这类商品的对外加工贸易管理较为宽松。

2. 按对外加工贸易企业分类的管理制度

我国将对外加工贸易企业分为 A、B、C、D 四类。企业分类名单实行动态管理，适时调整。B 类企业不具体列名。

A 类企业指经海关部署批准，实行海关派员驻厂监管或海关实行计算机联网管理依法开展加工贸易、无走私违规行为的保税工厂，或从事飞机、船舶等特殊行业的加工贸易企业。对 A 类企业开展加工贸易的进口料件，由海关保税监管，不实行银行保证金台账制度。在保税区内的企业开展加工贸易不实行银行保证金台账制度，按《保税区海关监管办法》执行。

B 类企业是指依法开展加工贸易、无走私违规行为的企业，继续实行现行的银行保证金台账“空转”制度。但 B 类企业开展限制类商品加工贸易实行银行保证金台账“实转”制度。海关对其加工贸易进口料件收取应征进口关税和进口环节税税款等值的保证金。

C 类企业是指依据商务部、海关总署有关规定，经海关认定有违规行为的企业。对 C 类企业，实行银行保证金台账“实转”制度。海关对其加工贸易进口料件收取应征进口关税和进口环节税税款等值的保证金。

D类企业是指经海关认定有走私行为或有3次以上违规行为的企业。对D类企业，除由海关依法处理外，外经贸主管部门将停止其加工贸易经营权；对D类外商投资企业，外经贸主管部门将通知海关暂停其进出口业务一年。

思考题

1. 加工贸易业务海关监管的主要环节有哪些?
2. 加工贸易货物通关的基本程序是什么?
3. 何谓银行保证金台账?

第六章

保税货物通关

海关保税制度是一种国际上通行的海关制度，在世界大多数国家的对外经济贸易中得到广泛的应用，对国际贸易活动的健康发展起到了重要的推进作用。在改革开放以后，我国的海关保税业务得到蓬勃快速的发展，它已经成为我国对外经济贸易的一个重要组成部分。

第一节　保税进出口通关制度概述

随着保税制度在国际经济贸易中的广泛应用，这一制度所涉及的保税货物成为进出口贸易货物中的一个重要组成部分。保税进出口货物的通关程序与一般进出口货物的通关程序又有着明显的区别。

一、保税进出口通关制度的含义

（一）保税的含义

按照《海关法》所定义的保税货物，是指经海关批准未办理纳税手续进境，在境内储存、加工、装配后复运出境的货物。该定义的内涵，应从形成条件、内在特征、存在基础和保障措施4个方面理解。

1. 该定义明确了保税适用的是在境内储存、加工、装配后再出口为目的的临时性进口是保税的形成条件；

2. 关税是通关管理的核心内容之一，而关税征收最主要的因素，源之于货物进境后是否投入境内的经济循环，因此，暂缓纳税便成为临时进口储存、加工、装配货物区别于其他通关货物的（暂准（时）进出口货物除外的）鲜明特征；

3. 既然保税货物是以临时进口储存、加工、装配作为形成条件的，那么，货物在境内储存、加工、装配期间，维持其原有的复出口经营目标，未被投入境内使用或销售，将是其保税形态的基础。一旦货物改变了原有经营目标，自然将丧失保税的基础；

4. 为了监管进境的储存、加工、装配货物实现其复出口的经营目标，确保进出口关税政策和措施有效实施，海关以严密的担保和监管机制作为保障，使“暂缓纳税”得到切实保全。

（二）保税制度

保税制度是一种国际上通行的海关制度，是指经海关批准的境内企业所进口的货物，在海关监管下在境内指定的场所储存、加工、装配，并暂缓缴纳各种进口税费的一种海关监管业务制度。

2001 年新《海关法》完善了保税制度，增加了对加工贸易管理的规定。新海关法明确规定，经营保税货物的储存、加工、装配等业务，应当符合海关监管要求，保税货物的转让、转移及进出保税场所，应当办理海关手续，接受海关监管和查验。

国际上涉及保税制度的共有两种基本形式，一是海关保税储存制度，一是暂准进口在国内加工制度。国际上海关保税制度所涉及的范围包括国际商品贸易和进口使用或加工制造这两项基本内容，其表现形式主要有 3 种类型：

1. 商品贸易型：保税仓库、保税货棚、保税陈列场等；
2. 加工制造型：保税工厂、加工贸易、出口加工区；
3. 商品贸易与加工制造混合型：保税区、自由港、自由贸易区。

中国的保税制度借鉴了国际上通行的保税制度，目前，中国保税制度的主要形式有：（1）为国际商品贸易服务的保税制度，如保税仓库、保税区、寄售代销、免税品商店等；（2）为加工制造服务的保税制度：如来料加工、进料加工、保税工厂、保税集团、保税区等。

（三）保税货物

保税货物是指经海关批准未办理纳税手续进境，在境内储存、加工、装配后复运出境的货物。

根据中国海关法的规定，保税货物限于为两种特定目的而进口的货物，一是为进行贸易活动，一是为加工制造活动。保税货物未办理纳税手续进境，属于暂时免纳，而不是免税，待货物最终流向确定后，海关再决定征税或免税。复运出境是构成保税货物的重要前提，以区别于免税和减税货物。

（四）保税进出口通关制度的含义

所谓保税进出口通关制度是一项适用于因贸易或生产加工需要而临时进口货物的海关制度。货物在进口时缓办纳税手续，进口后按规定储存或加工，在直接复出口或重新办理进口报关纳税手续后，经核销解除海关监管。

这项通关制度规定适用本项制度的进口货物只能用于加工或临时储存，因而不包括虽然也是临时进口但是有特定使用目的的暂准（时）进出口货物。

保税政策进出口通关制度因其在税收征管措施方面所体现出来的灵活性，因此它是一项具有简化手续、便利通关、促进经济发展作用的海关管理制度。

二、保税的基本形式

按照对经济与贸易活动的不同作用，临时进出口货物大致可分为促进贸易活动的临时进出口和促进工业加工的临时进出口两类。其中，促进贸易活动的临时进出口或包括储存和使用两种目的；而促进工业加工的临时进出口则以加工复出（进）口为目的。

根据现行的中国海关通关管理法律法规，对于上述以储存、加工为目的的临时进出口，适用保税通关制度，而惟使用为目的的临时进出口，则应适用其他通关制度。由此，保税的基本形式包括下列两类：

（一）保税储存

保税储存是指进口货物在海关监管下储存于指定场所并暂缓缴纳进口税的一种保税形式。保税储存的一般是指保税仓库。保税储存的目的在于使进口货物在暂缓缴纳进口税的状态下暂时存放于保税仓库，等待最终进入贸易或生产环节。因此，保税储存是一种以仓库为依托，以储存为基础的保税形式。根据我国海关规定，货物可以以寄售、维修、免税销售、转口、结转加工等为目的临时进口，存放于经海关注册登记的保税仓库，再根据经营需要将货物提离仓库，实际用于上述目的。如果在储存期内无法实现上述经营目的，货物将复运出境或经办理进口手续后转为内销。

（二）保税加工

介入国际贸易并涉及通关的货物，除有它的贸易需求外，还有它在工业加工方面的需求。此时，货物将有可能在国际分工的背景下先投入跨国的加工工序，然后再进入国际贸易的流通领域。这种跨国加工工序引发的通关活动，因其货物具有临时进口性质，故可暂缓办理纳税手续，形成另一种区别于储存的保税形式，即保税加工。因此，保税加工是指拟用于制造、加工的货物在海关监管下暂缓缴纳进口税，作为原料、半成品临时进口，经加工后复运出口的一种保税形式。

三、保税进出口通关制度的管理特征

货物按保税方式办理通关手续所经历的通关过程及货物经海关放行后的状态反映了该项通关制度的管理特征：

（一）暂时进出口时暂缓办理纳税手续

关税的征收一般取决于两个因素：一个是对征税对象进入关境内经济循环这一经济行为实施的经济措施；另一个是用经济手段阻挠国外经济对国内经济的冲击。保税管理下的货物进境后主要用于临时储存或加工出口产品，原则上复出口前并不投入境内的经济循环，因此对国内经济基本上不产生冲击。在此情况下，关税征收的经济基础并不存在，因此，对暂时进口储存或加工的货物，在其尚未决定最终去向时，在关税征收上采取了暂缓纳税的措施。

（二）原则上暂时免受进出口国家管制

如前所述，储存或加工货物的临时进口性质，对国内经济基本不产生冲击，反之却对保证国际贸易和收支平衡以及促进出口作出一定贡献，因此，除国家需实施特别经济保护或货物进口有悖于国家安全、公共卫生、社会文化首先的要求以外，通常不适用贸易的禁限措施。但货物一旦将其最终去向确定为内销或超过规定的储存、加工时限，不仅有关税征收的要求，同时也必须按一般进口申领进出口国家管制的许可证件。

（三）进出境通关现场放行后，货物尚未结关

鉴于货物因暂时进出口而未办纳税手续和未交进出口国家管制的证件，因此，在办妥进出境通关现场的海关放行手续时，其通关手续仍未完结。这种放行也意味着有关货物仍属海关监管货物范畴，并在加工、储存直至核销结案期间，报关人还须继续承担办结通关手续的义务。

（四）在货物的最终去向确定时，进行相应的通关手续

保税货物虽然原则上须复运出口，但实际上还有内销、结转保税等经济用途。无论其去向如何，均应按去向所确定的进出境经济用途办理相应的通关手续。

（五）核销后结案

在保税通关制度下，海关给予的通关便利是以受益人证明其规定的义务已经履行的前提下实现的。这项义务就是复出口或按其他通关制度办理最终手续，这种证明行为在通关业务中被称为核销。只有在对暂时进出口加工或储存的货物与复出口或办理最终手续的货物在外观、技术特征及数量上关系加以确认后，海关的监管才能解除，通关手续才意味着办结。

四、保税进出口通关制度的适用

保税进出口通关制度的适用包括两个方面：一是加工或储存货物的范围，一是加工或储存的贸易或经营方式。

（一）加工或储存货物的范围

按国家有关法律规定，下列加工或储存的货物可适用保税通关制度：

1. 在《加工贸易分类管理商品目录》中列为允许类和限制类，并经相应主管机关批准经营的除适用“先征后退”方式管理和规定范围内的消耗性物料外的加工贸易进口料及出口产品；

2. 因加工贸易、转口贸易或外商暂存所需以及其他经海关核准暂缓办理纳税手续而暂时进口储存的货物；超出上述范围的，不论其是否为加工贸易合同项下或保税仓库经营的货物，均不能按保税制度办理进出口通关手续。

（二）加工或储存的经营方式

按国家有关法律规定，下列加工或储存的经营方式可适用保税通关制度：

1. 保税加工业务，包括加工装配和进料加工贸易方式。除适用“先征后退”管理方式或进口规定范围内的消耗性物料外，无论这两种方式由何种经营实体经营，只要经相应的主管机关批准，均可适用保税通关制度；

2. 保税储存业务，必须通过经海关批准并注册登记的公共型或自营型保税仓库来经营。但按照现行海关的规定，在保税仓库内不能对进口货物进行加工。

五、保税进出口货物通关的基本手续

（一）保税货物的通关流转过程

所谓保税货物的通关流转过程是指保税货物进境后，随着所有权或使用权的转移而产生的实物形态的移动过程。这种过程与保税通关制度规定的通关手续的先后步骤有着密切关联。

1. 保税加工货物的生产经营过程

这个经营过程包括直接生产过程（加工或装配）和流转过程（料件进口、成品复出口），从保税加工所需的料件进境到完成产成品的复出口须依次经过3个阶段：

（1）料件的进口阶段。在该阶段，经营者在发放加工贸易合同的同时须向海关办理登记备案手续，并在货物运抵口岸时办理进口手续，提取料件运至加工企业；

（2）直接加工阶段。在该阶段，进口料件经过装配，逐步改变它的性质、形态，最后生产出所需的制成品；

（3）成品复出口阶段。在这个阶段，保税加工的经营人，按照对外所签合同的约定，办理货运、出口等手续后将制成品复运或返销出口。

2. 保税储存货物储运流转过程

通常自境外运抵我国口岸并存入各类保税仓库的货物均会因经营需要在保税仓库储存一段时间，待货物出库时，其最终的去向除保持原状（或经简单处置）复运出境外，有时也转为内销或转作加工贸易料件等。这些货物在“保税”期间亦有一个动态流转与静态储存结合的过程。

（二）保税进出口货物通关的程序

保税进出口通关制度对保税加工和保税储存货物所规范的通关手续与上述保税货物的通关流转状况不无关系。程序的主要目标就是确保保税货物在加工、储存后复出口。对不再能复出口的，则要求按照相应的通关制度重新办理进出口手续。这个程序按顺序由 4 个阶段组成：

1. 加工贸易合同确认登记备案（保税储存货物免办）

在这一阶段，报关人（或经营者）的主要任务是在合同经主管部门批准后，料件尚未进口前携合同、批件等向所在地海关申请办理登记备案手续，由海关确认贸易性质、经营条件后取得该合同货物进出口的《登记手册》。这是报关人（或经营者）与海关建立通关事务法律关系的开始。

2. 申报进口

在这一阶段，报关人的主要任务是在保税加工或储存的货物实际进境时，持海关核发的保税经营凭证（保税加工的《登记手册》或保税仓库的《登记证书》）及其他报关单证向海关申报，办理加工料件或保税储存货物进口手续。

3. 按最终去向申报出口或办理其他海关手续

在这一阶段，报关人的主要任务是根据保税加工成品、保税储存货物的复出口或转为内销、结转二次保税等最终去向，分别按相关通关制度的规定向海关办理出口或其他相应的海关手续。

4. 结案报核

在这一阶段，报关人（或经营者）的主要任务是核对保税加工货物进、出数量和实际消耗，核对保税储存货物进库、出库及最终去向的数据后，在规定的时限内向所在地海关报核，经海关审核确认后保税管理。

除上述4个阶段外，对新建的保税仓库和专门从事保税加工业的保税集团、保税工厂等，按规定还必须在实际经营保税经营前办妥保税经营的注册登记手续，以获得保税经营的资格证书。

第二节　保税储存货物通关

保税存储货物主要是存放在保税仓库中，保税仓库是保税制度中应用最为广泛的一种形式，具有较强的服务功能和较大的灵活性，对促进国际贸易和加工贸易的开展起到了重要的作用。

一、保税储存的经营规范

（一）保税储存的经营方式

我国目前实行的保税仓库制度，是一项专事储存进口货物的保税形式。即指经海关核准，进口货物（尚未确定最终去向或待复出口）可以暂缓缴纳进口各税存入专门仓库，并在规定期限内复运出口或办理正式进口手续或用作保税加工。但在货物存储期间必须保持货物的原状，除允许在海关监管下进行一些以储存和运输为目的的简单处理外，不得进行任何加工。这项制度实际上开辟了一个免税的供销市场，进口商品可以根据转口贸易、加工贸易、维修业务、寄售贸易等需要，随时有现货供应，而无需境内用货单位事先大量进口库存，也不必等待交货期。

（二）保税仓库

保税仓库是指专门存放海关核准的保税货物的仓库。根据国际上通行的保税制度要求，进境存入保税仓库的货物可暂时免纳进口税款，免领进口许可证件（能制造化学武器的和易制毒化学品除外），在海关规定的存储期内复运出境或办理正式进口手续。

设立保税仓库必须具备下列条件：

1. 有专门储存、堆放进口货物的安全设施；

2. 建立健全仓储管理制度和详细的仓库账册；

3. 配备经海关培训认可的专职管理人员；

4. 保税仓库的经理人须具有法人资格，向海关缴纳税款。

具备条件的经营单位向主管海关申请设立保税仓库，对符合条件的，予以批准设立保税仓库，并颁发《保税仓库登记证书》。

（三）保税仓库储存货物的范围

按照现行通关制度的规定，保税仓库允许储存的进口货物可包括以下3类：

1. 加工贸易（加工装配、进料加工）所需的备用料件。其中进料加工备用料件由境内有经营权企业购买进口；

2. 国际转运货物。包括外商寄存、暂存货物、转口贸易货物、供应国际航行船舶的燃料和零配件、免税店待销的免税品等；

3. 经海关批准暂缓办理纳税手续进口储存待销的货物。包括寄售方式进口的维修零配件、免税外汇商品、保税生产资料等。一般进口货物及转口的烟、酒不能存入保税仓库。各类保税仓库应在批准的范围内经营保税储存业务。

（四）保税储存的经营条件

申请建立专事保税储存的仓库，应具备以下5方面的条件：

1. 主管部门批准开展有关业务；

2. 具有专门储存、堆放进口货物的场所并具备安全设施；

3. 建立、健全的仓储管理制度和详细的仓库账册；

4. 配备经海关培训认可的专职管理人员；

5. 其经理人应具备法人资格及向海关缴纳税款的能力。

（五）保税仓库的种类

1. 按保税仓库服务对象分类

（1）专业型保税仓库（亦称自营保税仓库）：指由有关外贸或工贸

或其他有进出口业务经营权的企业自主经营，储存本企业经营的保税货物的仓库；

（2）公共型保税仓库：指由具有法人资格的实体所建立的专营仓储业务的仓库。它本身不经营进出口业务，而是为境内外保税货物经营者提供仓储服务。

2. 按保税仓库储存货物的用途分类

（1）维修技术服务中心（站）寄售零配件保税仓库；

（2）国际航行船舶备用零配件、燃料保税仓库；

（3）转口贸易货物保税仓库；

（4）加工贸易备用料件保税仓库；

（5）免税外汇商品保税仓库；

（6）中远公司船员自用物品保税仓库；

（7）海上石油开发外籍人员生活用品保税仓库等等。

（六）保税仓库进出口货物的通关手续

1. 保税货物在保税仓库所在地海关入境时，货主或其代理人应填制进口货物报关单一式三份，加盖“保税仓库货物”印章并注明此货物系存入某保税仓库，向海关申报。经海关查验放行后，一份由海关留存，一份随货样带交保税仓库。保税仓库经理人应于货物入库后即在上述报关单上签收，一份留存，一份交由海关存查。

货主在保税仓库所在地以外的其他口岸进口货物后按海关对转关运输货物的规定办理转关手续，货物运抵后再按上述办法办理入库手续。

2. 保税货物复运出口时，货主或其代理人应填制出口货物报关单一式三份，并交验进口时海关签印的报关单，向当地海关办理复运出口手续。经海关检查与实货相符后签印，一份留存，一份发还，一份随货带交出境地海关凭此放行货物出境。

3. 保税货物经海关核准转为进入国内市场销售时，由货主或其代理人向海关递交进口货物许可证件，进口货物报关单和海关需要的其他单证，在缴纳关税和进口环节税后，由海关签印放行，将原进口货物报关单注销。

保税仓库内货物储存期为一年，如有特殊情况可向海关申请延期，但延期最长不得超过一年。保税货物储存期满仍未转为进口，也未复运出境，由海关将货物变卖，所得价款按海关法有关规定办理。

二、保税仓库的海关注册

（一）注册申请

仓库经理人在其经营仓库具备了海关规定的仓储及管理条件后，应向主管海关提供下列文件：

1. 经营单位的工商营业执照。如系租赁仓库经营的，还应提供仓库经营人的营业执照；

2. 经营单位填写的《保税仓库申请书》，应填明仓库名称、地址、负责人、管理人员、储存面积及存入货物类别等内容；

3. 有关主管部门批准开展有关业务的批件，如寄售、维修等；

4. 其他有关资料，如租赁仓库的租赁协议、仓库管理制度等。

（二）配合勘查

海关在审核仓库经理人提出的建库注册申请过程中除全面审核书面资料外，还将派员深入仓库现场，进行实地勘查，确认申请内容的真实性，并直观审查拟建保税仓库的建筑是否具有确保保税货物安全和便利海关监管的措施；仓库专门账册的设置是否适用、科学、简便、符合海关的要求等。仓库经理人应给予积极配合。

（三）领取登记证书

经单证审核及实地勘查后，海关若确认申请注册的仓库符合有关规定，具备海关严密监管条件，经理人亦能保证遵守海关对保税仓库的各项管理规定，承担履行义务的，准予建立保税仓库，并将《保税仓库登记证书》颁发给仓库经理人。经理人可以在海关批准的范围内经营保税储存业务。其中公共型保税仓库须经直属海关同意后报海关总署审批。

三、保税仓储货物的通关规则

（一）监管限制

1. 存货品种的限制

原则上讲，除一般进口货物、制度明确限定的转口的烟、酒和由于公共道德、公共秩序、公共安全或公共卫生等方面原因国家明令禁止进口的物品外，其他进口货物无论是进口的应税货物，还是限制进口的货物，均可存入保税仓库（汽车只能存放于设在国家指定的6个口岸的保税仓库）。但是，对一家具体的保税仓库而言，只能在海关注册的储存范围内储存进口货物。公共型保税仓库可以储存通关制度中未规定不准存放的一切货物，自营保税仓库原则上仅能存放与其经营业务相关的货物。

2. 存货时间的限制

海关对保税仓库及所存货物的监管规定明确：保税仓库所存货物的储存期限为1年。如因特殊情况需延长储存期限的，应向主管海关申请延期，经海关核准的延期最长不超过1年。所存货物储存期满超过3个月仍未转为进口或复运出口的，按《海关法》有关规定，由海关提取依法变卖处理；变卖所得价款在扣除运输、装卸、储存等费用和进口税后尚有余款的，自变卖之日起一年内，经货主申请予以发还，逾期无人申请的，上缴国库。

3. 存货保管的限制

保税仓库应独立设置，专库专用，保税货物不得与非保税货物混放。保税仓库对所存放货物有专人负责管理，海关认为有必要进库的，将会同仓库共同加锁。仓库经营人有义务配合海关派员进库对货物储存情况进行检查、对海关派员进库对货物储存情况进行检查，对海关派员验库监管，应提供便利。

保税仓库所存货物属海关监管货物，未经海关核准并按规定办理有关手续，仓库经营人及其他任何人均不得出售、提取、交付、调换、抵押、转让或移作他用。

货物在仓库储存期间发生缺少或灭失，除不可抗力原因外，短少或灭失部分由保税仓库经营人承担缴纳税款的责任，并由海关按有关规定予以处理。

4. 存货处置的限制

保税货物在存放期间不得加工。考虑到保税货物在商业与运输等方面的需要，在遵守存放规则的前提下，海关保税储存的制度允许仓库经营人或货主对货物进行下列几种方式的处置：①防虫及防湿处理等；②改善外观或商业质量的处理。比如对货物进行一些不影响货物性质的拆零、切割等；③改换包装。如将大包装改成小包装，改换中性包装，加刷唛头等。

仓库经营人或货主如需对储存货物做上述任何一种处置，均应由仓库经营人向海关提出申请，并在其监管下进行。

（二）入、出库手续

1. 入库签收

保税仓库储存的货物进口时，由货主或其代理人向海关申报，经海关审查验放后，货主或其代理人应将海关签发并注明："存入××保税仓库"的两份报关单随货带交保税仓库，保税仓库经理人应在核对报关单上申报进口货物与实际入库货物无误后，在有关报关单上签收，其中一份报关单连同保税仓库入库单据交回海关存查。

货物如在保税仓库所在地以外的口岸入境，则应由货主或其代理人先行办理转关手续。

2. 视出库去向报关

由于库存保税货物的用途各不相同，或者在入库时尚不知最后作何处理，因而，货物在储存一段时间提离保税仓库时，自然就有不同的去向，并须按去向办理相应的海关手续。

转口售出或退运出境，应由货主或其代理人向主管海关办理复出口手续。其中一份报关单退交货主或代理人，作为保税仓库储存货物核销凭证；另一份报关单随货带交出境地海关凭此放行货物出境。

转入国内市场销售，应由货主或其代理人事先报主管海关核准并办理进口手续。对属国家进出口管制的货物，应呈验相应的许可证件，并应视货物进口情况缴纳进口税费，其中对符合特定减免税条件的可予以减免税；对用于保修期内免费维修有关进口产品所使用的保税零配件，凭维修报告书，也可享受免税待遇。

转用于加工贸易，对从加工贸易备用料件保税仓库提取保税料件，开展加工装配或进料加工业务的，货主应事先持批准文件、合同等有关单证向海关办理登记备案手续（包括保证金台账设账手续），并填写“保税仓库领料核准单”及加工装配或进料加工专用报关单（先以电子报关数据录入方式申报）办理提货手续。海关核准后，将加盖放行章的一份“保税仓库领料核准单”退交加工贸易经营单位凭此向保税仓库提取保税料件另一份“保税仓库领料核准单”由保税仓库留存，作为保税仓库货物的核销凭证。

（三）定期逐批核销

保税仓库经营人应于每月的前 5 天定期向海关报送“收、付、存月报表”。保税仓库储存的保税货物采用结合“月报表”，由海关核查后“定期逐批核销”的方法核销。核销的主要凭证分别是保税货物从保税仓库提离时，按去向办理相应的海关手续并由海关签印后退交保税仓库经营人的报关单、领料核准单、维修报告书、签收凭证等。

第三节　保税工厂与保税集团货物通关

保税工厂是在加工贸易不断发展的基础上产生的，专门为开展加工贸易的企业服务的一种保税经营方式。按照有关法规的定义，经海关特准专为生产出口产品进行保税加工的企业为加工贸易保税工厂。

保税集团是在保税工厂发展的基础上产生的，它适应了不同企业为生产同一最终产品而进行保税加工的需要，它也是我国保税制度中的一种新形式。它适应了进料加工业务的飞速发展，支持和鼓励了对进口产品的深加工，提高了出口产品的加工增值和产品的质量和档次，增强了产品在国际市场上的竞争力。

一、保税工厂

（一）保税工厂定义

保税工厂是指经海关批准，用保税进口的原材料、辅料、零部件、元器件等加工制造复出口产品的工厂。保税工厂以出口为目的而进口料件，海关予以全额保税，代加工制造成品出口后，按实际耗用的进口料件免征进口关税和进口环节增值税。

凡经国家批准有权经营进出口业务的企业或具有法人资格的承接进口料件加工复出口的生产企业，在具备下列条件后，可向主管海关申请建立保税工厂。

1. 具有专门加工、制造出口产品的设施；
2. 拥有专门贮存、堆放进口货物和出口成品的仓库；
3. 建立专门记录出口产品生产、销售、库存情况的账册；
4. 有专人管理保税货物、仓库、账册。

申请手续为上述经营单位向海关提交《加工贸易保税工厂申请书》，并在核发的登记手册上加盖加工贸易保税工厂戳记，便可进行保税加工。

（二）保税工厂的海关注册

1. 注册申请

有关经营单位为设立加工贸易保税工厂必须向海关提出注册申请。申请可由取得法人资格的承接进口料件加工成品出口的生产企业自行提出，也可由与其承接的出口加工业务有关的有进出口经营权的企业（如外贸公司、工贸公司）代其提出。

2. 配合海关勘查

在审核书面资料后，为证明和落实保税工厂的实际条件，海关还将派员到申请注册的工厂进行实地勘查，了解企业出口产品生产能力、管理情况、仓储设置及账册设置情况。申请注册的加工生产企业和经营单位应给予积极配合。

3. 获取登记证书

对具备保税工厂注册条件的，海关将核发《加工贸易保税工厂登记证书》。生产加工企业或经营单位在获取登记证书后，实际上也取得了包括全额保税在内的诸项海关通关便利。

（三）保税工厂的业务通关程序

保税工厂的业务通关程序基本相同于加工贸易的程序，包括合同登记备案→料件进口通关→成品出口通关→合同核销4个环节。保税工厂进出口货物的通关手续为：

1. 保税工厂进口的料件登记备案和核销按对来料加工或进料加工管理的有关规定办理。

2. 保税工厂进口料件和出口成品时由经营单位或其代理人填制专用进出口货物报关单，并加盖“保税工厂货物戳记”，随附有关单证和来料加工或进料加工登记手册，向进出境地海关报关，经海关审核后将其中一份寄送主管海关，一份由海关签印后退还申报人交保税工厂留存备查。

保税工厂进口的货物及加工的成品，属海关保税货物。自进口之日起到加工成品全部出口之日止，均要接受海关监管。如保税货物因故转为内销时，应报经外经贸主管部门审批和海关核准，并按规定补办进口手续和补缴税款。

二、保税集团

（一）保税集团的性质

保税集团是专门为开展加工贸易中的进料加工业务提供服务的一种保税经营方式，全称“进料加工保税集团”，是指经海关批准，由一个具有经营权的企业牵头，同行业若干个加工企业联合对进口料件进行多层次、多工序连续加工，直至最终产品出口的企业联合体。这一基本的企业性质决定了保税集团的成员企业应是生产同一最终产品的加工生产企业，并应建立在同一城市内，由一个具有进出口经营权的企业作为集团牵头企业。牵头企业代表保税集团向海关负责，集团内其他各成员企业应承担有关连带责任。

对保税集团在进料加工项下进口的用于生产出口成品的料件，海关予以全额保税。对料件和半成品在不同成员企业、不同工序的结转加工，海关实行全过程的监控。

（二）保税集团的经营条件

申请办理保税集团海关注册的保税集团内各成员企业必须具备下列条件：

1. 设立专门的管理机构，制定集团管理章程和符合海关对保税货物监管制度；

2. 加工生产的产品应为国家鼓励出口的商品或重点出口创汇商品；

3. 具备加工出口产品的设备、技术和能力；

4. 具备符合海关监管条件的专门储存、堆放进口料件及加工成品的仓库、场所，并有相应的安全设施；

5. 应按国家会计法规定的要求，建立有关进口货物和出口成品的储存、调拨、加工、销售等情况的账册；

6. 配备经海关培训认可的熟悉海关规定的专职人员。

（三）保税集团的海关注册

1. 注册申请

申请注册应由牵头企业填写《保税集团申请书》向海关提出，并提交牵头企业及各成员企业的工商营业执照和税务登记，各加工企业加工产品的工艺流程和各加工环节的耗料定额等技术资料，集团章程或协议及集团管理制度等。

2. 配合海关勘查

主管海关在审核注册申请的资料后，将派员到各成员企业实地了解其加工生产能力、管理状况、货物存储条件、专账设置情况等。对此，各成员企业应给予积极配合。

3. 获取登记证书

对于具备保税集团注册条件的，海关将核发《进料加工保税集团登记册》。

保税工厂与保税集团的海关注册完成后，其经营的加工贸易货物进出口应比照保税加工的通关制度办理。

第四节　进出口保税区货物的通关制度

保税区是经国务院批准设立的、海关实施特殊监管的经济区域，是我国目前开放度和自由度最大的经济区域。其功能定位为“保税仓储、出口加工、转口贸易”三大功能。根据现行有关政策，海关对保税区实行封闭管理，境外货物进入保税区，实行保税管理；境内其他地区货物进入保税区，视同出境；同时，外经贸、外汇管理等部门对保税区也实行较区外相对优惠的政策。

根据有关规定，保税区与中国境内的其他地区之间，应当设置符合海关监管要求的隔离设施。在保税区内，设置保税区行政管理机构和企业。在保税区内设立的企业，应当向海关办理注册手续。区内企业应当依照有关法律、行政法规的规定设置账簿、编制报表，凭合法、有效凭证并进行核算，记录有关进出保税区货物和物品的库存、转让、转移、销售、加工、使用和损耗等情况。

保税区实行海关稽查制度，区内企业应当与海关实行电子计算机联网，进行电子数据交换。海关对进出保税区的货物、物品、运输工具、人员及区内有关场所，有权依照海关法的规定进行检查、查验。

凡进出保税区的货物、物品和运输工具须经海关指定的出入口进出，向海关申报，接受海关检查。

一、保税区进出货物的海关监管

（一）保税区进出货物的海关监管特征

1. 封闭式管理

海关在保税区内派驻机构，在保税区与非保税区之间设置不间断隔离设置（永久性或过度性的围栏）、进出保税区通道或卡口、验货场等，保税区与非保税区的货物，必须经过通道或卡口并办理海关手续后方能进出。

2. 境内外进出，简化手续

对保税区与境外之间进出的货物，采用备案制管理方式（试行阶段一部分报关制），简化通关手续，并原则上免税或保税，免受许可证、配额的管制。

3. 区内外进出，视同进出口

对保税区与非保税区之间进出口的货物，视同进口或出口，海关按照国家有关进出口管理的规定办理通关手续。

（二）保税区与境外之间进出货物的通关

保税区与境外之间进出口的货物，海关实施简便、有效的监管。进出口的货物由其收发货人或他们的代理人向海关备案。

保税区与境外之间进出的货物，除实行出口被动配额管理的外，不实行进出口配额、许可证管理。

1. 备案制与报关制度结合的进出境海关手续

对保税区内加工贸易企业所需进境的料件、转口货物、仓储货物、由保税区运往出境货物，进出境时实行备案制，由货主或代理人填写《中华人民共和国海关保税区进（出）境货物备案清单》向保税区海关备案。备案制的法律效力一如报关制。

对保税区区内企业进口自用合理数量的机器设备、管理设备、办公用品及工作人员所需的自用合理数量的应税物品，实行报关制。

2. 原则上免证，敏感商品凭证通关

对保税区与境外之间进出的货物，原则上不实行进出口配额和许可证管理。但为履行我国参加的国际公约的有关条款，承担应尽的义务，对一些敏感商品，如受被动配额许可证管理的纺织品和可生产化学武器的化学品、化学武器关键前体、化学武器原料及易制毒化学品等，应报国家主管部门批准，申领许可证后凭证办理进出境海关手续。

3. 进口税收的分类管理

对境外进入保税区的货物，其进口税，除法律、行政法规另有规定外，按下列规定办理：

（1）免税：区内生产性的基础设施建设项目所需的机器、设备和其他基建物资免税；区内企业自用的生产、管理设备和自用合理数量的办公用品及其所需的维修零配件、生产用燃料，建设生产厂房、仓储设施所需的物资、设备免税；保税区行政管理机构自用合理数量的管理设备和办公用品及其所需的维修零配件免税。

（2）保税：区内企业为加工出口产品所需的原材料、零部件、元器件、包装物料，予以保税；转口货物和在保税区内储存的货物，予以保税。

（3）征税：在上述免税与保税规定范围以外的货物或者物品进入保税区，就当依法纳税。

4. 从境外进入保税区的货物，其进口关税和进口环节税，除法律法规另有规定外，按照下列规定办理

区内生产性的基础设施建设项目所需的机器、设备和其他基建物资，予以免税；区内企业自用的生产、管理设备和自用合理数量的办公用品及其所需的维修零配件，生产用燃料，建设生产厂房、仓储设施所需的物资、设备，予以免税；保税区行政管理机构自用合理数量的管理设备和办公用品及其所需的维修零配件，予以免税；区内企业为加工出口产品所需的原材料、零部件、元器件、包装物件，予以保税。

除上述以外的货物、物品从境外进入保税区，应当依法纳税。

转口货物和在保税区内储存的货物按照保税货物管理。

（三）保税区与非保税区之间货物的进出口

货物从保税区进入非保税区，按照进口货物办理；非保税区进入保税区的货物，按照出口货物办理手续。海关对保税区与非保税区之间进出的货物，按照国家有关进出口管理的规定实施监管。

从非保税区进入保税区供区内使用的机器、设备、基建物资和物品，使用单位应当向海关提供上述货物、物品的清单，经海关查验后放行。

前款货物或者物品，已经缴纳进口关税和进口环节税收的，已纳税款不予退还。

保税区的货物需从非保税区口岸进出口或者保税区内的货物运往另一保税区的，应当事先向海关提出书面申请，经海关批准后，按照海关

转关运输及有关规定办理。

（四）进出保税区运输工具和个人物品

运输工具和人员进出保税区，应当经由海关指定的专用通道，并接受海关检查。

进出保税区的运输工具的负责人，应当持保税区主管机关批准的证件连同运输工具的名称、数量、牌照号码及驾驶员姓名等清单，向海关办理登记备案手续。

未经海关批准，从保税区到非保税区的运输工具和人员不得运输、携带保税区内的免税货物、物品，保税货物，以及用保税料、件生产的产品。

二、保税区货物进出口通关

（一）保税区货物进口

区内单位从境外进口机器设备等享受保税区税收优惠的物资，应由区内单位事先向保税区海关办理免税手续，海关对符合优惠政策范围的予以签发免税证明。

区内生产企业为加工生产出口产品所需进口的料件，应事先持有关合同向保税区海关办理合同登记备案手续，由海关核发《进料加工登记手册》。

进口料件抵达进口口岸时，区内生产企业或其代理人向进境地海关申请办理进口货物转关运输手续，将货物监管运至保税区，持《进料加工登记手册》、转关关封等有关资料向保税区海关申报进口，并按规定缴纳监管手续费，保税区海关审核无误后，验放有关货物进入保税区。

区内外贸企业开展转口贸易进口的转口货物，在抵达进口口岸后，外贸企业或其代理人应向进境地海关申请办理进口货物转关运输手续，将货物监管运至保税区。外贸企业或其代理人持合同及有关单证向保税区海关机构申报进口，并按规定缴纳监管手续费。海关审核验放后，应将转口货物存入保税区内海关指定的保税仓库、场所。转口货物入库时，保税仓库经理人应在进口报关单上签章验收。

（二）保税区货物出口

区内生产企业加工生产的产品出口时，应由企业或其代理人向保税区海关申报，填写出口货物报关单，并提供《登记手册》、出口合同等有关单证，保税区海关审核无误后，对有关出口货物按转关运输管理办法监管运至出境地，由出境地海关核放出境。

区内生产企业以进口料件加工产品，并在海关办理合同登记备案手续的，应在加工产品出口后海关规定期限内持《登记手册》、报关单等有关单证向保税区海关办理合同核销手续。

区内生产企业以进口料件加工半成品后，转让给区内其他承接加工复出口的生产企业进行再加工的，双方企业应到海关办理备案、结转手续。

区内的转口货物复运出口时，外贸企业或其代理人应向保税区海关申报，填写出口货物报关单，并提供有关合同及单证，保税区海关审核无误后，在出口报关单上签印，外贸企业凭此从存放货物的保税仓库提取货物，海关按转关运输管理办法将有关货物监管运至出境地，由出境地海关核放出境。

三、保税区加工贸易管理

（一）进出境备案

保税区内企业应向海关办理所需料、件进出保税区备案手续。如属生产被动配额管理的出口产品，还应事先报经国务院有关部门批准。海关对区内加工企业开展进料加工、加工装配业务，不实行加工贸易银行保证金台账制度。

（二）内销报关、纳税

保税区内加工企业将加工的制成品、副次品或者加工过程中产生的边角余料运往非保税区时，应办理进口报关手续，并视制成品所含境外运入料件情况，分别按制成品（全部用境外料件）或所含料件（部分用境外料件）征税。

（三）复出境免税

保税区加工企业加工的制成品及其在加工过程中产生的边角余料运往境外时，应按备案制办理出境手续，除另有规定外，免予纳税。

（四）委托或接受委托加工的报批、核销

保税区内企业委托非保税区企业或者接受非保税区企业委托进行加工业务，应事先报海关批准，并符合下列条件：

1. 在区内拥有生产场所，并已正式开展加工业务；

2. 委托非保税区企业的加工业务，主要工序应当在区内；

3. 委托非保税区企业进行加工业务的，由非保税区企业向当地海关办理合同登记备案手续，并实行银行保证金台账制度。其加工期限为6个月，特殊情况可申请展延6个月。加工完毕，产品应运回保税区。需从非保税区直接出口的，应向海关办理核销手续；

4. 接受非保税区企业委托加工的，由区内加工企业向海关办理委托加工的备案手续。委托加工的料件及产品应单独使用。加工完毕的产品应运回非保税区企业，并由区内加工企业向海关核销。

第五节　出口加工区货物通关

出口加工区是经国家批准设立的海关监管的特定区域。设立出口加工区是为了加强和完善加工贸易管理，规范海关对出口加工的监管，促进出口加工区的健康发展，鼓励扩大外贸出口。

一、出口加工区的设立和经营规范

（一）出口加工区的设立

出口加工区是海关监管的特定区域，应设立在已经国务院批准的现有经济技术开发区内，并由省（自治区、直辖市）人民政府报国务院批准。出口加工区的设立还应具备下列条件：

1. 与境内其他地区之间，须设置符合海关监管要求的隔离设施（与保税区隔离设施相同）及闭路电视监控系统，并经海关验收。

2. 区内设置加工区管理委员会（依托原开发区管理委会作为加工区管理部门）和出口加工企业、专为出口加工企业生产提供服务的仓储企业以及经海关核准专门从事加工区内货物进出的运输企业。

（二）出口加工区的经营规范

1. 经营范围

出口加工区内企业可经营进料加工和加工装配两种进出口业务及相关的仓储、运输业务。不得经营商业零售、一般贸易、转口贸易及其他与加工区无关的业务。

2. 经营资格

在加工区内设立的企业（简称区内企业），须按国家现行的有关法律规定进行注册登记，依法成立，经加工区管委会审核签发《出口加工区加工贸易批准证》，由海关凭证办理注册手续后方能在批准的范围内开展加工贸易业务。

3. 经营条件

区内企业应当根据《中华人民共和国会计法》及国家有关法律、法规的规定，设置符合海关监管要求的账册、报表。凭合法、有效凭证记账并核算，记录本企业有关进、出加工区货物、物品的库存、转让、转移、销售加工、使用和损耗等情况。

加工区内企业应建立符合监管要求的电子计算机管理数据库，并与海关实行电子计算机联网，进行电子数据交换。

二、加工区与境外之间进出货物通关规则

加工区与境外之间进出货物的海关监管总体上说具有和保税区与境外之间进出货物的海关监管基本相同的特征，在备案制报关方式、进出口贸易管制的实施、税收分类征管等方面通关规则大体相仿。具有加工区特殊性的主要是：

- 海关对加工区与境外之间进、出的货物，除采用转关运输监管办法外，还可采用直通式的监管办法；
- 明确规定了从境外进入加工区的供区内企业和行政管理机构自用

的交通运输工具、生活消费用品，按进口货物的有关规定办理报关手续，海关照章征税。

三、加工区与区外之间进出货物的通关规则

（一）运往区外，视同进口

对加工区运往区外的货物，海关按照进口货物办理报关手续，并按制成品征税。如属许可证管理商品还应向海关出具进口许可证。

（二）运自区外，视同出口

从区外进入加工区的货物视同出口，海关按照出口货物办理报关手续。除法律、法规另有规定外，从国外进入加工区内企业使用的国产机器、设备、原材料、零部件、元器件、包装物料以及建造基础设施、加工企业和行政管理部门生产、办公用房所需合理数量的基建物等可办理退税。海关按照对出口货物的有关规定办理报关手续，并签发出口退税报关单。区外企业凭报关单出口退税联向税务部门申请办理出口退（免）税手续。

其他从区外运入区内的货物不能办理出口退税。从区外运入区内的货物，须经区内企业进行实质性加工后方可运往境外。

（三）运往区外维修、测试或检验的规则

1. 区内企业经海关批准，可在区外进行产品的测试、检验和展示活动。对该项产品应比照海关对暂时进口货物的管理规定办理手续。

2. 区内使用的机器、设备、模具和办公用品等，须运经区外进行维修、测试或检验时，区内企业或行政管理机构应填写《出口加工区货物运往区外维修查验联系单》，向主管海关提出申请，经主管海关核准、登记、查验，方可将上述货物运往区外维修、测试或检验。其中，模具应由海关留样备查。

运经区内维修、测试或检验的货物，不得用于区外加工生产和使用，并应在运出之日起两个月内运回加工区。特殊情况不能如期运回的，应于期限届满前 7 日内，向主管海关说明情况，并申请延期。申请延期以一次为限，延长期限不得超过一个月。

（四）其他规则

1. 委托区外加工

原则上区内企业不得委托区外企业进行产品加工。因技术、工艺达不到产品要求，须委托区外加工企业进行某项工序加工，并在保证加工产品不改变原产品（出区时）基本形态、数量的前提下，经主管海关关长批准，可由接受委托的区外企业比照暂时进口货物的管理规定，向加工区主管海关缴纳货物等值的保证金后办理出区手续。

委托加工的期限为 6 个月，不得延期。加工完毕后，加工产品（包括残次品、废品）须运回区内，并凭原出区时填写的委托加工申请书及有关单证，向加工区主管海关办理验放核销手续。

2. 边角料等的处理

区内企业在加工产品的过程中产生的边角料、残次品、废品等应复运出境。如因特殊情况运往区外，经主管海关核准后，根据其使用价值估价征税。对无商业价值的边角料、废品运经区外销毁的，应凭管委会和环保部门的批件向主管海关办理出区手续，海关予以免税、免许可证验放。

四、加工区货物使用、保管、运输的管理规则

加工区内的货物可在区内企业之间转让、转移，双方当事人须事先将转让、转移货物的具体品名、数量、金额等相关事项向海关备案。

区内加工企业不得将未经实质性加工的进口原材料、零部件销往区外。区内从事仓储服务的企业，不得将仓储的原材料、零部件提供给区外企业。

区内企业自开展出口加工业务或仓储业务之日起，每半年持本企业账册和有关单据，向其主管海关办理一次核销手续。

进入加工区的货物，在加工、储存期间因不可抗力造成短少、损毁的，区内加工或仓储企业应自发现之日起 10 日内报告主管海关，并说明情况。经海关核实确认后，准其在账册内减除。

加工区之间货物的往来，应由收、发货人双方联名向转出区主管海

关提出申请。经海关核准后，按照转关运输的有关规定办理；能按转关运输办理的，由转入区海关向收货人收取货物等值的保证金。货物运抵转入区后经海关核对无讹后在10个工作日内退还保证金。

思考题

1. 保税制度的基本形式有几种?
2. 保税区进出货物的海关监管特征是什么?
3. 何谓出口加工区?

第七章

特殊货物通关

除了上述一般货物通关以外，在海关的运作中还包括特殊货物的通关。这主要是指：外商投资企业进出口货物通关、暂时进出境货物通关与非贸易性进出境货物通关，以及特定用途减免税进口货物通关制度和无代价抵偿货物的通关制度。对于进口误卸或溢卸、放弃及超期未报的货物、退运进出口的货物和出口退关货物海关也制定了相应的通关制度。

第一节　外商投资企业进出口货物通关

外商投资企业系指在中国境内举办的中外合资经营企业、中外合作经营企业和外商独资企业。对外商投资企业以投资总额内的资金（包括中方投资）所进口的机器设备、零部件和其他物料，以及根据国家规定进口本企业自用合理数量的交通工具、生产用车辆和办公用品（含设备）等中国海关有特定的规定。

一、外商投资企业的类型及特点

举办外商投资企业是我国利用外商直接投资、引进先进技术的重要形式。吸收外资兴办合营或独资经营企业，对于弥补我国建设资金不足，促进我国老企业技术改造，提高产品，增加花色品种，扩大出口创汇，加快我国的经济发展起到了有益的补充作用，显示了较好的综合社会效益和经济效益。

外商投资企业实际上是合资经营企业、合作经营企业和外商独资企业（外资企业）的总称。港、澳、台及华侨来中国投资兴办或与境内企业合资或合作兴办的企业也属外商投资企业的范畴。这类企业的含义及特点分别是：

(一) 中外合资经营企业

指经中国政府批准，以利用外商直接投资为内容，采取合资经营的形式，用一个或几个中国的公司、企业或其他经济组织与一个或几个境外的公司、企业或其他经济组织、个人，按照中外合资经营企业法和平等互利的原则，在我国国内兴办的企业。

这种企业为股权式合营，必须为有限责任公司，具有中国法人的地位，它的主要特点是：

1. 共同投资、共同经营、共负盈亏、共担风险；
2. 外商投资的回收是从企业所得收益中分期获得；
3. 产品可以利用外商的经验和渠道在国外销售。

(二) 中外合作经营企业

指经中国政府批准，以利用外商直接投资为内容，采取合作经营的形式，由一个或几个中国的公司、企业或其他经济组织与一个或几个境外的公司、企业或其他经济组织、个人，按照中外合作经营企业法和平等互利的原则，在我国兴办的企业（包括开发项目和共同进行经济活动）。

这种企业为契约式合营，大都为“非法人式”的经济实体，其组织形式类似合资经营企业。作为合营企业的一种，与中外合资经营企业并无本质上的区别，但在合营的具体形式上，如组织形式、投资方式、资本回收方式、利润分配方式等方面有所区别。

(三) 外商独资经营企业（外资企业）

指经中国政府批准，由一个或几个境外的公司、企业或其他经济组织、个人，在我国内设立的全部资本由其投入的企业（不包括外国的企业和其他经济组织在中国境内的分支机构）。

二、外商投资企业减免税货物的通关规则

(一) 特定减免税的审核确认

第一步，外商投资企业在经批准设立并领取工商营业执照后，应向企业所在地主管海关（企业所在地未设海关的，向管辖该地区海关业

务的分管海关）办理企业的减免税登记备案手续。经海关审核确认企业性质、经营条件、减免税范围后予以登记，并发给《外商投资企业征免税手册》。按规定，企业出资并在有关会计师事务所验资后一个月内向海关提交验资报告，否则海关将撤销登记。外商投资企业除办理上述登记备案外，还应按照海关对报关单位的管理规定，办理报关单位注册登记手续。

第二步，已在海关办理企业登记备案手续的外商投资企业，其进口货物如能享受特定减免税优惠，应在货物进口前填写企业盖章的免税申请表，到企业所在地主管海关办理进口减免税手续。经海关审核后确认符合国家规定的，由其签发《进出口货物征免税证明》。《进出口货物征免税证明》是货物进口时申报按减免税方式通关的基本凭证。

（二）减免税的适用条件及范围

根据《国务院关于调整进口设备税收政策的通知》的精神，外商投资企业进口货物可享受减免税优惠的范围及条件应同时包括下列4个方面：

1. 属《外商投资产品指导目录》所列鼓励类或限制乙类内并转让技术的外商投资项目；

2. 在外商投资企业投资总额内；

3. 除《外商投资项目不予免税的进口商品目录》所列商品外，进口的设备及随设备进口的技术配套件、备件；

4. 进口后由该外商投资项目自用。

（三）特定减免税货物的进口通关

外商投资企业减免税货物进口时，其通关的过程及海关管理规则与前述一般进口货物相仿，有减免税的待遇，所以在货物进口通关时必须做好以下两点：一是必须持凭主管海关签发的《征免税证明》向海关申报（呈验）。如货物涉及进出境国家管制的，应呈验事先申领的许可证件。二是申报减免税进口的货物必须与《征免税证明》所列内容一致。

（四）特定减免税货物的用途限制

根据《海关法》的规定，特定减免税货物“未经海关核准并补缴关税，不得移作他用”。这意味着外商投资企业享受特定减免税优惠进口的货物，其用途须受限制。这种限制一方面是以使用人不擅自将货物出售、转让或移作他用为目的，即货物必须在外商投资企业内或从事经营、建设的项目中合法、正确地使用。另一方面又因在使用过程中其商业价值将逐步下降，有的可能报废或损耗，而将这种限制界定在一定的年限内。

（五）货物被抵押或清偿的处理

外商投资企业在向金融机构申请贷款时，如需以海关监管的减免税货物作为货款抵押时，企业应事先向主管海关提出申请，经主管海关核准后，方可办理抵押手续。如将海关核准的抵押物作为偿还金融机构贷款处理时，企业应及时向主管海关报告，按有关规定补缴进口税。之后凭海关签发的《企业办结海关手续通知书》办理有关偿还手续。外商投资企业因经营期限届满或严重亏损无力经营以及不可抗力等原因解散、终止或破产时，应将企业清算情况以书面形式通知海关，并在清算结束后向主管海关办理企业注销登记手续，海关对清算企业中仍在监管年限内的减免税货物，区分不同情况作以下销案处理：（1）留给合营中方继续使用或转让、出售给国内其他单位的，海关按有关货物实际使用时间折旧估价补征税款。（2）转让给其他可享受同等进口减免税优惠待遇的外商投资企业使用，接受企业应按规定办妥海关减免税手续，主管海关对有关货物办理结转使用手续。（3）外商投资企业的外方要求将货物退运出境的，经海关核准，可允许原进口货物退运出境。办理上述手续后，企业交回海关核发的《企业报关注册登记证明书》等证件，海关签发《企业办结海关手续通知书》。

三、外商投资企业的海关登记备案

外商投资企业必须向主管地海关办理企业登记备案手续，提供下列文件资料：

- 对外经贸主管部门签发的批准证书；
- 工商行政管理部门签发的营业执照；
- 企业章程、合同；
- 其他有关资料。

外商投资企业投资各方应根据合同章程的规定，按照国家的有关规定缴付出资额，并在验资后的一个月内向海关递交验资报告。主管海关审核登记备案资料后，发给《外商投资企业备案登记手册》，并向主管海关办理报关单位注册登记手续。

四、外商投资企业货物进口

（一）外商投资企业进口货物关税优惠

中国为鼓励外商投资采取了一系列优惠政策与措施，其中对外商投资企业的进口货物实行减免税优惠。因此，在海关办理了登记备案的外商投资企业，如其进口货物享受关税减免，应在货物进口前，到企业所在地海关办理进口减免税手续。海关审核有关资料，签发《进口货物征免税证明》。

（二）外商投资企业货物进口

外商投资企业进口本企业自用机器设备、物资和加工生产物料时，企业或其代理人填写外商投资企业专用的进口货物报关单，向进境地海关办理申报进口手续。如属享受减免税优惠的货物，应提供主管海关签发的《进口货物征免税证明》；如属加工贸易项下的货物，应提供海关核放的《登记手册》；如属国家规定应申领许可证的，应提供《进口货物许可证》。

进境地海关审核申报单证无误后，验放进口货物；需征税的，还需缴纳进口关税和进口环节税。

五、外商投资企业货物出口

外商投资企业出口本企业生产的产品时，企业或其代理人填写外商投资企业专用出口货物报关单，向出境地海关办理申报出口手续。如属加工贸易项下产品的，还应提供主管海关核放的《登记手册》；如属国家实行许可证管理的商品，还应提供《出口货物许可证》。

出境地海关审核单证无误后，验放出口货物；如需征收出口关税的，企业纳税后，海关准予放行。

第二节　暂时进出境货物通关

暂时进出境货物包括暂时进口货物、进出境展览品、进出境修理货物、进出境集装箱以及过境、转运、通运货物。

一、暂时进口货物

暂时进口货物是指国际组织、外国政府、外国及港澳地区企业、群众团体或个人为开展经济、技术、科学、文化合作交流而暂时运入中国境内的货物。暂时进口货物具有以下特点，即货物进口时须向海关申报，由海关批准，准予暂时免纳关税。其货物所有权不发生转移，期满后要按原状复出口。这些特点决定了暂时进口货物与其他进口货物、保税货物的区别。

根据中国海关的有关法律规定，货物暂时进口到中国境内，必须符合两个条件：一是暂准进口前须交纳保证金或提供担保；一是在一定期限内货物复运出口。暂时进口货物海关通关要经过申报、提供担保和查验放行三个基本程序。

（一）申　报

暂时进口货物进口时，申报人应填写进口货物报关单并注明“暂时进口货物”，连同其他有关单证，向进境地海关申报。

（二）提供担保

对于经海关申报和海关核准的暂时进口货物，申报人应向海关交纳相当于应赋税款的保证金或提供海关认可的书面担保后，准予暂时免领进口货物许可证和免纳关税。

（三）查验放行

经海关核准的暂时进口货物，由海关查验。查验时，进口货物的收货人应当到场，并负责搬移货物、开拆和重封货物的包装。海关认为必要时，可以径行开验、复验或者提取货样。海关审核无误后签印放行。

暂时进口货物应自进境之日起6个月内复运出境，期满不复运出境的，应向海关办理正式进口手续和缴纳进口关税。需要延期的，应在期满前向海关申请，但延长期不得超过一年。暂时进口货物在复运出境时，申报人应填写出口货物报关单向出境地海关申报，并提供原进口时的进口货物报关单和货物清单。出境地海关核实后，验放有关货物出境，并将一份出口报关单退交申报人凭此向原进境地海关办理销案手续。

二、进出境展览品

外国来华举办展览和中国出国举办展览，须经有关主管部门批准。展览会的进出境展览品及其配备物品，由主管海关监管。

（一）进境展览品通关

来华展览会举办之前，主办单位应持有关批准文件及展览会有关资料送展出地主管海关备案。展览品进境时，主办单位或其代理人向海关申报，填写进口货物报关单。海关审核申报单证无误后，将展品监管至展览场地，对展品结合布展环节进行查验。展品在海关核对无误后，展览会方可对外展出。

进境展览品在展览会闭幕之日起3个月内原状复运出境。主办单位或其代理人填写出口货物报关单向展出地海关办理复运出境手续，提供展品清单。海关根据进境时向海关申报的展品清单核实无误后，展出地海关予以复运出境。

对进境展览品留在国内销售的，应由主办单位或有关购买单位向展出地海关办理正式进口手续。作为礼品或样品赠送的展览品，主办单位应向展出地海关提供展品赠送确认书，由受赠单位向海关办理进口手续，海关根据进口礼品或样品的管理规定办理征免税验放手续。对展出后放弃的展览品，主办单位应向展出地海关提供放弃展品清单。有接受单位的，由接受展品的单位办理进口手续；无接受单位的，主办单位应将放弃的展品交由海关按规定处理。

（二）出境展览品通关

出国举办展览会的展览品出境时，出展单位或其代理人应向出展地主管海关申报，填写出口货物报关单，提供展品清单。海关审核无误后，验放有关货物出境。

出国展览会结束后，出展单位应将展览品全部运回。出展单位填写进口货物报关单向进境地海关申报，提交有关单证和原展品出境时的出口货物报关单及展品清单。海关审核无误后办理验放手续，将其中一份复运进境展品清单及进口货物报关单寄送出展单位所在地主管海关办理出境展览品销案手续。

三、进出境修理货物

进出境修理货物系指运入境内或运出境外进行修理的货物。

（一）进境修理货物通关

中国出口到其他国家或地区的货物，需运回中国境内维护修理以及非中国产品但需运进中国境内维护修理的，海关视为暂时进口货物进行监管。有关修理货物进境时，维修单位或其代理人向进境地海关申报，填写《进口货物报关单》与有关合同、协议等资料，并按海关规定交纳保证金或提供海关认可的担保。进境地海关审核无误后，验放有关货物。

进境修理货物在维护修理完毕后应全部复运出口。修理单位或其代理人填写《出口货物报关单》向出境地海关申报，提供原进境时的《进口货物报关单》及修理协议等有关资料。经海关审核无误后，验放有关货物出境，并向原进境地海关办理退还保证金和销案手续。

进境修理货物自进境之日起至复运出境止，属于海关监管货物。进境修理货物应在进境之日起6个月内复运出境，因故需延长期限的，应在期满前向进境申报海关申请延期。逾期不复运出境的，应办理正式进口手续并缴纳进口税款，或由海关按有关规定处理。

（二）出境修理货物通关

中国进口的货物需运至境外维护修理的，有关货物出境时，货主或其代理人填写《出口货物报关单》向出境地海关申报，提供有关合同或协议，并按有关规定交纳保证金或提供海关认可的担保。出境地海关审核后验放货物。

暂时出境修理的货物在维修完毕后应将原物复运进口，货物进境时，货主或其代理人填写《进口货物报关单》向进境地海关申报，提供原出境时《出口货物报关单》及合同、协议等资料。海关对属于修理期内免费维修的，不予征税；对属于保修期外的，按规定审核征税。进境地海关验放有关货物后，货主向原出境地海关办理退还保证金和销案手续。

出境修理货物复运出境之日起6个月内复运进境，因故需延长期限的，应向海关申请延期。

四、进出境集装箱

用于海上国际运输的集装箱，应当符合国际集装箱标准化组织规定的技术标准和有关国际集装箱公约的规定。装运进出口货物集装箱，应有加封装置，并符合海关监管要求。

海关对进出境集装箱体本身进行监管，又是为实施对其所载货物和物品的监管。

凡从国外购买和售给国外的集装箱进出口时，不论装货与否，均应由集装箱的收、发货或其代理人填写报关单向进、出境地海关办理报关纳税手续。购买进口的和国内生产的集装箱，投入国际运输时，集装箱所有人应向海关办理注册登记手续。

对申请核发批准牌照的国际集装箱，海关统一委托国家船舶检验局所设的检验机构按照集装箱检验规范所规定的技术条件进行检验。集装箱所有人可直接向国家船舶检验局所设的检验机构办理申请手续。经检验合格后的集装箱，由所有人持上述机构签发的集装箱样箱证书或集装箱检验证书向主管海关申请核发《按定型设计批准证明书》或《按制成以后批准证明书》。

国外制造的集装箱，如在国内申请核发海关批准牌照，海关按制成以后的批准手续办理。其申请手续如下：

• 向中国进口地海关递交书面申请；

• 递交中国船舶检验局核发或承认的有关国际船舶检验机构核发抵达集装箱检验证书；

• 外国主管机构批准的集装箱图纸和技术文件。

暂时进口的外国集装箱，不论装货与否，进口和复运出口时，均应由进口经营单位或代理人填写进出口货物报关单，并具函保证于3个月内复运出口。如因特殊情况不能按期复运出口的，可提出申请，经海关核准予以适当延长。在规定的期限内仍不能复运出口的，应向海关补办进口纳税手续。

承载进出口集装箱货物的运输工具负责人或其代理人，应向海关申报，并在交验的进出口载货清单或者装载清单、交接单、运单上，列明所载集装箱件数、箱号、尺码，货物的品名、数量、收发货人、提单或者装货单号等有关内容，并附交每个集装箱的装货清单。

对于集装箱货物海关要求进出口集装箱货物的收发货人或其代理人，应在进出境地海关办理报关手续，并按规定递交进出口货物、物品申报单证和其他有关单证。对要求在到达地或起运地海关办理报关手续的，收发货人或其代理人须报经进境地或起运地海关同意，并按“海关监管货物”办理手续。海关认为必要时，可对有关集装箱施加海关封志。

收发货人或其代理人，因故要求海关派员到非设关地点或者海关监管区以外办理验放手续时，应报进境地或者就近地海关核准，并按规定交纳规费，及提供往返交通工具和安排住宿。

设立承运海上国际集装箱的内陆中转站、货运站，应当向海关办理登记手续。

要求在进口到达地或出口起运地海关办理进口或出口报关手续的，应具备海关监管和转运条件，并报经入境和起运地海关同意后，按海关对转关运输货物的规定办理手续。

五、过境、转运、通运货物

（一）过境货物通关

过境货物是指由境外启运，在中国边境不论换装运输工具与否，通过中国境内陆地继续运往境外的货物。

过境货物由中国境内的经营人代理货物的所有人，向海关办理通关手续。经营人向进境地海关申报并递交有关单证，包括过境货物入境报关单、过境货物运输单据、其他单证等。过境货物在入境地海关审核无误后，由海关在运单上加盖“海关监管货物”印戳，并将两份过境货物报关单和过境货物清单制作关封后，加盖“海关监管货物”专用章，连同运单一并交经营人。经营人或承运人应负责将进境地海关签发的关封完整及时地带交出境地海关。过境货物出境时，经营人应向出境地海关申报，并递交进境地海关签发的关封和海关需要的其他单证。出境地海关审核有关单证、关封或货物后，由海关在运单上加盖放行章，在海关监管下出境。

海关认为必要时，可以查验货物。海关在查验过境货物时，经营人或承运人应当到场，并按照海关要求负责搬移货物，开拆和重封货物的包装，并在海关查验的记录上签字。过境货物应自入境之日起 6 个月内运输出境，因特殊情况需要延长期限，应向海关申请延期，但延长期限不得超过 3 个月。过境货物按规定期限内不能出境的，海关按货物等值以下予以罚款处理。过境货物入境后未向海关申报，超过 3 个月的，海关将提取变卖处理。

（二）转运货物通关

转运货物系指由境外运至中国口岸后，不通过陆地运输而在设关地点换装运输工具运往境外的货物。准许办理转运货物必须具备下列条件之一：

1. 持有通运或联运提货单的；
2. 进口载货清单上注明是转运货物的；
3. 持有普通提单但于起卸前已向海关声明转运的；

4. 误卸的进口货物，经运输工具经理人提供确实证件的；

5. 因特殊情由申请转运，经海关批准的。

载有转运货物的运输工具进境后，运输工具负责人填写《外国货物转运准单》向海关申报，并提供进口载货清单。经海关审核后，转运货物在海关监管下换装运输工具并在规定时间内出境。

转运货物自进境起至出境止，接受海关监管。转运货物在进境后3个月内办理海关手续转运出境，在规定时间内未转运出境的，海关按有关规定予以提取变卖处理。

（三）通运货物通关

通运货物系指由船舶或航空器载运进境，经该国设立海关地点不换装运输工具，仍由原运输工具载运出境的货物。载有通运货物的运输工具负责人，应在进入中国境内第一个口岸时办理国际运输工具进境申报手续，在向海关申报《国际航行船舶进口报告书》或《国际民航飞机进口舱单》上注明通运货物及有关资料，海关对申报内容审核无误后，监管有关通运货物出境。

通运货物自进境起至出境止，接受海关监管。未经海关许可，不得从运输工具上卸下。运输工具因装卸货物需申请搬倒货物时，运输工具负责人则应向海关申请，并在海关监管下进行。

第三节　其他进出口货物通关

随着易货贸易、补偿贸易等其他贸易方式在我国的广泛开展，中国也形成了与此相对应的特殊的通关制度。除此之外中国海关对特定用途货物、无代价抵偿货物等也作了相应的规定。

一、其他贸易方式货物通关

（一）易货贸易货物

易货贸易系指不通过货币媒介而直接用出口货物交换进口货物的贸易。

经营易货贸易的企业在签订易货贸易合同后，持合同与有关资料向企业所在地主管海关办理合同登记备案。海关审核后，签发易货贸易合同备案登记表和易货贸易项下进出口货物核销登记表，凭此办理货物进出口申报手续。

易货贸易合同项下货物进口时，经营企业或其代理人填写进口货物报关单向进境地海关申报，提供有关合同备案登记表和核销登记表，并按规定提供进口许可证件及有关批件。进境地海关审核单证后，按规定征收进口关税和进口环节税，验放货物，并在核销表上批注。易货贸易合同项下出口货物时，经营企业或其代理人填写出口货物报关单向出境地海关申报，提供合同和合同备案登记表及核销登记表、出口许可证件等，出境地海关审核单证后，验放有关货物出境并在核销登记表上批注。

经营企业在执行易货贸易合同过程中，每易进或易出一批货物，应在一个月内到主管海关办理合同执行情况核销手续，提供《进出口货物报关单》、海关核发的《核销登记表》。海关在核销表上签章确认，予以核销。对易货贸易合同已执行完毕进出平衡的，主管海关予以结案。

（二）补偿贸易货物

补偿贸易系指由境外厂商提供或利用境外出口信贷进口生产技术或设备，由中方进行生产，以返销产品方式分期偿还对方技术、设备价款或贷款本息的交易形式。

补偿贸易经营单位要按规定申请登记备案，外经贸主管部门按规定对不同项目、不同金额的补偿贸易合同进行审核批准。经营单位于补偿贸易合同批准之日起一个月内向主管海关申请登记备案，并向海关交验有关单证。

补偿产品进口时，经营单位或其代理人持《补偿贸易登记手册》、《补偿贸易进口货物报关单》、商业及报关单证等向进境地海关申报。海关审核单证，按章征税放行。补偿贸易项下进口的货物自进口之日起至补偿产品出口全部偿还价款为止，接受海关监管。

补偿贸易项下的产品出口时，经营单位或其代理人持《补偿贸易登记手册》、《补偿贸易出口货物报关单》、运单、发票等有关单证向出境地海关申报。出境地海关审核单证无误后，按章征税放行。

补偿贸易合同执行完毕后，经营单位应于合同到期或最后一批补偿产品出口后的一个月内，持《补偿贸易登记手册》、进出口货物报关单，并填写《补偿贸易合同核销申请表》向主管海关申请办理合同核销手续，海关审核后，准予核销结案。

（三）租赁贸易货物

租赁贸易系指承办租赁业务的企业与外商签订国际租赁贸易合同，租赁期为一年以上的租赁进出口货物。

通过租赁贸易进出口的货物，按照一般进出口货物的有关规定申领进出口许可证和办理进出口手续。

从国外租赁进口货物时，承租人或其代理人填写进口货物报关单，持租赁合同及有关单证向进境地海关申报。海关审核单证后，按租金或货物到岸价格予以征税后验放有关货物。租赁期满后退租复运出境时，承租人或其代理人填写《出口货物报关单》，持租赁合同及原货物进境时的进口货物报关单向出境地海关申报。出境地海关审核无误后，验放有关货物。对租赁进口货物复运出境的，原进境时根据租金征收的税款不予退还。

向国外出租货物出口时，承租人或其代理人填写《出口货物报关单》，持租赁合同及有关单证向出境地海关申报。出境地海关审核无误后，验放有关货物出境。租赁期满后退租复运进境时，出租人或其代理人填写《进口货物报关单》，持租赁合同和原出口货物报关单，向进境地海关申报。进境地海关审核无误后，验放有关货物。

（四）寄售代销贸易货物

寄售代销贸易系指寄售人把货物运交事先约定的代销人，由代销人按照事先约定或根据寄售代销协议规定的条件，在当地市场代为销售，所得货款扣除代销人的佣金和其他费用后，按照协议规定方式将余款付给寄售人的交易形式。

经营进口商品寄售代销业务的企业必须是经国家批准有进出口经营权的外贸企业，其开展的寄售业务，须经外经贸主管部门批准，并按照指定的范围经营。经营单位持有关批准文件向主管海关办理寄售贸易经营单位的登记备案手续。

寄售商品进口时，经营单位填写《进口货物报关单》，持寄售合同等单证，向进境地海关申报。海关审核单证无误后，按规定征收进口税款，验放有关货物。

寄售商品进口后，因未销售需退运国外的，应向海关办理退运手续，提供原进口货物报关单。海关核实后予以退运。对已征收税款的寄售商品退运出境后，海关予以退还已征收的税款。

对开展进口机电仪器产品维修、技术服务而进口机电仪器产品零配件、易损耗品寄售代销的，经营单位应向海关申请设立保税仓库。海关对其按保税仓库规定管理。

二、特定用途（科教用品）减免税进口货物通关制度

所谓科学研究和教学用品是指有利于促进和发展科学研究和教学事业，进口直接用于科学研究和教学并符合免税规定范围的货物。

（一）免税的适用

适用的单位：按照规定，可按科教用品办理免税进口通关手续的主要是下列4类单位：

1. 国务院各部、委、直属机构和省、自治区、直辖市、计划单列市所属专门从事科研开发的机构。

2. 国家教委承认学历的大专以上全日制高等院校，包括经国务院主管部门批准并经国家教育部承认其学历的职工大学，各省、市、自治区电视大学及其分校，中央党校及省、市级党校。

3. 财政部会同国务院有关部门批准的其他科研开发机构和学校。

4. 分别由中华人民共和国商务部、国家计划和发展委员会、国家科委会同财政部，还有税务总局和海关总署核定的企业（集团、技术中心、国家工程研究中心和国家重点实验室、国家工程技术研究中

心等。

允许以科教用品的方式免税进口的物品限于下列几种：

（1）科学研究、科学试验和教学用的分析、测试、检查、计量、观测、发生信号的仪器、仪表及其附件；

（2）为科学研究和教学提供必要条件的实验室设备（不包括中试设备）；

（3）计算机工作站，小型、中型、大型计算机和可编程序控制器；

（4）在海关监管期内用于维修依照规定已免税的仪器、仪表和设备或者用于改进设备的功能而单独进口的，金额不超过整机价值10%的专用零部件及配件；

（5）各种载体形式的图书、报刊、讲稿、计算机软件；

（6）标本、模型；

（7）教学用幻灯片；

（8）化学、生化和医疗实验用材料；

（9）实验用动物；

（10）科学研究、科学试验和教学用的医疗仪器及其附件（限于医药类院校、专业和医药类科学研究机构）；

（11）优良品种植物及种子（限于农林类院校、专业和农林类科学研究机构）；

（12）专业级乐器和音像资料（限于艺术类院校、专业和艺术类科学研究机构）；

（13）特殊需要的体育器材（限于体育类院校、专业和体育类科学研究机构）；

（14）教练飞机（限于飞机类院校）；

（15）教学实验船舶所用关键设备（限于航运类院校）；

（16）科学研究用的非汽油、柴油动力样车（限于院校的汽车专业）；

（17）适用的其他条件。

对符合上述适用单位和适用物品的免税进口生产和直接用于科学研

究或者教学的范围。

（二）免税的审批

免税进口单位的资格认定：应当限制在不以盈利为目的，在合理数量内，国内凡不能首次申请办理科教用品免税的科教单位，应先持凭有关上级主管部门的批准文件向单位所在地海关申请办理“资格认定”手续。经海关审核符合制度规定的适用单位标准的，发给《科教用品免税登记手册》。

免税进口的审批：申请单位在每次货物进口前，应填写《进口货物征免税证明》，携带《科教用品免税登记手册》和有关单证，向主管海关申请办理该次货物进口的免税手续。经主管海关审核批准并在《科教用品免税手册》批注审批情况后，将签盖海关印章的《进口货物征免税证明》退交申请单位，凭此办理科教用品的进口手续。在审批免税过程中如发生难以界定的单位或物品，由海关上报海关总署，会商国务院有关部门审定。对以捐赠方式进口的科教用品亦比照此手续办理。

（三）免税进口的报关及使用限制

按海关对减免税货物进口报关及放行后实施时限管理的一般规则办理。（注：其他如残疾人专用品等特定用途免税进口货物的通关制度与科教用品大致相同）

三、无代价抵偿货物的通关制度

无代价抵偿进口货物，是指进口货物在征税或免税放行之后，发现货物残损、短少或品质不良，而由境外承运人、发货人或保险公司免费补偿或更换的同类货物。

（一）无代价抵偿货物的特征和认定依据

1. 无代价抵偿货物的特征

（1）执行合同的过程中发生的损害赔偿：即买卖双方在执行交易合同中，我方根据货物损害的事实状态向对方请求偿付，而由对方进行的赔偿。

对于违反进口管理规定而索赔进口的，不能按无代价抵偿进口货物办理。

(2) 已经海关放行：即被抵偿进口的货物已办理了进口手续；并已按规定交纳了关税或者享受减免税的优惠经海关放行之后，发现损害而索赔进口的。

(3) 仅抵偿直接损失部分：根据国际惯例，除合同另有规定者外，抵偿一般只限于在成交商品所发生的直接损失方面（即残损、短少、品质不良等）以及合同规定的有关方面（如对迟交货物罚款等）。对于所发生的间接损失（如因设备问题发生的延误投产所造成的损失），一般不包括在抵偿的范围内。

(4) 抵偿形式：常见的抵偿进口形式有：①补缺，即补足短少部分；②更换错发货物，即退运错发货物，换进应发货物；③更换品质不良货物，即退运品质不良货物，换进口质量合格的货物；④贬值，即因品质不良而削价补偿；⑤补偿备价，即对残损的补偿，由我方自行修理；⑥修理，即因残损，原货退运境外修理后再进口。

2. 认定无代价抵偿进口货物的资料依据

无代价抵偿货物的确认必须具备一个前提条件，就是涉及货物性质的有关鉴别材料、凭据必须齐全。主要有以下几种：

(1) 原进口货物报关单：即被抵偿货物进口时向海关填报的《进口货物报关单》，它是鉴别是否为抵偿进口货物的主要依据，是反映被抵偿货物进口情况的原始资料。

(2) 商检证明书或买卖双方会签的记录：商检证明书是由商检机构应收、用货单位检验申请，在复验后出具的证明材料；双方会签记录是货物放行进口后，经境外来人与我方共同开箱检验或在指导安装、负责调试时发现问题，而由双方现场代表会签的记录。这两种凭证是鉴别抵偿进口商品原因的必备条件。

(3) 买卖双方签订的抵偿协议：抵偿协议是买方向卖方提出偿还请求，卖方接受以相当价值货物赔偿或补偿的书面协议。

以上3种资料凭证，它们之间是互相联系、相互依存的，海关在认定无代价抵偿进口货物的性质时原则上必须同时收取3种资料进行审查。

（二）无代价抵偿进口货物的征、免税界限

1. 如原进口货物短少，其短少部分已经征税或者原进口货物因质量原因已退运境外或已放弃交由海关处理、原征税款又未退还的，所进口的无代价抵偿货物可以免税。

2. 如原进口货物不退运境外，又未放弃交由海关处理，则应分别按以下办法处理：对于机器、仪器或其零部件，如因残损或品质不良，需进口同类货物来更换，所进口的无代价抵偿货物可以免税；对于因残损或品质不良，境外同意削价并补偿部分机器、仪器及其他货物，只要所补偿进口的货物与原货品名、规格相同，价格也不超过削价金额的，所进口的无代价抵偿货物也可以免税；对于车辆、家用电器、办公室用机器和其他耐用消费品及其零部件的无代价抵偿货物，也可以免税，但其留在国内的原货应视其残损程度估价纳税。

（三）无代价抵偿货物的通关规则

无代价抵偿货物进口时，收货人应在《进口货物报关单》上的贸易性质栏内填明为“无代价抵偿货物”，并附上原进口货物报关单、税款缴纳证和商检证书或与境外发货人签订的索赔协议书。对原货已退运境外的，还应附有经海关签章的出口货物报关单。如无代价抵偿货物进口时不向海关报明，或虽报明但所附单证不齐，不足以证明为无代价抵偿货物的，按一般进口货物办理海关手续。

无代价抵偿进口货物属于国家限制进口商品的，如与原进口的货物在品名、数量、价值及贸易性质等方面完全一致，可以在原进口货物退运出口的条件下免予另办许可证。但如原货不退运出口的，则应补办许可证。

四、进口误卸或溢卸、放弃及超期未报货物的海关处理制度

（一）误卸或溢卸货物的处理规则

1. 溢卸、误卸货物的含义：进口溢卸货物，是指未列入进口载货清单、运单的货物，或者多于进口载货清单、提单、运单所列数量的货

物；进口误卸货物，是指将指运境外港口、车站或境内其他港口、车站而在本港（站）卸下的货物。

2. 误卸、溢卸货物的处理：进口误卸、溢卸货物，经海关审定确实的，由载运该货物的原运输工具负责人，自该运输工具卸货之日起3个月内，向海关申请办理退运出境手续；或者由该货物的收发货人，自该运输工具卸货之日起3个月内，向海关申请办理退运或者申报进口手续。经载运该货物的原运输工具负责人，或者该货物的收发货人申请，海关批准，可以延期3个月办理退运出境或者申报进口手续。

超出上述规定的期限，未向海关办理退运或者申报进口手续的，由海关提取依法变卖处理。

（二）放弃货物的处理规则

进口货物的收货人或其所有人声明放弃的进口货物，由海关提取依法变卖处理。国家禁止或限制进口的废物、对环境造成污染的货物不得声明放弃。除符合国家规定，并办理申报进口手续、准予进口的外，由海关责令货物的收货人或其所有人、载运该货物进境的运输工具负责人退运出境；无法退运的，由海关责令其在海关和有关主管部门监督下予以销毁或者进行其他妥善处理，销毁和处理的费用由收货人承担。收货人无法确认的，由相关运输工具负责人及承运人承担。违反国家有关法律法规的，由海关依法予以处罚，构成犯罪的，依法追究刑事责任。

由海关依法变卖处理的放弃进口货物的所得价款，在优先拨付变卖处理实际支出的费用后，再扣除运输、装卸、储存等费用。所得价款不足以支付上述运输、装卸、储存等费用的，按比例支付。尚有余款的，上缴国库。

（三）超期未报货物的处理规则

1. 超期未报货物的含义：超期未报关货物是指收货人自运输工具申报进境之日起，超过3个月未向海关申报的进口货物。

超期未报的处理：超过14日内未向海关申报的，由海关按规定征收滞报金；超过3个月未向海关申报的按下列规定处理：

（1）进口货物由海关提取变卖处理；

（2）所得价款在优先拨付变卖处理实际支出的费用后，按下列顺序扣除相关费用和税款：运输、装卸、储存等费用；进口关税；已进口环节海关代征税；滞报金。

所得价款不足以支付同一顺序的相关费用的，按照比例支付。

进口超期未报货物如属于危险品或者鲜活、易腐、易烂、易失效、易变质、易贬值等不宜长期保存的货物，由海关根据实际情况，提前变卖处理。

按照规定扣除费用和税款后，尚有余款的，自货物依法变卖之日起1年内，经进口货物收货人申请，予以发还。其中属于国家限制进口的，应当提交许可证件。而不能提供的，不予发还。不符合进口货物收货人资格、不能证明对进口货物享有权利的，申请不予受理。逾期无进口货物收货人申请、申请不予受理或者不予发还的，余款上缴国库。

申请人申请发还余款的，应当提供证明其为该进口货物收货人的相关资料。经海关审核同意后，申请人应当按照海关对进口货物的申报规定，补办进口申报手续，并提交有关进口许可证件和其他有关单证。不能提交有效进口许可证件的，由海关按照《中华人民共和国海关法行政处罚实施细则》按“无证进口”的规定处理。

2. 其他未报货物的处理：保税货物、暂时进口货物超过规定的期限3个月，未向海关办理复运出境或者其他海关手续的，以及过境、转运、通运货物超过规定的期限3个月，未运输出境的，比照超期未报货物处理。

上述超期未报关进口货物、误卸或者溢卸的进境货物和放弃进口货物属于《出入境检验检疫机构实施检验检疫的进出境商品目录》范围的，由海关在变卖前提请出入境检验检疫机构进行检验、检疫，检验、检疫的费用与其他变卖处理实际支出的费用从变卖款中支付。

五、退运进出口货物的通关制度

退运进出口货物：是指货物因质量不良或交货时间延误等原因，被国外买方拒收退运或因错发、错运造成的溢装、漏卸而退运的货物。

退运进出口货物的通关手续可分为：退运进口通关手续和退运出口通关手续。

(一) 退运进口通关手续

原出口货物退运进境时，原发货人或其代理人应填写进口货物报关单向进境地海关申报，并提供原货物出口时的出口报关单，以及保险公司证明，承运人溢装、漏卸的证明等有关资料。原出口货物海关已出具出口退税报关单的，应交回原出口退税报关单或提供主管出口退税的税务机关出具的《出口商品退运已补税证明》，海关核实无误后，验放有关货物进境。

原出口货物退运进口，经海关核实后不予征收进口税款，但原出口时需要征收出口税的，原征出口税款不予退还。

(二) 退运出口通关手续

因故退运出口的境外进口货物，原收货人或其代理人应填写《出口货物报关单》申报出境，并提供原货物进口时的进口报关单，以及保险公司、承运人溢装、漏卸的证明等有关资料，经海关核实无误后，验放有关货物原进口货物退运出口时，经海关核实后可以免征出口税，但已征收的进口关税，不予退还。

六、出口退关货物的通关制度

出口退关是指出口货物在向海关申报出口被海关放行后，因故未能装上出境运输工具，请求将货物退运出海关监管区不再出口的行为。

对于出口退关货物，出口货物的发货人及其代理人应当在得知出口货物未装上运输工具，并决定不再出口之日起3天内向海关申请退关。经海关核准且撤销出口申报后，方能将货物运出海关监管场所。已缴纳出口税的退关货物，可以在缴纳税款之日起一年内，提出书面申请，向海关申请退税。

思考题

1. 外商投资企业进出口货物如何通关？
2. 补偿贸易货物如何通关？
3. 什么是过境、转运、通运货物？它们如何通关？

第八章

运输工具通关

运输工具作为运输行为的主体之一，可根据买方或卖方的相关要求将货物运载到指定的地点，实现商品的国内和国际间的有效流通。当今世界各国海关在对国际贸易货物进出本国关境作出规定和限制的同时，也对运载国际贸易货物的运输工具进出本国关境的行为以法律的形式予以界定，明确了相关的权利和义务，保证了国际贸易运输业的健康发展。

第一节　进出境运输工具

进出境运输工具系指用于载运人员、货物、物品进出境的各种船舶、车辆、航空器和驮畜。根据中国海关的有关规定，进出境运输工具属海关监管对象。海关把进出境货物与进出境运输工具的监管核合称货运监管。

一、进出境运输方式

现代国际贸易中使用的运输方式主要有海洋运输、内河运输、铁路运输、公路运输、航空运输、邮包运输和联合运输等。

（一）海洋运输

在国际贸易货物运输中，海洋运输以其运量大、运费低、通过能力大等特点，成为运用最为广泛的运输方式。以船舶经营方式不同，可分为班轮运输和租船运输。班轮是指按照预定的航行时间表在固定的航线和港口往返运载货物的船只。租船是指租船人向船东租赁船舶用于运输货物。两者的最大区别是班轮具有固定航线、固定港口、固定船期、固定运费率，而租船的有关事宜则由租船人与船东双方商定。

（二）铁路运输

铁路运输主要指国际铁路货物联运，凡是从发货国家的始发站到收货国家的终点站，只要在始发站办妥托运手续，使用一份运输单据，即可由铁路以连带责任办理货物的全程运输。在由一国铁路向另一国铁路移交货物时，无须收、发货人参加。它具有受气候条件影响小、运量大、速度较快、运输手续简单、费用较低等特点。

（三）航空运输

航空运输是一种现代化的国际货运方式，具有速度快，航线不受地形限制、手续简便等特点，在国际贸易运输中的地位日益提高。以经营方式不同，可分为班机运输、包机运输、集中托运、航空快件传送等。

（四）邮包运输

邮包运输是一种较简便的运输方式，按照国际贸易惯例，卖方将邮包交给邮局取得邮包收据后，即视为完成交货义务。这种运输方式一般只适应于量轻体小的商品，如精密仪器、小工具、零配件、药品、样品和生产急需物品。

（五）联合运输

联合运输是指使用两种以上的运输方式完成某一运输义务的连贯运输方式。主要包括陆空联运、陆海联运、大陆桥运输、国际多式联运等方式。

二、进出境运输工具

新中国成立以来，特别是改革开放以后，我国对外贸易发展迅速，进出口贸易额逐年增长，进出口货运量成倍上升，载运进出口贸易货物的运输工具进出我国关境的艘（次）数越来越多。据海关统计，1998年全国海关监管的进出境运输工具达1104万辆（艘），是改革开放前的16倍。众所周知，我国疆域辽阔，毗邻国家和地区多，边境线、海岸线长，对外口岸多且经济发展不均衡，因而构成我国对外贸易运输业务形式多样、多种运输方式相互交错并存的局面。从具体承运工具来看，既有先进的民用航空器，也有大吨位的远洋船舶；既有现代化的列车、汽车等车辆，也有往返于边境互市的原始驮畜。从运输工具所属国籍来看，既有中国国籍的运输工具，也有外国国籍的运输工具。具体来说，包括以下几个方面：

（一）船　舶

船舶包括机动和非机动的进出我国关境的海上、国界江河上的往来船舶；转运、驳运进出口旅客或货物的船舶；兼营境内外旅客或货物运输的船舶以及其他进出境船舶。

（二）车　辆

车辆包括进出关境的客车、货车、行李车、邮政车、机车、发电车、轨道车和其他进出境的机动车、非机动车等。

（三）航空器

航空器主要指载运进出境旅客或进出口货物的民用飞机。

（四）驮　畜

驮畜指载运进出境旅客或进出口货物的马、驴、牛、骆驼等用于运输的牲畜。

第二节　进出境运输工具的基本通关规则

进出境运输工具的基本通关规则基本上包括以下气象规则，即：预报信息的规则、指定路线行进的规则、如实申报的规则、接受监管和检查的规则、遵守法律设限的规则、兼营与改营的规则和不可抗力停降等的规则。

一、预报信息的规则

船舶、火车、航空器是载运进出境货物、物品和人员的主要运输工具，具有业务量大，进出、停留、靠泊时间、地点相对固定的特点，同时也会遇到延误、变更等特殊情况。因此，《海关法》规定：“进出境船舶、火车、航空器到达和驶离时间、停留地点、停留期间更换地点以及装卸货物、物品时间，运输工具负责人或者有关交通运输部门应当事先通知海关。"使海关能到位监管，及时办理运输工具进出手续，保证货物、物品顺利装卸。

二、指定路线行进的规则

由于海关并不都设立在关境线上，因此，进境运输工具在进境后还需继续驶往设关地点办理进境手续；出境运输工具在设关地办结海关手续后还需驶经关境线前往境外目的地。对这一行进过程，《海关法》规定："应当按照交通主管机关规定的路线行进；交通主管机关没有规定的，由海关指定"，以使进境运输工具在到达设关地向海关申报时保持进境时的原有状态，出境运输工具离境时保持办结海关手续时的原有状态，并确保行驶在境内的进出境运输工具遵守我国的交通管理法规。运输工具在指定路线行进途中不得转道绕行、上下人员或装卸货物、物品。

三、如实申报的规则

进出境运输工具的申报与货物、物品的申报具有共同的法律特征，但有其自身的特殊性，主要体现在：

- 申报的主体是作为进出境货物、物品承运人的进出境运输工具的负责人；
- 申报的形式和要求较为简便，不规定运输工具负责人必须另行填具统一格式的报关单，而只需交验运输工具随附的、符合国际商业运输惯例，能反映运输工具合法性和所承运货物、物品真实性的证件、单据。进出境运输工具的负责人必须对其交验单证的真实性负责。

四、接受监管和检查的规则

海关在接受申报，并对交验单证进行审核后，将根据申报事项和具体情况决定如何对运输工具进行实地、实物的监管和检查。其监管检查的方式则根据运输工具的种类、作业状态、风险程度及口岸监管条件等因素决定。海关在检查进出境运输工具时，按照《海关法》的规定："运输工具负责人应当到场，并根据海关的要求开启舱室、房间、车门；有走私嫌疑的，并应当开拆可能藏匿走私货物、物品的部位，搬移货物、物料。海关根据工作需要，可以派员随运输工具执行职务，运输工具负责人应当提供方便。”海关对运输工具检查的方法一般有下列3种：（1）例行抽查，通过对运输工具的表部检查，观察有无走私违法的迹象；（2）重点抽查，通过对运输工具的某一特定部位进行较为详细的检查，确认有无走私违法的嫌疑；（3）重点查抄，即对运输工具可能藏匿走私货物、物品的所有部位进行彻底、仔细的检查，确认有无走私违法的事实。对大多数合法进出境的运输工具，在海关办理手续时，如未发现走私违法迹象也可不予检查或实施例行抽查。运输工具在装卸进出境货物、物品或者上下进出境旅客时，应当接受海关的监管。货物、物品装卸完毕，运输工具负责人应当向海关递交反映实际装卸情况的交换单据和记录。上下进出境运输工具的人员携带物品的，应当向海关如实申报，并接受海关检查。

五、遵守法律设限的规则

对进出境运输工具，《海关法》除订有上述手续方面的规定外，还对移动、转让或移作他用、非进出境运输工具载运等设置了监控限制。

（一）对运输工具驶离的限制

停留在设关地点的进出境运输工具置于海关监管下，所载货物、物品、物料均属海关监管对象。因此，未经海关同意或未办结海关手续，不得擅自驶离。

（二）对运输工具转关的限制

进出境运输因其运营需要，在尚未办结海关手续的情况下，从一个设立海关的地点驶往另一个设立海关的地点，应当符合海关监管要求，办理海关手续；未办结海关手续的，不得改驶境外。

（三）对运输工具用途的限制

进境的境外运输工具和出境的境内运输工具，未向海关办理手续并缴纳关税，不得转让或者移作他用。用于载运货物、物品及旅客的车、船、飞机等海关原本将其作为进出境运输工具来实施监管，如发生转让或者移作他用，实质是使其法律属性由“运输工具”转变为“进出口货物”，因此，只有按货物办理了相关手续，运输工具的用途才能变更。

（四）非国际营运船舶从事进出境活动的限制

沿海运输船舶、渔船和从事海上作业的特种船舶，未经海关同意，不得载运或者换取、买卖、转让进出境货物、物品。按照海关规定只有具备以下条件之一的船舶才能载运进出境货物、物品：（1）承担国际运输业务的境外或境内的船舶；（2）经海关批准从事转关运输业务的沿海运输船舶或内河驳运船舶；（3）具备合法证明，准予运输进出境货物、物品的运输船舶。

因此，沿海运输、船舶、渔船和从事海上作业的特种船舶，除非获得海关签发的“证明文件”，否则，任何一种与进出境有关的经营活动，都将被视作非法。

六、兼营、改营的规则

兼营是指从事国际运输的运输工具在同一航次内在境内运输进出口货物、旅客的同时，利用空余舱位兼营境内两地间的境内货物和境内旅客的运输业务。按照《海关法》的规定：“进出境船舶和航空器兼营境内客、货运输，需经海关同意，并应当符合海关监管要求。”因此，有兼营意向的进出境船舶和航空器应在向所在地海关办理兼营登记手续，获得海关签发的批准证明后，方能从事兼营业务。改营是指由原经营国际运输改为经营境内运输。包括3种情况：（1）兼营船舶和航空器改营境内运输的；（2）原经营国际运输的船舶和航空器改营境内运输的；（3）其他进出境运输工具（包括火车、汽车等）因故经营境内运输的。《海关法》规定：“进出境运输工具改营境内运输，需向海关办理手续。”

七、不可抗力停降等的规则

“不可抗力”是指当事人对某一事件的发生与后果不能避免并且不

能克服的客观情况，包括因自然原因引起的和因社会原因引起的两种。按照《海关法》的规定："进出境船舶和航空器，由于不可抗力的原因，被迫在未设立海关的地点停泊、降落或者抛掷、起卸货物、物品，运输工具负责人应当立即报告附近海关。"

第三节　进出境运输工具通关程序

进出境运输工具自进境之日起至出境止，接受海关监管。进出境运输工具负责人应如实向海关申报。根据不同的国际运输方式，进出境运输工具的通关程序各不相同。

一、国际航行船舶通关

进出境国际航行船舶是指进出我国关境在国际间运营的境内船舶和境外船舶。国际航行船舶在进出中国关境时，应按中国海关的规定递交相应的报关单证，并按国际惯例递交有关船舶的证明文件。

船舶应当通过设有海关的港口进境或者出境，应当在设有海关的港口停泊、装卸货物、物品和上下人员，并接受海关监管。船舶在海关监管区内停泊、移泊、装卸货物、物品和上下人员的地点由当地港务局提前通知海关；船舶在非海关监管区停泊、移泊、装卸货物、物品和上下人员须由当地港务局会商海关。

船舶如需通过未设立海关的港口进出境，或者在未设立海关的港口停泊、装卸货物、物品和上下人员，应当经国务院或国务院授权的机关会商海关后批准，接受海关监管，并应当按规定向海关缴纳规费。

（一）进境船舶通关

国际航行船舶在进入我国关境时，船方或其代理人应在船舶抵达口岸前或者抵达口岸后24小时内，向进境地海关递交有关单证进行申报。国际航行船舶到港时，船舶负责人及其代理人如果不能及时提供齐全的载货清单，须向海关出具保函，并经海关同意后可以先行卸货，但应当在卸货后24小时以内将齐全的载货清单补交给海关。国际航行船舶应当向海关缴纳船舶吨税。

国际航行船舶在进入中国关境时，船舶负责人应按规定向进境地海关申报，并递交有关单证如《船舶进口报告书》、《进口载货清单》（无进口货物的交“无货清单”）《进境旅客清单》（无旅客的免交）《船员清单》《船员自用和船舶备用物品、货币、金银清单》《船员自用和船舶备用烟、酒、加封清单》《船舶进出境（港）海关监管簿》（外籍船舶免交）《船舶吨税执照》及海关监管需要的其他单证。国际航行船舶到港时，船舶负责人或其代理人如果不能及时提供齐全的《进口载货清单》，须向海关出具保函，并经海关同意后可以先行卸货，但应当在卸货后24小时以内将齐全的《进口载货清单》补交给海关。

（二）出境船舶通关

船舶负责人及其代理人应当在船舶驶离口岸前24小时通知海关（船舶在口岸停泊时间不足24小时的，在抵达口岸时），向海关交验有关单证，办理出口岸手续，在海关审核符合监管条件作出放行决定后，驶离关境。

国际航行船舶驶离中国关境时，船舶负责人应按规定向出境地海关申报，并递交有关单证如《出口载货清单》（无出口货物交“无货清单”）《出境旅客名单》（无出境旅客免交）《船员名单》（无出境旅客免交）《船舶进出境（港）海关监管簿》（外籍船舶免交）《船舶吨税执照》及海关监管需要的其他单证。

海关在接受上述有关申报单证并经审核符合监管条件后，可作出放行决定，船舶可以进入关境或驶离关境。

（三）海关对国际航行船舶停港期的监管

国际航行船舶在停港期间装卸进出口货物、物品或上下进出境人员，应当如实向海关申报并接受海关检查。进口货物、物品起卸完毕后，国际航行船舶负责人应在24小时递交反映实际起卸情况的交接单据和双方登记的溢、短、误、损记录。

经海关确认的溢卸、误卸货物，从起卸之日起3个月内，可由原装载船舶负责人或货物所有人向海关办理退运或进口手续。过期不办的，由海关依法办理。

国际航行船舶装载出口货物前，货物代理人应将预装清单报送海关。海关监管出口货物装船的依据是经海关签章放行的装货单。出口货物发生退载的，船舶负责人或其代理人应予货物装船完毕前向海关报明。

国际航行船舶在停港期间，船舶、船员所有烟酒应由海关加封。对船用物料和船舶船员所有的货币、金银可由海关视情况予以加封，船舶负责人有保护海关封志完整的义务。启封前应报经海关核准。

国际航行船舶如添装卸船用燃料、物料或船舶间调拨船用燃料、物料、物品、公用烟酒、食品，其负责人须编制清单，报请海关核准，并在海关监管下进行。

国际航行船舶起卸处理扫舱地脚和废旧物料，其负责人应书面向海关申请，由境内有经营权的单位向海关办理有关手续。

（四）船舶吨税的缴纳

船舶吨税是海关代表国家交通管理部门在设关口岸对进出我国国境的船舶征收的用于航道设施建设的一种使用税。

船舶吨税的征收对象是：使用我国港口或行驶于我国港口之间的外籍船舶、外商租用的中国籍船舶，中外合营企业租用的外籍船舶。

船舶吨税自船舶申报进境之日起征收，并分3个月期缴纳和30天期缴纳两种，纳税人（亦即船舶负责人）可根据船舶航行的船次、航期和滞留港口时间自行选择纳税种类，如按3个月期缴纳的，按法定税级税率征收吨税，如按30天期缴纳的，按法定税级税率减半征收吨税。纳税人（船舶负责人）应自海关签发吨税缴款书之日起5日内缴清吨税，并由海关签发船舶吨税执照。

国际航行船舶船员携带自用物品上下船，亦应按规定向海关申报，办理有关手续。

（五）来往港澳小型船舶的通关

1. 来往中国香港、澳门小型船舶是指经交通部或者其授权部门批准，专门来往于内地和中国香港、澳门之间，在境内注册从事货物运输的机动或非机动船舶。

2. 小型船舶中的拖带船舶和被拖带船舶应按交通部或其授权部门批准的配对编号进行运输。

3. 小型船舶应按规定向指定的海关监管站（大铲岛、湾仔、桂山岛、大三门岛）办理海关关封和舱单确认手续；经海关监管站在《海关监管簿》上签批后，方可继续驶往境内目的港，同时应当将海关制作的关封完整无损地带交目的港海关。

4. 小型船舶从中国香港、澳门驶入内地境内口岸或者从内地境内口岸驶向中国香港、澳门时，小型船舶负责人应持《海关监管簿》向指运地或启运地口岸的海关递交下列单证进行申报：

(1)《船舶报告书》；

(2)《船舶载货清单》（无货的免交）；

(3)《旅客清单》（无旅客的免交）；

(4)《船员清单》（船舶报告书内列有船员名单的可免交）；

(5)《船舶航行签证簿》（由海关签证后发还）；

(6) 海关监管需要的其他单证。

二、国际民航机通关

国际民航机除特准的以外，只准在国际航空站降停或起飞。国际航空站应于飞机降停或起飞前两个小时通知海关，经海关同意后，方可上下旅客，驳卸货物、邮件、物品。

（一）进境民航机

国际民航机在降停后，机长或其代理人应持有关单证向海关申报。其中，申报的单证有入境和过境旅客以及行李物品舱单、进口和过境的货物、物品、金银清单，进口货物货运单及机组人员及其自用物品、货币、金银清单等。

留置在飞机上的机用燃料、油料、零备件、正常设备、供应品及金银、货币等物品，必要时需接受海关检查或加封。机长应保护海关封志的完整，不准出售或移作他用。卸下上述物品以备本民航企业所属飞机使用的，也应接受海关监管检查，并存放在海关同意的仓库场所，使用或复运出口时，向海关申报核销。

（二）出境民航机

国际民航机在出境起飞前，机长或其代理人持有关单证向海关申报。其中，申报的单证有出境旅客及行李物品舱单、出口货物、邮件和其他物品舱单、出口货物运单及机组人员及其自用物品、货币、金银清单等。

飞机申报添装机用燃料、油料、零备件、正常设备、供应品等物品，应向海关报明，接受监管，不需交税。

飞机停站期间，海关监管货物、行李、邮件的装卸，监管旅客和机组人员的上下机和监管机用物料、燃料、金银和货币。

三、国际联运列车通关

国际联运列车必须在中国境内设有海关的边境进出车站停留，接受海关检查和监管。

（一）申　报

国际联运列车必须在我国境内设有海关的边境进出车站停留，接受海关监管和检查。进出境车站应向海关递交反映进出境列车载运的货物、物品以及上下进出境旅客等实际情况的交接单据及商务记录，同时将列车驶入或驶离进出境列车站的时间、车次、停发地点等事先通知海关。

进境列车自到达进境车站起到海关检查完毕止；出境列车自海关开始检查起到海关放行止，未经海关许可不得移动、解体（客车改轮除外），或擅自驶离进出境车站。海关对进出境列车进行检查时，除口岸有关检查、检疫部门和铁路执行职务人员外，其他人员不得上下列车。

进出境列车装卸进出境货物、物品，上下进出境旅客，应当接受海关监管。货物、物品装卸交接完毕，车站应当向海关递交反映实际情况的交接单据及商务记录。海关查验进出境货物、物品，发现有走私情形或走私嫌疑的，可以书面通知车站将货物、物品卸到海关指定地点或将有关车辆调到指定地点进行处理。

海关监管货物、物品，无论在海关监管区内或区外存放，均应接受海关监管。海关派往车站、货运监管区的仓库、货物换装场所的人员执行监管任务时，应当遵守铁路有关规定，必要时须出示证件。铁路各部门应予配合。

进出境列车驶离进出境车站的时间、车次、停发车地点，车站应事先通知海关。对进出境货物列车，车站应向海关递交列车编组顺序表和货物交接单。

海关检查列车结束，应及时通知进出境车站。如果在进境旅客列车停留时间内检查不完，海关可以派员随车继续检查，由进境车站站长按规定提供至最近前方停车站往返免费乘车证和工作条件。

• 进出境列车载运的货物、物品，由进出境车站向海关递交下列单据：

（1）货物运单或行李、包裹运行报单及添附文件；

（2）货物交接单或行李、包裹交接单；

（3）海关需要的其他有关文件。

• 进口货物（含包裹）的收货人、出口货物（含包裹）的发货人或者他们的代理人办理货物进出口手续时，应当填写进出口货物报关单，向海关申报，并按规定交验下列单据：

（1）货物运单（或包裹运行报单）及添附文件；

（2）进出口货物许可证件；

（3）海关需要的其他文件。

进境的起票行李、出境的托运行李，由行李的所有人向海关办理进出口手续。

（二）查验与放行

海关查验货物时，进出境车站应当派人按照海关的要求负责开拆车辆封印、开启车门或揭开篷布；货物的收、发货人或其代理人应当搬移或起卸货物，开拆或重封货物的包装。海关认为必要时，可以自行开验、复验或提取货样。海关应对提取货样的名称、数量出具证明。因不符合我国进口管理规定，海关决定退运境外的货物、物品，车站凭海关书面退运通知办理有关手续；因违反国际铁路联运规定的拒收货物，海关凭铁路部门的拒收记录准予退运。

海关对准予放行的进出境货物、物品，在货物运单或行李包裹运行报单上加盖放行章，铁路方可交付或运往境外。

转关运输货物起运之前，海关对有关单证、货物、物品查核无讹后，在货物运单上加盖“海关监管货物”戳记，连同关封退还车站凭以起运。海关关封由车站转交列车负责人，连同运单一起带交指运地或出境地海关。

海关监管货物，如果变更国内到站或出境站，办理变更的车站应通知海关。变更后的指运站或出境站必须是设有海关的车站。有关车站应当将海关关封转交列车负责人连同运单一起带交变更后的指运地或出境地车站海关。如果指运地车站没有海关，则只有在变更申请人取得指运地车站就近海关同意的情况下，入境地车站才能受理变更。

四、进出境汽车通关和来往港澳汽车的通关

进出境汽车运输是我国与毗邻国家和地区进行联系、交流物资的主要运输工具。它具有运输灵活、方便、快捷的特点。公路汽车运输对加快进出口货物的运输、提高周转速度具有重大意义。对经济发展速度较快的毗邻港澳的华南地区来说，来往港澳的汽车更是大陆与港澳之间的重要运输工具。

（一）进出境汽车通关

汽车进出国境必须经设有海关的地方通过，并且在海关规定的地点停留，向海关申报，接受海关检查。装载进出口货物的汽车，向海关申报进出国境的时候，应当由汽车驾驶人员向海关交验载货清单（或者运单）一份。

进境汽车自进境起到办结该车辆及其所载货物的海关手续前，出境汽车自发车起到该车辆及其所载货物办结海关手续前，驾驶人员必须将《签证簿》所列项目填写清楚，其中对进境的汽车，还应申明在境内停留的时间。装载进出口货物的汽车，还应向海关交验载货清单一份。海

关检查汽车的时候，汽车驾驶人员和押运人员应当在场，并且按照海关的要求开拆车上必要的部件或者搬移货物。需到另一设关口岸办理放行手续的，应交验载货清单 3 份。进出境汽车经海关查验并在《签证簿》上签印放行后，方可继续内驶或出境。

（二）来往港澳汽车的通关

来往中国香港、澳门汽车包括专营客运、货运车辆，境内外企业、厂商自有的运输车辆和个人自用、不承运客、货的其他车辆；

来往中国香港、澳门车辆必须向海关申请登记，办理登记手续时，需交验下列证件：

1. 政府主管部门准其进出境的批准文件及行驶证件；

2. 工商行政管理部门签发的经营客、货运输车辆所属企业的营业执照；

3. 经海关认可的境内单位出具的保证函（或交纳保证金）；经海关审核符合规定的车辆，发给《来往香港、澳门汽车进出境签证簿》。

五、进出境邮包的通关

邮运进出境的物品，经海关查验放行后，有关经营单位方可投递或者交付。由邮袋承装经邮递进出境的邮包是邮运进出境物品中的主要部分，也是海关管理的重点，是否准许进出境，应否征税或可免税等都需在办理通关手续时由海关审核确定。经海关查验放行，邮政企业方可封发。

（一）进出境邮包的申报

进出境邮包的申报方式是由特殊的邮递运输方式决定的。我国是《万国邮政公约》的签约国，自然应遵守公约的有关规定。根据《万国邮政公约实施细则》的规定，进出境个人邮包必须由寄件人填写“报税单”（小包邮件填写绿色验机标签），列明所寄物品的名称、价值、数量，向邮包寄达国家的海关申报。除出境个人邮包如在设有海关的地方寄出，寄件人应直接向当地驻邮政企业的海关申报并呈验外，通常是随同物品通过邮政企业呈递给海关的。申报人对申报是否属实负有法律责任。

（二）进出境邮包接受查验

进出境邮包中除按规定享受免税待遇者外，都必须通过海关查验。海关查验的目的是核对邮包内装物品与申报是否一致，有无禁限制品，有无超出自用合理数量，并以此确定邮包内装物品的征免验放措施。查验在设有海关办事机构的邮政企业进行。除设有海关驻邮政企业办事处的市区内的出境个人邮包由寄件人向海关申报交验外，其余的出境个人邮包和所有进境个人邮包均由邮政企业代理收、寄件人向海关办理申报查验手续，负责邮包的开拆和重封。海关查验采用“机验”和“开验”的方式进行。

（三）进出境邮包的纳税

进境邮包中的物品（享受免税除外），均应由收件人或其代理人按照《入境行邮物品进口税税率表》向海关缴纳进口税。海关对应税物品按《行邮物品税则归类表》进行归类，确定适用税率。由于进境邮包收件人分散，为便利纳税人就地纳税并使税款能及时入库，海关委托邮政企业代收进口税。进出境个人邮包查验完毕，应税物品缴纳进口税，并经复核放行后，有关邮政企业方可投递。在海关放行前，邮政企业应承担有关物品的保管责任。

（四）各种特殊情况的处置

1. 退寄邮包的处置

超出限值规定或不准进境的邮包，除经海关特准以外，应由收件人或其代理人在接到海关通知之日起 3 个月内退寄境外（港澳邮包由邮政企业直接退寄）。过期不退，由邮政企业送交海关变卖处理。收件人拒收的邮包或要求退寄的邮包，也按上述办法处置。

2. 改寄邮包的处置

进口个人邮包若因收件人搬迁别处，或收件人要求改寄其他地方，其处置规定是：改寄其他国家（地区），须经海关查验后放行；改寄国内，属邮政企业业务范围，海关一般不予过问；改寄涉及应税物品，应办妥注销进口税手续。

3. 放弃邮包的处置

凡收件人拒收又要求不退寄并声明放弃的，或寄件人在报税单上声明如无法投递则放弃的邮包，企业定期送海关变卖处理。

思考题

1. 何谓进出境运输工具？
2. 进出境运输工具通关的基本程序是什么？
3. 进出境运输工具的基本通关规则有哪几项？

第九章

海关稽查

建立健全海关稽查制度，是为了加强海关监督管理，维护正常的进出口秩序和当事人的合法权益，保障国家税收收入，促进对外贸易的发展。

稽查作为一种新型的海关监管措施，在规范进出口活动当事人合法经营、促进进出口活动当事人守法自律、打击走私行为、堵塞关税流失漏洞、维护正常贸易秩序、强化海关后续监管方面发挥了重要作用，它已经成为了现代各国海关普遍实施并取得显著成效的行政执法手段。

第一节　海关稽查

所谓海关稽查，系指海关为了有效地监督进出口活动的合法性与真实性，在实际放行包括保税货物、减免税货物在内的进出口货物之后的规定期限内，有重点地、有针对性地对与进出口货物直接有关的企业、单位的会计账册、会计凭证、报关单证和反映进出口活动真实情况的相关资料等商业记录进行书面稽查，并实地查对有关进出口货物的使用情况和实际去向。

自进出口货物放行之日起3年内或者在保税货物、减免税进口货物的海关监管期限内，对被稽查人的会计账簿、会计凭证、报关单证以及其他有关资料和有关进出口货物进行核查，监督被稽查人进出口活动的真实性和合法性。

中国海关实行稽查制度，依法在规定期限内对进出口相关企事业单位的会计账册和其他资料以及相关货物进行核查，以确定企业进出口活动的合法程度。《海关稽查结论》是鉴定进出口相关企事业单位资信的重要依据。稽查中发现违规情事的，海关得以对被稽查人作出行政处罚。

进出口相关企事业单位应根据《中华人民共和国会计法》及其他法规规定设置、编制会计账簿、会计凭证、会计报表和其他会计资料，建立健全财务管理制度，真实、准确、完整地记录和反映进出口活动；同时，应按法律规定的保管期限保管会计账簿、会计凭证、会计报表和其他会计资料，按海关稽查期限保管进出口报关单证、合同以及与进出口业务直接有关的其他资料。

一、海关稽查的范围

- 从事对外贸易的企业、单位；
- 从事对外加工贸易的企业；
- 经营保税业务的企业；
- 使用或者经营减免税进口货物的企业、单位；
- 从事报关业务的企业；
- 其他从事与进出口活动直接有关的企业、单位。

海关和海关工作人员执行海关稽查职务。应当客观公正，实事求是，廉洁奉公，保守被稽查人的商业秘密，不得侵犯被稽查人的合法权益。

二、海关稽查的内容与期限

（一）海关稽查的内容

海关稽查的内容为：（1）被稽查人的会计账簿；（2）会计凭证；（3）报关单证；（4）其他有关单证和有关货物。

被稽查人应当按照有关法律法规规定的保管期限，保管会计账簿、会计凭证、会计报表和企业会计资料。报关单证、进出口单证、合同以及与进出口业务直接有关的其他资料，应当自进出口货物放行之日起保管3年。

（二）海关稽查的期限

1. 进出口货物海关放行之日起3年内；
2. 保税货物进境之日起至结关后3年内；

3. 免税进口货物在海关监管期内。

三、海关稽查程序

海关稽查程序分三个阶段：稽查准备—稽查实施—稽查处理。

（一）稽查准备

1. 收集资料：收集与进出口活动直接有关的企业单位的有关进出口货物购买、进口、销售、加工、使用、损耗、库存等情况的会计总资料。

2. 确定重点：根据有关进出口企业和进出口商品的具体情况，制定年度工作计划，确定海关稽查重点。

（二）稽查实施

1. 书面通知

海关决定对企业实施稽查时，提前 3 日将《海关稽查通知书》送达企业，企业收到通知书后应及时与海关联系，并按通知中的稽查范围准备相应账册、业务单证及有关资料。

当企业有重大违法嫌疑，企业的会计账簿、会计凭证、会计报表、会计电算化资料、报关单证等有关资料或进出口货物可能被擅自转移或毁弃，以及特殊情况海关认为有必要时，海关可不事先通知企业而径行稽查。径行稽查时海关将《海关稽查通知书》当面送达企业。

2. 进行稽查

稽查人按有关规定，对被稽查人有关会计资料、货物以及其他问题进行稽查，行使查问、复制、检查、查询封存等权利。

海关实施稽查时，企业应配合海关稽查工作，其法定代表人或主要负责人或其授权代表应到场，如实反映情况，并提供必要的工作条件。

在此阶段，海关稽查人员查阅、复制企业的账簿、单证等有关资料。企业应按海关要求提供有关资料，协助清点、复制，并在复印件上签字、盖章。当海关稽查人员认为有必要时，可对企业的账簿、单证等有关资料实施封存。封存时海关出具《封存通知书》，并对账簿、单证等有关资料加贴海关专用封志。企业在对封存物清点后应当在《封存通知书》所附清单上签字（盖章）。当海关稽查人员认为有必要时，可对企业有关人员制作《询问笔录》，企业有关人员应如实回答海关工作人员的提问，询问结束后在《询问笔录》上签字（盖章）。

当海关稽查人员认为有必要时，可对企业的生产经营场所和进出口货物存放场所进行检查。检查时，企业的法定代表人或主要负责人或其授权代表应到场，按照海关的要求开启场所、搬移货物，开启、重封货物的包装。检查结束后，企业应在海关工作人员填写的《检查记录》上签字（盖章）。

3. 提出报告

企业收到稽查报告后，应在7日内向稽查组提出书面意见，逾期未提交的，视为无意见。

海关在收到企业反馈的稽查报告之日起30日内作出《海关稽查结论》，并送达企业。稽查结束。海关在稽查中发现企业有走私、违反海关监管规定行为嫌疑的，移交海关调查部门立案调查。

（三）稽查处理

经海关稽查，发现关税或者其他进口环节的税收少征或者漏征的，由海关依照海关法和有关税收法律、行政法规的规定向被稽查人补征；因被稽查人违反规定而造成少征或漏征的，由海关依照海关法和有关税收法律、行政法规的规定追征。稽查人在海关规定的期限内仍未缴纳税款的，海关可以依照海关法第三十七条第一款的规定采取强制执行措施。对有违规和走私行为的处以行政处罚，对构成犯罪的移交有关机关，依法追究刑事责任。

依照《中华人民共和国海关稽查条例》第十六条的规定封存的有关进出口货物，经海关稽查排除违法嫌疑的，海关应当立即解除封存；经海关稽查认定违法的，由海关依照海关法和海关法行政处罚实施细则的规定处理。经海关稽查，认定被稽查人有违反海关监管的行为的，由海关依照海关法和海关法行政处罚实施细则的规定处理。

经海关稽查，发现被稽查人有走私行为，构成犯罪的，依法追究刑事责任；尚不构成犯罪的，由海关依照海关法和海关法行政处罚实施细则的规定处理。海关通过稽查决定补征或者追征的税款，没收的走私货物和违法所得以及收缴的罚款，全部上缴国库。

被稽查人有下列行为之一的，由海关责令限期改正，逾期不改的，处以10000~30000元的罚款；情节严重的，取消其报关资格，对负有直接责任的主管人员和其他直接责任人员处以1000~5000元的罚款：

- 向海关提供虚假情况或者隐瞒重要事实的；
- 拒绝、拖延向海关提供账簿、单证等有关资料的；
- 转移、隐匿、篡改、毁弃账簿、单证等有关资料的。

被稽查人未按照规定设置或者编制账簿、单证等有关资料的，由海关责令限期改正，逾期不改的，处10000~50000元的罚款；情节严重的，取消其报关资格，对负有直接责任的主管人员和其他责任人员处1000~5000元的罚款。

海关工作人员在稽查中玩忽职守、徇私舞弊、滥用职权，或者利用职务上的便利、收受、索取被稽查人的财物，构成犯罪的，依法追究刑事责任；尚不构成犯罪的，依法给予行政处分。

四、被稽查人的权利和义务

（一）被稽查人的权利

1. 依法经营的权利；
2. 守法企业享有进出口通关便利；
3. 对稽查结论有权提出自己的意见；
4. 对海关实施稽查的决定，有权申请复议直至向人民法院提出诉讼；
5. 对稽查人员的工作，有权进行监督，提出意见；
6. 对稽查人员违法、违纪行为和其他不正当行为，有权提出控告和诉讼。

（二）被稽查人的义务

1. 接受并配合海关稽查工作；
2. 按规定编制、保管、上报有关账簿单证等会计资料；

3. 在海关查阅、复制会计账簿等资料和检查生产经营、货物存放场所时，被稽查人应派人到场，按海关要求清点账簿，打开货物存放场所，搬移货物或开启货物包装。

第二节　查缉走私

走私活动破坏国家的对外贸易管理，冲击国内的工农业生产，扰乱市场和金融，妨碍社会治安，败坏道德风尚，是一种严重侵害社会秩序和经济秩序的违法犯罪活动。特别对一些危害严重的重大走私犯罪活动，需要从严惩处。

一、走　私

根据中国《海关法》和《海关法行政处罚实施细则》的规定，走私系指违反有关进出口管理的法律、法规，逃避海关监管，以偷逃关税或者携运国家禁止、限制进出口货物和进出境物品为目的的行为。

中国海关法根据走私的程度和情节将走私分为：走私罪和走私行为两大类。此外，还规定有违反海关监管规定的行为。

（一）走私罪

1. 走私罪系指违反海关法律法规，非法运输、携带、邮寄货物、货币、金银或其他物品进出境，逃避海关监管，偷逃关税，情节严重的行为。有下列行为之一的为走私罪：

（1）运输、携带、邮寄国家禁止进出口的毒品、武器、伪造货币进出境的，以牟利、传播为目的的运输、携带、邮寄淫秽物品进出境的，或者运输、携带、邮寄国家禁止出口的文物出境的。

（2）以牟利为目的，运输、携带、邮寄除上述物品外的国家禁止进出口的其他物品、国家限制进出口或者依法应当缴纳关税的货物、物品进出境，数额较大的；

（3）未经海关许可并补缴关税，擅自出售特准进口的保税货物。特定减税或者免税的货物，数额较大的。

2. 以武装掩护走私的，以暴力抗拒检查走私货物、物品的，不论数额大小，都是走私罪。

有下列行为之一的，按走私罪论处：

（1）直接向走私人非法收购国家禁止进口的物品的，或者直接向走私人非法收购走私进口的其他货物、物品，数额较大的；

（2）在内海、领海运输、收购、贩卖国家禁止进出口的物品的，或者运输、收购、贩卖国家限制进出口的货物、物品，数额较大，没有合法证明的。

3. 构成走私罪的违法行为首先是发生在进出境时的违反海关法规的行为。如运输、携带、邮寄国家禁止进出口的毒品、武器、伪造货币进出境的；以牟利、传播为目的，运输、携带、邮寄淫秽物品进出境的；或者运输、携带、邮寄国家禁止进出口的文物出境的。

（1）以牟利为目的，运输、携带、邮寄除前项所列物品外的国家禁止进出口的其他物品、国家限制进出口或者依法应当缴纳关税的货物、物品进出境，数额较大的；未经海关许可并补交关税，擅自出售特准进口的保税货物、特定减免税或者免税的货物数额较大的等。

（2）构成走私罪的违法行为必须具有以逃避海关监管为特征，即采用不正当的方式、方法，躲避海关的监督管理。如不经过设立海关的地点运输、携带、邮寄国家禁止进出境、限制进出境及其他应纳税的货物、物品进出境的；或虽经设立海关的地点进出境但是采用藏匿、伪报、伪装、瞒报等方式运输、携带、邮寄货物、物品进出境的；还有未经海关许可并补缴关税出售特定减免税货物等。

（3）构成走私罪还应有情节严重的特征，即指走私的货物、物品数额较大。数额较大的具体标准 1988 年 1 月通过的《全国人民代表大会常务委员会关于惩治走私罪的补充规定》作了具体规定：个人走私货物、物品数额在两万元以上的。企事业单位走私货物、物品数额 30 万元以上的。其数额的确定应以犯罪查获时当地的国营商业零售价计算，价格无法确定的，由主管部门估定。另外，情节严重还应包括走私手法恶劣，走私货物、物品性质严重的。如以武装掩护走私，以暴力抗拒海关检查，走私毒品、珍贵文物等，不论数额大小，都构成走私罪。

4. 根据1988年《关于惩治走私罪的补充规定》，情节严重的逃、套外汇行为亦要以走私罪论处。

在实践当中，判定走私罪往往容易同一些相关罪名相混淆。因此，通过走私罪同其他相关罪名特征的区别，能够进一步区别走私罪，按走私罪论处行为的法律特征。

（1）走私罪与投机倒把罪。走私罪、投机倒把罪是两个不同的刑法上的罪名，在大多数情况下也是不可能混淆其界限的，但涉及处理贩私案件时，往往会遇到二者相混淆的情况。区分这两个罪的界限，关键是犯罪行为所侵害的客体，即侵害的社会关系。违反海关法规，逃避海关监管、检查，破坏国家对外贸易管制的是走私罪。而违反财政、金融、外汇、金银、工商管理法规，破坏市场管理秩序的行为属于投机倒把罪。

因此，走私人携带、运输私货入境，不论到何地出售都是走私罪的继续，是构成走私的行为。直接向走私人购买私货或在内海、领海运输、收购、贩卖国家限制进出口的货物、物品，数额较大的，没有合法证明的，是以走私罪论处的行为。除此之外的倒卖走私货物的行为如第二手、第三手倒卖私货的行为应以投机倒把罪论处。

（2）走私罪与盗运珍贵文物出口罪。走私罪和盗运珍贵文物出口罪分别规定在破坏社会主义经济秩序和妨碍社会管理秩序两大类犯罪中。这两大类犯罪在犯罪的主体，犯罪的客体方面又有其共同点，即都是实施了逃避海关监管、检查而进出境的行为。走私罪的犯罪客体是破坏国家对外贸易管制，犯罪的对象是国家禁止出口、限制出口或者需要依法缴纳关税的物品。而盗运珍贵文物出口罪，不仅违反了海关法规，更重要的是违反了国家文物保护法规，其侵犯的直接客体是国家对珍贵文物的管理制度，盗运珍贵文物出口罪的犯罪对象仅限于国家珍贵文物。

由于走私不同的文物出口涉及不同的罪名，有不同的刑法标准，因此，在出现非法携带、运输文物出境的情况，要特别区分文物的性质，是属于一般文物还是珍贵文物，从而确定行为的性质，防止罚不当罪的情况出现。

（二）走私行为

1. 走私行为是指违反海关法律法规，逃避海关监管，情节较轻的行为。违反《海关法》及有关法律、行政法规，逃避海关监管，偷逃应纳税款、逃避国家有关进出境的禁止性或者限制性管理，有下列情形之一的为走私行为：

（1）运输、携带、邮寄国家禁止或者限制进出境货物、物品或者依法应当缴纳税款的货物、物品进出境的；

（2）未经海关许可并且未缴纳应纳税款、交验有关许可证件，擅自将保税货物、特定减免税货物以及其他海关监管货物、物品、进境的境外运输工具，在境内销售的；

（3）有逃避海关监管，构成走私的其他行为的。

2. 有前款所列行为之一，尚不构成犯罪的，由海关没收走私货物、物品及违法所得，可以并处罚款；专门或者多次用于掩护走私的货物、物品，专门或者多次用于走私的运输工具，予以没收；藏匿走私货物、物品的特制设备，责令拆毁或者没收。有第一款所列行为之一，构成犯罪的，依法追究刑事责任。

有下列行为之一的，按走私行为论处，依照《海关法》第八十二条的规定处罚：

（1）直接向走私人非法收购走私进口的货物、物品；

（2）在内海、领海、界河、界湖、船舶及所载人员运输、收购、贩卖国家禁止或者限制进出境的货物、物品，或者运输、收购、贩卖依法应当缴纳税款的货物，没有合法证明的。

伪造、变造、买卖海关单证，与走私人通谋为走私人提供货款、资金、账号、发票、证明、海关单证，与走私人通谋为走私人提供运输、保管、邮寄或者其他方便，构成犯罪的，依法追究刑事责任；尚不构成犯罪的，由海关没收违法所得，并处罚款。

从以上走私罪与走私行为特征可以看出一般走私行为与走私罪区别的主要标志是：是否情节严重，情节严重就构成走私罪，否则属走私行为。

二、海关缉私

根据中国海关法律法规的规定，海关负责其所在的港口、国界孔道、国际航空站、国际列车站、国际邮件交换局及其他有海关监管业务的场所和沿海、沿边地区的查缉走私工作。上述地方以外的查缉走私工作，由公安、工商行政管理、税务、外汇管理机关和海防、边防部队按照海关法律法规，结合各自的任务进行。

2001 年新《海关法》目前已进入实施阶段，确立了海关缉私的新体制，充实了海关的缉私权力。新海关法明确规定国家在海关总署设立专门侦察走私犯罪的公安机构，配备专职缉私警察，负责对其管辖的走私犯罪案件的侦察、扣留、执行逮捕、预审。国家实行联合缉私、统一处理、综合治理的缉私体制。同时加大了对走私犯罪行为的惩罚力度，严格了违反海关监管规定和执法人员违反行为规则所应承担的法律责任。海关是查缉走私的职能部门。

三、对走私罪、走私行为的处理

（一）对走私罪的处理

犯走私罪的，由人民法院依法判处刑事处罚，包括处罚金，判处没收走私货物、物品、走私运输工具和违法所得。

企业事业单位、国家机关、社会团体犯走私罪的，由司法机关对其主管人员和直接责任人员依法追究刑事责任；对该单位判处罚金，判处没收走私货物、物品、走私运输工具和违法所得。

具体对走私案件的处理原则有：

1. 对于政治破坏性的、武装的走私，应该严厉惩办，没收走私物品，处以罚款，并且将人犯送法院究办；

2. 对于集团性走私，加以严惩，没收走私物品，处以罚款，并且将集团中的首要、骨干分子送法院究办；

3. 对于惯常的走私，大量的走私，伪造冒用国家机关证件的走私，国家工作人员利用职权的走私，勾结工作人员的走私，以及毒品、珍贵文物等的走私，应该将走私物品没收，处以罚款，并且将走私人送法院究办，对于情节较轻、不够判处刑事处分的，应该送公安部门处理。

人民法院判处没收的走私货物、物品、违法所得、走私运输工具和罚金，海关判定没收的走私货物、物品、违法所得和罚款，全部上缴国库。法院判处没收的和海关没收的走私货物、物品、走私运输工具，由海关依照国务院的规定处理，上缴国库。

（二）对走私行为的处理

1. 走私国家禁止进出境的物品，没收走私物品和违法所得，可以并处人民币5万元以下的罚款；

2. 走私国家限制进出口或者依法应当缴纳关税的货物、物品的，没收走私货物、物品和违法所得，可以并处走私货物、物品等值以下或者应缴税款3倍以下的罚款；

3. 伪报、瞒报进口货物价格偷逃关税的，没收违法所得，可以并处偷逃关税金额3倍以下的罚款；

4. 专门用于掩护走私货物、物品，应当没收；藏匿走私货物、物品的特制设备，应当没收或者责令拆毁。走私货物、物品无法没收时，应当追缴走私货物、物品的等值价款。

对两人或者两人以上共同所为的走私行为，应当区别情节及责任，分别给予处罚；知情不报并为走私人提供方便的，没收违法所得，可以并处违法所得两倍以下的罚款；没有违法所得的，处人民币5000元以下的罚款；为走私准备工具、制造条件的，比照前四项规定，从轻处罚。

有下列情形之一的，可以从轻或者免予处罚：

（1）走私情节轻微的；

（2）当事人主动交待、检举立功的；

（3）走私行为在3年以后发现的。

四、违规行为及处罚

违规行为系指违反海关法规但不构成走私行为的，即违反海关监管规定的行为。

海关监管的对象包括进出境的运输工具、货物、物品。针对监管工作的需要，海关法规定了进出境运输工具的负责人、货物的收发货人和物品的所有人及他们的代理人在运输工具、货物、物品进出境时应履行的法定义务，如以上人员不依法履行义务，均构成了违反海关法规的行为。

• 违反国家进出口管理法规，没有领取许可证擅自进出口货物的，没收货物或者责令退运；经发证机关核准补发许可证的，处货物等值以下的罚款。

• 有下列行为之一的，处货物、物品等值以下或者应缴税款两倍以下的罚款：

(1) 逃避海关监管，运输、携带、邮寄货物、物品进出境，但有关货物、物品不属于国家禁止进出境的物品、国家限制进出口或者依法应当缴纳关税的货物、物品的；

(2) 未经海关许可，擅自开拆、提取、交付、发运、调换、改装、抵押或者转让海关监管货物的或者海关尚未放行的进出境物品的；

(3) 经营保税货物的运输、储存、加工、装配、寄售业务，有关记录不真实或者数量短少不能提供正当理由的；

(4) 未经海关许可，将特定减免税或者免税进口的货物、物品移作他用的；

(5) 进出境货物的品名、数量、规格、价格、原产国别、贸易方式、消费国别、贸易国别或者其他应当申报不实的；

(6) 不按照规定期限将暂时进出口货物复运出境或者复运进境，擅自留在境内或者境外的；

(7) 不按照规定期限将过境、转运、通运货物运输出境，擅自留在境内的；

(8) 未经海关批准并补缴关税，擅自转让进出境运输工具的自用物料、物品的。

• 有下列行为之一的，处人民币 5 万元以下的罚款：

（1）未经国务院或者国务院授权的机关批准，运输工具不经设立海关的地点进出境的；

（2）在海关监管区停留的进出境运输工具，未经海关同意擅自驶离的；

（3）进出境运输工具从一个设立海关的地点驶往另一个设立海关的地点，尚未办结海关手续又未经海关批准，中途改驶境外或者境内未设立海关的地点的。

• 有下列行为之一的，处人民币3万元以下的罚款：

（1）进出境运输工具到达或者驶离设立海关的地点，未按照规定向海关交验有关单证或者交验的单证不真实的；

（2）不按照规定接受海关对进出境运输工具、货物、物品进行检查、查验的；

（3）进出境运输工具未经海关同意，擅自装卸进出境货物、物品或者上下进出境旅客的；

（4）进出境运输工具未经海关同意，擅自兼营境内客货运输或者用于进出境运输以外的其他用途的；

（5）进出境运输工具未按照有关规定办理海关手续，擅自改营境内运输的；

（6）经营保税货物的储存、加工、装配、寄售业务。不按照规定办理收存、交付、核销手续，或者中止、延长、转让有关合同不按照规定向海关办理手续的；

（7）在海关监管区以外存放海关监管货物，未经海关同意或者不接受海关监管的；

（8）擅自开启或者损毁海关加施于运输工具、仓库场所或者货物的封志的。

• 有下列行为之一的，处人民币2万元以下的罚款：

（1）进境运输工具在进境以后向海关申报以前，出境运输工具在办结海关手续以后出境以前，不按照交通主管机关或者海关指定的路线行进的；

(2) 载运海关监管货物的进出境船舶、汽车不按照海关指定的路线行进的;

(3) 进出境船舶和航空器,由于不可抗力被迫在未设立海关的地点停泊、降落,以及抛掷或者起卸货物、物品,不向附件海关报告而无正当理由的。

• 有下列行为之一的,责令补税或者将有关物品退运,可以并处物品等值以下的罚款:

(1) 个人携带、邮寄超过海关规定数量但数额较小仍属自用的物品进出境,未向海关申报的;

(2) 个人携带、邮寄物品进出境,向海关申报不实,或者不接受海关查验的;

(3) 经海关登记准予暂时免税进境或者出境的物品,未按规定复带出境或者进境的;

(4) 未经海关批准,过境人员将其所带物品留在境内的。

• 有下列行为之一的,处人民币1000元以下的罚款:

(1) 无特殊原因,未将进出境运输工具到达的时间、停留的地点或者更换的时间、地点事先通知海关的;

(2) 擅自开启、损毁海关加施于物品的封志的;

(3) 违反海关法规,致使海关不能或者中断对进出境运输工具、货物、物品实施监管的。

携带、邮寄国家禁止进出境的物品进出境,在海关检查以前主动报明的;分别按规定予以没收或者责令退回,并可酌情处以罚款。

• 违反海关监管规定的行为在3年以后发现的,免予处罚。

根据2001年新《海关法》规定:海关依法扣留的货物、物品、运输工具,在人民法院判决或者海关处罚决定作出之前,不得处理。但是,危险品或者鲜活、易腐、易失效等不宜长期保存的货物、物品以及所有人申请先行变卖的货物、物品、运输工具,经海关关长或者其授权的隶属海关关长批准,可以先行依法变卖,变卖所得价款由海关保存,并通知其所有人。人民法院判决没收或者海关决定没收的走私货物、物品、违法所得、走私运输工具、特制设备，由海关依法统一处理，所得价款和海关决定处以的罚款，全部上缴中央国库。

当事人逾期不履行海关的处罚决定又不申请复议或者向人民法院提起诉讼的，作出处罚决定的海关可以将其保证金抵缴或者将其被扣留的货物、物品、运输工具依法变卖抵缴，也可以申请人民法院强制执行。

海关违法扣留货物、物品、运输工具致使当事人的合法权益受到损失的，应当依法承担赔偿责任。

思考题

1. 海关稽查的内容是什么？
2. 什么是走私罪？什么是走私行为？
3. 我国海关为什么要查禁走私？

第十章

知识产权海关保护

中国国务院于1995年7月5日发布了《中华人民共和国知识产权海关保护条例》（以下简称《条例》），旨在维护正常的国际贸易秩序，加强对知识产权的保护，促进经济健康发展，该条例于1995年10月1日起施行。2003年11月26日国务院第30次常务会议通过了新的《中华人民共和国知识产权海关保护条例》，自2004年3月1日起施行。

2000年7月8日，全国人民代表大会常务委员会第十六次会议通过了《关于修改〈中华人民共和国海关法〉的决定》。修正后的《中华人民共和国海关法》将于2001年1月1日起施行。修订后的《海关法》的第四十四条和第九十一条就知识产权海关保护作出如下规定：第四十四条：海关依照法律、行政法规的规定，对与进出境货物有关的知识产权实施保护。需要向海关申报知识产权状况的，进出口货物收发货人及其代理人应当按照国家规定向海关如实申报有关知识产权状况，并提交合法使用有关知识产权的证明文件。第九十一条：违反本法规定进出口侵犯中华人民共和国法律、行政法规保护的知识产权的货物的，由海关依法没收侵权货物，并处以罚款；构成犯罪的，依法追究刑事责任。

知识产权海关保护实行自愿原则，希望取得海关保护的知识产权权利人首先应向海关总署提出知识产权海关保护备案申请，备案是海关实施保护的重要前提。

凡向海关总署申请了知识产权海关保护备案并取得备案资格的权利人，发现侵权嫌疑货物即将进出中国国境的，可向进出境地海关提出采取保护措施的申请。海关将审核权利人提出的保护申请，并决定是否采取保护措施。

第一节　知识产权海关保护概述

我国加强对知识产权的保护是为了适应社会主义市场经济的健康发展和社会主义法制建设的需要，维护正常的国际贸易秩序和进一步改善外商投资环境。

一、知识产权海关保护概念

知识产权海关保护，是指海关为了维护正常的社会经济秩序和公共利益，依照国家的法律法规，制止侵犯知识产权的货物进境或者出境的措施。

知识产权海关保护的主要法律依据，是《中华人民共和国海关法》、《中华人民共和国知识产权海关保护条例》和其他有关知识产权的法律法规。目前受海关保护的知识产权主要包括：商标专用权、专利权和著作权。

二、海关保护知识产权的范围

中国海关保护知识产权的范围由下列三个条件所确定：

（一）必须是与进出境货物有关的知识产权

根据《条例》第三条的规定和国际惯例，中国海关目前采取保护措施的对象只限于进出口货物。而对途经中国的过境、通运和转运货物中的侵权货物，由于收发货人和起运地及到达地均在中国境外，所以，通常中国海关不对其采取措施。

（二）必须是中国法律和行政法规明确规定保护的知识产权

目前，中国知识产权的法律和行政法规中与海关保护有关的有《商标法》、《专利法》、《著作权法》和国务院颁布的《实施国际著作权条约的规定》。此外，还有中国加入的有关保护知识产权的国际公约和双边协定中规定的由中国海关保护的知识产权。

（三）保护对象限于商标专用权、专利权和著作权

海关保护的知识产权不完全等同于所有受中国法律和行政法规保护

的知识产权。例如，属于《中华人民共和国反不正当竞争法》中规定给予保护的商号名称、商业秘密和产地名称等不受中国海关保护。

三、中国海关知识产权保护的特点

中国海关的知识产权保护有以下三个特点：

- 在进口和出口环节同样保护。中国海关除了和其他国家海关一样，禁止侵权货物进口之外，还有责任对自中国出口的侵权货物采取禁止的措施。
- 在对商标和版权实施保护的同时，还将专利纳入海关保护的范围。
- 海关对扣留的侵权货物一律没收，不允许退运进境或者出境。

四、海关实施知识产权保护的意义和作用

近年来，进出口侵犯知识产权货物的情况十分严重，对我国的社会主义法制建设和市场经济秩序造成了巨大的损害。具体体现在：（1）助长对外贸易中的不正当竞争，扰乱正常的对外贸易秩序；（2）损害知识产权权利人的合法权益，破坏外商来华投资的外部环境；（3）败坏我国出口商品的声誉，损害我国的国际形象。

海关作为进出口的监督管理机关，对知识产权实施保护，可以有效地制止进出口侵权货物的违法活动，维护国家的对外贸易秩序，鼓励对外贸易企业公平竞争，合法经营，从而促进我国的社会主义市场经济秩序的建立和完善。

第二节　海关对知识产权保护的程序

进出口货物的收发货人及其代理人应当按照国家规定，及时向海关如实申报并提交与进出口货物有关的知识产权证明文件，交验有关单证。侵犯中华人民共和国法律、行政法规保护的知识产权货物，禁止进出口。

一、海关对知识产权的保护程序

（一）知识产权备案

知识产权海关保护备案的申请应由权利人或其代理人（统称为申请人）向海关总署提出。权利人在中国境内未设有营业场所或办事机构的，应委托中国境内的代理人提出备案申请。有知识产权的权利人中任何一个权利人已向海关总署提出备案申请后，其他权利人无须再提出申请。根据《条例》第六条的规定，知识产权权利人要求海关对其知识产权实施保护的，应当将其知识产权向海关总署备案。所以，海关实施保护以知识产权备案为前提。知识产权备案自海关总署核准备案之日起生效，有效期为7年。在知识产权有效的前提下，知识产权权利人可以向海关总署申请续展备案，续展备案的有效期为7年。

知识产权办理海关备案的程序，包括申请、审查、发证三部分。

1. 申请

权利人向海关总署提出海关保护备案申请，应事先向海关领取备案申请书。权利人或其代理人应按照要求填写申请书，并随附有关文件，送交或寄送海关总署。权利人提出备案申请，应按照一项权利一份申请的原则提出，即每份申请书只能就一份权利证书上的知识产权提出申请。申请书应用中文填写，并保证交验的申请文件真实、有效。备案申请书中应按要求填写下列内容：

（1）登记注册文件上的中英文名称、所在国家地区、营业执照号、法定地址、法定代表人、联系人的姓名、联系电话、传真；代理人的名称、地址、执照号、法定代表人、联系人的姓名、联系电话、传真等。

（2）注册商标的名称、注册号码、有效期限、核定使用的商品、专利的名称、授权的号码、简要内容、有效期限等著作权的有关内容。

（3）与知识产权有关的货物的名称、商品编码。

（4）被授权或者许可使用知识产权人的名称、所在地、使用方式和许可有效期限。

（5）与知识产权有关的货物的主要特征、商标图样及商品外观、包装的照片。

（6）已知的侵权货物的制造商、进出口商品的名称、地址、侵权嫌疑货物名称、主要进出境海关等。

（7）有关商业秘密的说明。

（8）海关总署认为应当说明的其他情况。

权利人在提交申请时应当同时附送下列文件：①知识产权权利人的身份证件的复印件，或者登记注册证书的副本，或者经登记注册机关认证的复制件；有代理人的提交权利人出具的授权委托书及代理人的登记注册证书复印件；②注册商标的注册证书复印件，商标局核准转让注册商标的公告或者备案的商标使用许可合同复制件；或者专利证书的复印件，经专利局登记和公告的专利转让合同副本，专利实施许可合同副本；或者著作权权利的证明文件或者证据；③海关总署认为需要附送的其他文件。

交验的文件为外文的，同时提交中文译本。

2. 审查

海关总署收到全部申请文件后，对申请备案的知识产权进行审查，审查的内容包括知识产权是否有效，是否受中国法律、法规保护，是否属海关保护的范围，申请书填写是否符合要求，提交的随附文件是否齐备等。

3. 发证

海关总署认为应在收到全部申请文件之日起 30 日内通知权利人。凡是准予备案的，向权利人颁发《知识产权海关保护备案证书》。并发给缴纳备案费每件 1000 元的通知，通过银行转入海关总署的账号。不准予备案的，应当说明理由。

事先向海关总署进行知识产权备案，可以使权利人的合法权益得到及时有效的保护，还可以对那些过去毫无顾忌地进出口侵权货物的企业产生警告和震慑作用，促使其自觉地尊重他人的知识产权。知识产权权利人及时到海关总署办理知识产权海关保护备案，是维护自身合法权益的重要保障。海关查验进出口货物时，根据备案情况确定货物是否有侵权嫌疑，在海关总署备案后，备案数据将被传送到全国各海关，从而可以在全国的边境上建立起全面有效的知识产权保护网络。

（二）扣留侵权嫌疑货物

知识产权备案经海关总署核准后，口岸海关对发现的进出口侵权嫌疑货物，可以主动或者根据知识产权权利人的申请予以扣留。

已在海关总署备案的申请人发现侵权嫌疑货物即将进出境的，可向货物进出境地海关提出采取知识产权保护措施的申请。

请求海关采取知识产权保护措施的应当提交如下文件和材料：海关申请保护措施申请书；由权利人签署的委托书原件；有关侵权嫌疑货物的实物，图片或其他证据；权利人的《备案证书》和身份证明；权利人提出海关扣留侵权嫌疑货物的请求，并提交与进口货物到岸价格或出口货物离岸价格等值的担保金，对未能确定到岸价格或离岸价格的，应根据海关估定的金额提交。

对于事先未在海关总署备案的申请人向海关申请采取保护措施时，应根据《条例》第十五条的规定向海关总署同时提交备案申请文件和采取保护措施的申请文件。对于不符合前述要求的申请，进出境地海关将不接受该申请。

如果要求撤回保护措施申请，申请人应在海关作出扣留侵权嫌疑货物的决定前向海关提出书面申请。

根据《知识产权海关保护条例》第十四条的规定，知识产权权利人请求海关扣留侵权嫌疑货物的，应当向海关提交与进口货物到岸价格或者出口货物离岸价格等值的担保金。

根据第二十一条的规定，海关对被扣留的侵权嫌疑货物及有关情况进行调查时，知识产权权利人应当提供必要的协助。

根据第二十七条的规定，因知识产权权利人未提供确切情况而导致海关未能发现侵权货物、未能及时采取保护措施或者采取保护措施不当的，由知识产权权利人自行承担责任。

（三）海关调查

海关对被扣留的侵权嫌疑货物应当进行调查。但是，侵权争议的当事人将侵权争议提交知识产权主管部门处理或者向人民法院起诉的除外。

1. 海关应知识产权权利人申请，决定扣留侵权嫌疑货物的，应当制作海关扣留凭单，送达收货人或者发货人，并书面通知申请人。收货人或者发货人认为其进出口货物未侵犯申请人知识产权的，应当自海关扣留凭单送达之日起7日内向海关提出书面说明。收货人或者发货人未提出异议的，海关经调查，有权将被扣留的侵权嫌疑货物按侵权货物处理；提出异议的，海关应当立即书面通知申请人。申请人自本条第一款规定的书面通知送达之日起15日内，有权将侵权争议提请知识产权主管部门处理或者向人民法院提起诉讼。

2. 海关发现进出境货物有侵犯在海关备案的知识产权嫌疑的，海关有权予以扣留。海关扣留侵权嫌疑货物的，应当制作海关扣留凭单，送达收货人或者发货人，并立即书面通知知识产权权利人。知识产权权利人自通知送达之日起3日内提出知识产权保护书申请的，依照《中华人民共和国知识产权海关保护条例》第十七条规定办理。

3. 收货人或者发货人认为其进出口货物未侵犯申请人知识产权的，在向海关提交相当于进口货物到岸价格或者出口货物离岸价格两倍的担保金后，可以请求海关放行有关货物。

4. 海关依照《中华人民共和国知识产权海关保护条例》第十七条和第十八条规定扣留侵权嫌疑货物的，应当自扣留之日起15日内开始对被扣留的侵权嫌疑货物及有关情况进行调查；但是，侵权争议的有关当事人已将侵权争议提请知识产权主管部门处理或者向人民法院提起诉讼的除外。海关认为有犯罪嫌疑的，应当移交有关机关进行调查。

5. 海关对被扣的侵权嫌疑货物及有关情况进行调查时，知识产权权利人应当提供必要的协助。

（四）海关行政处罚

对被确定为侵权的货物，由海关予以没收。对进出口侵权货物的收发货人，海关将依法予以处罚。

• 被扣留的侵权嫌疑货物有下列情形之一的，海关可以放行：（1）

经海关或者知识产权主管部门调查后排除侵权嫌疑的；（2）人民法院判决或者裁定排除侵权嫌疑的；（3）有关当事人未在规定时间内向人民法院提起诉讼，人民法院裁定不予受理，或者人民法院未作出财产保全的裁定的；（4）知识产权权利人在规定时间内不予回复或者放弃知识产权海关保护的。

- 被扣留的侵权嫌疑货物，经海关、知识产权主管部门或者人民法院确定为侵权货物的，由海关予以没收。海关对被没收的侵权货物，应当区别不同情况按照下列规定处理：（1）对侵犯著作权的货物，予以销毁；（2）对侵犯商标专用权的货物，侵权商标无法消除的，予以销毁；侵权商标能够消除并可以利用有关货物的，消除侵权商标，有关货物只能用于社会公益事业或者依法拍卖给非侵权人自用；（3）前两项以外的其他侵权货物，依照国务院有关规定处理。

- 海关决定、知识产权主管部门决定或者人民法院判决或者裁定生效后，海关应当将有关当事人提交的担保金扣除下列费用后，予以退还：（1）货物的仓储、保管和处置等有关费用；（2）因申请不当给有关当事人造成损失的赔偿费用。

知识产权权利人与收货人或者发货人之间的民事纠纷，由当事人依法选择司法、仲裁或者其他方式解决，海关不予受理。

海关接受知识产权保护备案和采取知识产权保护措施的申请后，因知识产权权利人未提供确切情况而未能发现侵权货物、未能及时采取保护措施或者采取保护措施不当的，海关不承担责任，由知识产权权利人自行承担责任。

二、进出口人的权利和法律责任

根据《海关法》第四十四条的规定，进出口货物的收发货人及其代理人，应当根据海关的要求，如实申报有关货物的知识产权状况，并提交合法使用有关知识产权的证明文件。

收发货人认为海关扣留的侵权嫌疑货物未侵犯他人知识产权的，应当在收到海关扣留凭单之日起7日内向海关提出书面异议。提出书面异议的，可以在向海关提交相当于进口货物到岸价格或者出口货物离岸价格两倍的担保金后，可以要求海关放行货物。

三、海关保护模式

根据修订后的《中华人民共和国知识产权海关保护条例》，海关对知识产权的保护分为主动保护和被动保护两种执法模式。这两种模式的差异主要体现在海关介入的程度和权利人承担的义务两个方面。

（一）主动保护模式

主动保护体现在《条例》的第十六和二十条的规定。主动保护模式主要有以下内容：

1. 知识产权权利人应当事先进行知识产权备案；

2. 海关发现涉嫌侵犯备案的知识产权的进出口货物，应当中止放行侵权嫌疑货物，并书面通知权利人；

3. 海关根据知识产权权利人的申请扣留侵权嫌疑货物；

4. 海关有权对货物的侵权状况进行调查、认定；

5. 海关对能够认定侵权的货物，应当予以没收；不能认定的，应当协助人民法院对货物进行司法扣押；

6. 海关有权对没收的侵权货物进行处置。

（二）被动保护模式

被动保护模式主要体现在《条例》的第十二、十三条和第二十四条（一）的规定。被动保护模式有以下内容：

1. 知识产权权利人发现侵权嫌疑货物后可以直接向口岸海关申请扣留，不必事先进行知识产权备案；

2. 海关依据权利人申请扣留侵权嫌疑货物；

3. 海关不对货物的侵权状况进行调查。如果人民法院未能在海关扣留货物后 20 个工作日内要求协助对货物进行司法扣押，海关应当立即放行货物。

可见，《条例》的被动保护模式是依照世界贸易组织《与贸易有关的知识产权协议》（TRIPS）关于边境措施的规定设立的；而主动保护模式则是 TRIPS 倡导的主动依职权（Ex – officio）保护制度。主动保护模式和被动保护模式的设立，充分体现了我国海关在保护知识产权方面“主动保护和被动保护相结合”的基本原则。

第三节　进出口货物贸易中的知识产权海关保护

随着全球经济一体化和贸易自由化进程的加速发展，在巨大的经济利益的诱惑下，侵犯他人知识产权的非法货物在国际贸易中的数量和比例一直居高不下。据估计每年全世界假冒货物产值占世界贸易额的5%～8%，约达1000亿～1200亿美元。侵权产品贸易泛滥，在一定程度上也同企业保护自身知识产权的意识和行动不足有关系。

我国的知识产权的海关保护，是海关为了维护正常的社会经济秩序和公共利益，依法在边境制止侵犯受国家法律和行政法规保护的知识产权的货物进境或者出境的措施。与进出境货物有关并受中华人民共和国法律、行政法规保护的知识产权，包括商标专用权、著作权和专利权，在进出口贸易中都可以获得海关保护。这种保护并不如企业想像中的复杂，在海关进行知识产权备案从申请之日起40日内就能办理完毕，每一项海关备案只需花费人民币800元，这对于在国际市场上深受假冒伪劣困扰的企业，尤其是产品出口型企业来说，无疑是举手之劳，就在知识产权的有效期限内，为自己的产品上一个长命的保险。

一、海关备案

知识产权权利人（包括著作权人、商标注册人、专利权人及著作权、商标权、专利权的专有使用许可的被许可人）向海关提供有关知识产权的权利状况、权利人的联系方式、合法使用知识产权情况（如授权许可使用情况）、侵权嫌疑单位、有关图片和照片等信息，海关总署准予备案的，发给知识产权海关保护备案证书，即完成了海关备案手续。

知识产权海关保护备案自海关总署颁发《知识产权海关备案证书》之日起生效，有效期为7年。在知识产权有效的前提下，知识产权权利人可以在知识产权海关保护备案有效期届满前6个月内，向海关总署申请续展备案。每次续展备案的有效期为 7 年。知识产权海关保护备案有效期届满而不申请续展或者商标专用权、著作权、专利权法律保护期届满的，知识产权海关保护备案随即失效。

二、海关保护

在海关总署备案的知识产权权利人发现侵权嫌疑货物即将进出境的，可以向货物进出境地海关提出采取知识产权保护措施的申请，提交合法使用人名单、申请人授权实施有关专利以及进出口有关商品的企业名单、合法或侵权商品以及包装式样的照片或图片、侵权嫌疑人情况、申请人已掌握的进出口侵权货物的企业名单、侵权商品的特征以及获得的初步证据，如权利人和侵权人之间已经发生纠纷或者诉讼的情况。申请人可以书面陈述或者提供有关起诉状、答辩状、撤销或者宣告权利无效的申请书、答辩书等文件。权利人请求海关扣留侵权嫌疑货物的，还应当向海关提交与进口货物到岸价格或者出口货物离岸价格等值的担保金。

三、申请海关保护的两种具体选择方式

（一）从海关备案到海关保护

知识产权权利人可以未雨绸缪，在未发现侵权产品时，可以单独申请海关备案；以后发现侵权产品进出口时，可以再申请海关保护。在海关备案后，海关还可以自动给予保护。在这种方式下，权利人可以先向海关总署申请知识产权备案，在海关总署批准备案申请，并获得海关总署颁发的《知识产权海关备案证书》后，再向进出境地海关申请海关保护，扣留侵权品。

（二）海关保护和海关备案同时进行

如权利人未在海关备案，而临时发现了侵权行为时，当机立断也为时不晚，可以立即同时申请海关备案和海关保护。权利人在向海关总署递交海关保护申请书的同时递交海关备案申请书，海关保护和海关备案程序就可以同时启动。这样，可以在时间上争取优势，及时防止侵权品

的进出关和进一步地流入市场。海关总署收到申请后，会指令进出境地海关采取保护措施，扣留有关侵权品，并且将有关文书送达侵权人，指令其于 7 日内陈述意见，逾期没有提出异议的，进出境地海关将处理有关侵权品，如没收、变卖等。

在我国，近几年来假冒屡禁不止，仿制、盗版猖獗，出口环节侵权现象非常明显，从企业角度来看，加大边境保护是对知识产权权利人的合法权益的保护，为对外贸易企业公平竞争、合法经营铺平了道路，借助海关这一边境的“守护神”来保护进出口货物贸易中的知识产权无疑是外贸出口企业加大知识产权保护力度的最佳选择。

四、海关实施知识产权保护的优越性

• 海关作为进出境监管机关的特殊地位，是其他部门无法替代的。在进出口货物的海关监管区内，海关是重要的行政执法部门。要在国门出入口挡住侵权货物，非海关莫属。

• 海关执法属于行政执法，具有便捷、高效的特点。其他某些部门在解决知识产权侵权纠纷的过程中，程序复杂，可以说是进行事后解决。而海关在边境执法，及时扣留侵权嫌疑货物，可以有效地制止侵权行为的发生，避免侵权造成损失或避免损失进一步扩大。

• 海关在组织体系上实行垂直领导，不受行政区划的限制。海关总署是国务院直属机构，下设 40 多个直属海关，直属海关下属隶属海关等。这种垂直领导的关系在很大程度上避免了地方保护主义等其他不良影响，这也是很多权利人要求海关保护的重要原因之一。

思考题

1. 我国海关知识产权保护有何特点？
2. 申请海关保护的方式有哪几种？
3. 简述我国海关知识产权保护的内容。

第十一章

通关与对外贸易管理

中国实行统一的对外贸易制度，以对外贸易法律、法规为依据，从本国的宏观经济利益以及对内和对外的政策需要出发，采取必要的管理措施，统一领导和调控对外贸易活动，依法维护公平、自由的对外贸易秩序。

对外贸易经营者在通关过程中必须严格遵守这些法律、行政法规，并按照相应的管理要求办理进出口手续，在维护国家利益不受侵害的同时，保护自己的合法权益。

第一节　货物进出口管理

《对外贸易法》确立了中国货物进出口管理制度，以法律形式肯定了中国实行自由的贸易制度，同时也规定了国家将对进出口贸易依法进行适当的控制和调节的原则。

一、货物进出口管理原则

（一）保持货物进出口基本平衡是中国对外贸易的基本政策

中国扩大出口的目的，是为了进口经济建设所需要的先进技术及设备、国内短缺物资和人民生活必需的消费品，因此中国采取扩大出口的积极措施而不是采取减少进口的消极办法来达到进出口平衡。中国鼓励企业不断提高出口商品的加工深度、精度、质量和档次，优化出口商品结构，大力推行由主要出口粗加工制成品向主要出口精加工制成品的转变，努力增加高附加值制品的出口，大力发展进料加工出口和来料加工装配出口业务。在出口收汇增长的同时，中国积极扩大货物进口。中国安排进口的重点是：国民经济发展所需的重要物资、先进技术、设备、关键部件以及国内紧缺的重要原材料。

（二）中国决不搞贸易保护主义，中国市场向世界各国各地区开放

按国际贸易通行规则中国对幼稚产业实行保护，并采取必要的贸易保障措施。中国对进出口贸易实行在宏观调控下的放开经营。在世界贸易组织规则框架内对少数重要进口商品实行必要的配额、许可证管理。对少数实行总量控制的进出口商品的管理，按照效益、公正和公开的原则，实行配额招标、拍卖或规则化分配。按照经济体制和外贸体制改革的要求，中国主要运用法律手段、经济手段，辅以必要的行政手段管理进出口贸易，汇率、利率、关税等是调节进出口的主要经济杠杆。

（三）中国坚持贸易方式和做法多样化的原则

在努力扩大现汇贸易的同时，注意发展易货贸易、转口贸易、租赁贸易、对销贸易和多边贸易以及边境贸易。推进进出口贸易与其他经济技术合作业务密切结合，发展进料加工、来料加工和来件装配业务。

（四）《对外贸易法》确立了中国货物进出口管理的基本制度

《对外贸易法》第十四条规定："国家准许货物与技术的自由进出口。但是，法律、行政法规另有规定的除外。"这一条以法律的形式肯定了中国实行自由的贸易制度，同时也规定了国家将对货物进出口依法进行适当的控制和调节的原则。《对外贸易法》第十六条规定了限制或者禁止有关货物进口或者出口的原则和范围，即：（1）为维护国家安全、社会公共利益或者公共道德，需要限制或者禁止进口或者出口的；（2）为保护人的健康或者安全，保护动物、植物的生命或者健康，保护环境，需要限制或者禁止进口或者出口的；（3）为实施与黄金或者白银进出口有关的措施，需要限制或者禁止进口或者出口的；（4）国内供应短缺或者为有效保护可能用竭的自然资源，需要限制或者禁止出口的；（5）输往国家或者地区的市场容量有限，需要限制出口的；（6）出口经营秩序出现严重混乱，需要限制出口的；（7）为建立或者加快建立国内特定产业，需要限制进口的；（8）对任何形式的农业、牧业、渔业产品有必要限制进口的；（9）为保障国家国际金融地位和国际收支平衡，需要限制进口的；（10）依照法律、行政法规的规定，其他需

要限制或者禁止进口或者出口的；（11）根据我国缔结或者参加的国际条约、协定的规定，其他需要限制或者禁止进口或者出口的。

为了规范货物进出口管理，维护货物进出口秩序，促进对外贸易健康发展，根据《对外贸易法》的有关规定。2001 年 10 月 31 日国务院第 46 次常务会议通过了《中华人民共和国货物进出口管理条例》（以下简称《货物进出口管理条例》），并自 2002 年 1 月 1 日起施行。

《货物进出口管理条例》规定，从事将货物进口到中华人民共和国关境内或者将货物出口到中华人民共和国关境外的贸易活动为货物进出口管理的范围。中国对货物进出口实行统一的管理制度并准许货物的自由进出口，依法维护公平、有序的货物进出口贸易。除法律、行政法规明确禁止或者限制进出口的外，任何单位和个人均不得对货物进出口设置、维持禁止或者限制措施。

（五）中国在货物进出口贸易方面

根据所缔结或者参加的国际条约、协定，给予其他缔约方、参加方最惠国待遇、国民待遇，或者根据互惠、对等原则给予对方最惠国待遇、国民待遇。任何国家或者地区在货物进出口贸易方面对中国采取歧视性的禁止、限制或者其他类似措施的，中国可以根据实际情况对该国家或者地区采取相应的措施。

国务院对外经济贸易主管部门依照《对外贸易法》和《货物进出口管理条例》的规定，主管全国货物进出口贸易工作。国务院有关部门按照国务院规定的职责，依照《货物进出口管理条例》的规定负责货物进出口贸易管理的有关工作。

二、货物进口管理制度

中国对货物进口的管理由三部分构成：即禁止进口、限制进口和自由进口。

• 禁止进口的货物范围包括：（1）危害国家安全或者社会公共利益的；（2）为保护人的生命或者健康；（3）破坏生态环境的；（4）根据中华人民共和国所缔结或者参加的国际条约、协定的规定，需要禁止进口的。禁止进口的货物目录由国务院外经贸主管部门会同国务院有关部门制定、调整并公布。属于禁止进口的货物，不得进口。自2002年起，中国颁布了五批禁止进口货物目录，包括已脱胶及未脱胶的虎骨（指未经加工或经脱脂等加工的），犀牛角，鸦片液汁及浸膏，旧机电产品类商品，固体废物类商品，废物类商品，废机电产品类商品等。

• 限制进口的货物范围包括：（1）维护国家安全或者社会公共利益，需要限制进口的；（2）为建立或者加快建立国内特定产业，需要限制进口的；（3）对任何形式的农业、牧业、渔业产品有必要限制进口的；（4）为保障国家国际金融地位和国际收支平衡，需要限制进口的；（5）根据中华人民共和国所缔结或者参加的国际条约、协定的规定，需要限制进口的。限制进口的货物目录由国务院外经贸主管部门会同国务院有关部门制定、调整并公布。限制进口的货物目录，应当至少在实施前21天公布；在紧急情况下，应当不迟于实施之日公布。国家规定有数量限制的进口货物，实行配额管理；其他限制进口货物，实行许可证管理。

• 进口属于自由进口的货物，不受限制。基于监测货物进口情况的需要，国务院外经贸主管部门和国务院有关经济管理部门可以按照国务院规定的职责划分，对部分属于自由进口的货物实行自动进口许可管理。

自2004年1月1日起，取消成品油、天然橡胶、汽车轮胎的进口配额许可证管理；取消部分税号汽车及其关键件的进口配额许可证管理；增列2种消耗臭氧层物质实行进口许可证管理。2004年实行进口配额许可证和进口许可证管理的商品共5种，总计123个8位商品编码。实行进口配额许可证管理的商品有：汽车及其关键件。实行进口许可证管理的商品有：光盘生产设备、监控化学品、易制毒化学和消耗臭氧物质。实行进口关税配额管理的主要有：粮食、食用油、糖、羊毛、棉花、化肥等6大类商品。实行自动进口许可的商品主要包括：肉鸡、酒、烟草、二醋酸纤维丝束、石棉、彩色感光材料、塑料原料、合成橡胶、胶合板、化纤布、有色金属（铜、铝）、天然橡胶、烟草加工及制作机器的零件、移动通讯基地站、机动医疗车、成品油、氧化铝、钢材、钢坯、汽车轮胎、聚酯切片、腈纶、涤纶、农药、化肥、原油等。

（一）进口配额

依据《对外贸易法》和《货物进出口管理条例》，中国对规定有数量限制的进口货物，实行进口配额管理。

中国的进口配额有机电产品进口配额、重要工业品进口配额、关税配额和其他进口配额等。列入进口配额管理的商品范围主要有三类：①国家尚需适量进口以调节市场供应，但过量进口会严重损害国内相关工业发展的进口产品；②直接影响进口结构、产业结构调整的进口产品；③危及国家外汇收支地位的进口产品。

实行进口配额管理的机电产品，系指机械设备、电气设备、交通运输工具、电子产品、电器产品和仪器仪表等及其零部件、元器件。我国鼓励进口先进技术设备、高科技产品，不鼓励进口一般加工设备和高档消费品，禁止进口危害国家安全和公民身心健康的机电产品。实行进口配额管理的重要工业品，系指成品油和汽车轮胎。实行关税配额管理的进口产品主要是农产品和化肥。属于关税配额内进口的货物，按照配额内税率缴纳关税；属于关税配额外进口的货物，按照配额外税率缴纳关税。实行进口配额管理的其他商品系指除上述几种进口配额以外的其他需要实行进口配额管理的商品。

实行配额管理的限制进口货物，由国务院外经贸主管部门和国务院有关经济管理部门（以下统称进口配额管理部门）按照国务院规定的职责划分进行管理。

对实行配额管理的限制进口货物，进口配额管理部门每年 7 月 31 日前公布下一年度进口配额总量。配额申请人在每年 8 月 1 日至 8 月 31 日向进口配额管理部门提出下一年度进口配额的申请。进口配额管理部门在每年 10 月 31 日前将下一年度的配额分配给配额申请人。进口配额管理部门可以根据需要对年度配额总量进行调整，并在实施前 21 天予以公布。配额可以按照对所有申请统一办理的方式分配。按照对所有申请统一办理的方式分配配额的，进口配额管理部门自规定的申请期限截止之日起60天内作出是否发放配额的决定。

进口配额管理部门分配配额时，必须考虑下列因素：（1）申请人的进口实绩；（2）以往分配的配额是否得到充分使用；（3）申请人的生产能力、经营规模、销售状况；（4）新的进口经营者的申请情况；（5）申请配额的数量情况；（6）需要考虑的其他因素。

进口经营者凭进口配额管理部门发放的配额证明，向国务院外经贸主管部门申领进口配额许可证。国务院外经贸主管部门自收到申请之日起3个工作日内发放进口配额许可证。

进口经营者凭国务院外经贸主管部门发放的进口配额许可证，向海关办理报关验放手续。

（二）进口许可证

国家对有数量限制和其他限制的进口货物实行进出口许可证管理。中国实行进口许可证的目的是，通过对进口贸易的管理和对进口经营单位、进口商品的控制，保证进口贸易有秩序顺利进行，保证外汇的合理使用和外汇收支平衡，调整进口商品结构，提高经济效益，促进和适度保护国内生产的发展。

所谓进口许可证，包括法律、行政法规规定的各种具有许可进口性质的证明、文件。

实行许可证管理的限制进口货物，进口经营者应当向国务院外经贸主管部门或者国务院有关部门（以下统称进口许可证管理部门）提出申请。进口许可证管理部门应当自收到申请之日起30天内决定是否许可。

中华人民共和国商务部是全国进口许可证的归口管理部门，负责制定进口许可证管理的规章制度，发布进口许可证管理商品目录和分级发证目录，设计、印制有关进口许可证书和印章，监督、检查进口许可证管理办法的执行情况，处罚违规行为。商务部授权配额许可证事务局统一管理、指导全国各发证机构的进口许可证签发及其他相关工作，配额许可证事务局对商务部负责。配额许可证事务局及其委托发证的商务部驻各地特派员办事处和各省、自治区、直辖市及计划单列市外经贸主管部门为进口许可证发证机构，在配额许可证事务局的统一管理下，负责授权范围内的发证工作。

各发证机构按商务部制定的《进口许可证管理商品目录》和《进口许可证管理商品分级发证目录》范围，依下列规定签发进口许可证：

1. 进口属于配额管理的机电产品，发证机构凭商务部签发的《机电产品进口配额证明》签发进口配额许可证。

2. 进口属于配额管理的天然橡胶，发证机构凭国家发展和计划委员会、商务部的配额批准文件签发进口配额许可证。

3. 进口属于配额管理的成品油和汽车轮胎，发证机构凭商务部等政府管理部门的配额批准文件签发进口配额许可证。

4. 对监控化学品，发证机构凭国家履行禁止化学武器公约工作领导小组办公室批准的《监控化学品进口核准单》和进口合同（正本复印件）签发进口许可证。

5. 对易制毒化学品，发证机构凭商务部《易制毒化学品进口批复单》和进口合同（正本复印件）签发进口许可证。

6. 对光盘生产设备，发证机构凭国家新闻出版总署的批准文件和商务部的机电产品进口证明文件签发进口许可证。

7. 对消耗臭氧层物质，发证机构凭国家消耗臭氧层物质进出口管理办公室批准的《受控消耗臭氧层物质进口审批单》签发进口许可证。

进口许可证管理实行“一关一证”管理。一般情况下进口许可证为“一批一证”，如要实行“非一批一证”，须同时在进口许可证备控栏内打印“非一批一证”字样。“一关一证”指进口许可证只能在一个海关报关；“一批一证”指进口许可证在有效期内一次报关使用；“非一批一证”指进口许可证在有效期内可多次报关使用，但最多不超过12次，由海关在许可证背面“海关验放签注栏”内逐批签注核减进口数量。

进口许可证是国家管理货物进口的法律凭证。凡属于进口许可证管理的货物，除国家另有规定外，各类进出口企业应在进口前按规定向指定的发证机构申领进口许可证，海关凭进口许可证接受申报和验放。

(三)自动进口许可证

为了对货物进口实行有效监测，商务部根据监测货物进口情况的需要，对部分货物实行自动进口许可管理。

实行自动进口许可管理的货物目录，包括具体货物名称、税则号，由商务部会商有关部门确定，并至少在实施前21天公布。

自动进口许可证由商务部授权配额许可证事务局、各省、自治区、直辖市、计划单列市外经贸主管部门和国家有关部门签发。

进口属于自动进口许可管理的货物，进口经营者应当在向海关申报前，向商务部授权的自动进口许可证发证机构提交自动进口许可证申请。海关凭加盖“自动进口许可证专用章”的《自动进口许可证》办理报关手续。银行凭《自动进口许可证》办理售汇和付汇手续。

进口经营者申请自动进口许可证，需提交有关材料包括自动进口许可证申请表、货物进口合同、行政主管机关核准经营范围的法定文件复印件、属于委托代理进口的，需提交委托人与进口经营者签订的代理进口合同、对进口货物用途或最终用户有特定规定的，应提交进口货物用途或最终用户符合国家规定的证明材料、商务部规定的其他需提交的材料。

内容正确且形式完备的许可申请，发证机构收到后应在管理可行的限度内立即核准，签发自动进口许可证。特殊情况下，最多不超过10个工作日。发证机构应按规定将有关电子数据及时传送商务部。任何进口经营者，只要符合国家关于从事自动许可货物进口经营法律法规的要求，均有资格申请和获得《自动进口许可证》。

《自动进口许可证》实行“一批一证”制，即同一份自动进口许可证不得分批次累计报关使用。自动进口许可证有效期为6个月。自动进口许可证需要延期或变更，一律重新办理，旧证同时撤销。

三、货物出口管理

中国对货物出口的管理由三部分构成：即禁止出口、限制出口和自由出口。

• 禁止出口的货物范围包括：（1）危害国家安全或者社会公共利益的；（2）为保护人的生命或者健康的；（3）破坏生态环境的；（4）根据中华人民共和国所缔结或者参加的国际条约、协定的规定，需要禁止出口的。禁止出口的货物目录由国务院外经贸主管部门会同国务院有关部门制定、调整并公布。属于禁止出口的货物，不得出口。

• 限制出口的货物范围包括：（1）为维护国家安全或者社会公共利益的；（2）国内供应短缺或者为有效保护可能用竭的国内资源的；（3）输往国家或者地区的市场容量有限的；（4）根据中华人民共和国所缔结或者参加的国际条约、协定的规定，需要限制出口的。限制出口的货物目录由国务院外经贸主管部门会同国务院有关部门制定、调整并公布。限制出口的货物目录，应当至少在实施前21天公布；在紧急情况下，应当不迟于实施之日公布。国家规定有数量限制的限制出口货物，实行配额管理；其他限制出口货物，实行许可证管理。

• 出口属于自由出口的货物，不受限制。

2004年实行出口许可证管理的50种商品（319个8位商品编码），分别实行出口配额许可证、出口配额招标、出口配额有偿使用、出口配额无偿招标和出口许可证管理。实行出口配额许可证管理的商品是：玉米、大米、小麦、棉花、茶叶、锯材、活牛（对港澳）、活猪（对港澳）、活鸡（对港澳）、蚕丝类、坯绸、煤炭、焦炭、原油、成品油、稀土、锑砂、锑（包括锑合金）及锑制品、氧化锑、钨砂、仲钨酸铵及偏钨酸铵、三氧化钨及蓝色氧化钨、钨酸及其盐类、钨粉及其制品、锌矿砂、锌及锌基合金、锡矿砂、锡及锡基合金、白银、石蜡。实行出口配额招标的商品是：蔺草及蔺草制品、碳化硅、氟石块（粉）、滑石块（粉）、轻（重）烧镁。实行出口配额有偿使用的商品是：矾土、人造刚玉、甘草及甘草制品。实行出口配额无偿招标管理的商品是：电风扇、自行车、摩托车及摩托车发动机。实行出口许可证管理的商品是：活牛（对港澳以外市场）、活猪（对港澳以外市场）、活鸡（对港澳以外市场）、牛肉、猪肉、鸡肉、重水、消耗臭氧层物质、监控化学品、易制毒化学品、铂金（以加工贸易方式出口）、电子计算机。

(一) 出口配额

出口配额管理是出口国家根据国际市场的需求和国内资源的情况所采取的自我控制出口商品数量的做法，或根据对方进口国家的要求，经过协商，出口国家同意自我控制出口商品数量。实行配额管理的限制出口货物，由国务院外经贸主管部门和国务院有关经济管理部门（以下统称出口配额管理部门）按照国务院规定的职责划分进行管理。出口经营者凭出口配额管理部门发放的配额证明，向国务院外经贸主管部门申领出口配额许可证。出口经营者凭国务院外经贸主管部门发放的出口配额许可证，向海关办理报关验放手续。

1. 出口商品配额管理

出口商品配额管理的目的是为规范出口商品配额管理，保证出口商品配额管理工作符合效益、公正、公开和透明的原则，维护配额管理商品的正常出口。商务部负责全国出口商品配额管理工作。各省、自治区、直辖市及计划单列市外经贸主管部门（以下简称地方外经贸主管部门）根据商务部的授权，负责本地区出口商品配额管理工作。

实行配额管理的出口商品目录，由商务部制定、调整并公布。实行配额管理的出口商品目录，应当至少在实施前21天公布；在紧急情况下，应当不迟于实施之日公布。出口商品配额总量，由商务部确定并公布。商务部确定出口商品配额总量时，考虑以下因素：（1）保障国家经济安全的需要；（2）保护国内有限资源的需要；（3）国家对有关产业的发展规划、目标和政策；（4）国际、国内市场的需求及产销状况。

依法享有进出口经营权，并且近三年内在经济活动中无违法、违规行为的出口企业可以申请出口商品配额。地方管理企业向地方外经贸主管部门提出配额申请；地方外经贸主管部门对本地区企业的申请审核、汇总后，按商务部的要求，上报商务部。中央管理企业直接向商务部申请出口商品配额。

商务部将出口商品配额分配给各地方外经贸主管部门和中央管理企业。商务部和各地方外经贸主管部门进行配额分配时，应当充分考虑申请企业或地区最近三年内该项商品的出口业绩、配额使用率、经营能力、生产规模、资源状况等。

出口商品配额有效期截止到当年12月31日。

2. 纺织品出口配额管理

依据世界贸易组织《纺织品与服装协定》和中国加入世界贸易组织后的有关纺织品贸易安排以及有关国际协议，我国对部分纺织品的出口实行被动配额管理。纺织品被动配额指受进口国限制的棉、毛、化学纤维、丝麻及其他植物纤维纺织品及其制品的出口数量限额。纺织品配额分类和计量单位以有关协议规定为准。

设限国家主要包括向世界贸易组织纺织品监督局通报涉及中国的纺织品配额限制的国家（地区），包括美国、加拿大、欧盟。

商务部为纺织品配额的行政管理机关，负责与设限国家磋商、签订并执行有关多边贸易体制规则；制定纺织品配额管理规章制度；负责纺织品配额的分配；监督和指导纺织品出口证书签发及纺织品实际出口情况。商务部配额许可证事务局为经商务部授权的纺织品配额签证机关。

纺织品配额采取招标、自主申领和业绩分配三种分配方式。商务部根据上年度配额使用情况于每年9月10日前公布下一年度实行招标、自主申领和业绩分配的配额类别清单，并可根据当年配额使用情况进行必要的调整。

对设限国家出口纺织品，实行配额和出口证书管理制度，出口证书实行“一批一证”且不得转让，由海关监管，并由出入境检验检疫机构按有关规定检验。

根据世界贸易组织《纺织品与服装协定》，全球纺织品贸易将于2005年1月1日实现一体化，现行纺织品被动配额将全部取消，中国纺织业将迎来一个全新的、机遇与挑战并存的时代。

（二）配额招标

为了完善出口商品配额管理制度，建立公平竞争机制，保障国家的整体利益和出口企业的合法权益，维护对外贸易的正常秩序，中国对于实行配额管理的出口商品，可以实行招标。出口企业通过自主投标竞价，有偿取得和使用国家确定的出口商品配额。

中国商务部统一管理出口商品配额招标工作，负责确定并公布招标商品种类及招标商品的配额总量。出口商品配额招标遵循“效益、公正、公开、公平竞争”的原则。

确定招标商品的原则是：(1) 属不可再生的大宗资源性商品；(2) 属在国际市场上占主导地位且价格变化对出口量影响较小的商品；(3) 属供大于求，经营相对分散，易于发生低价竞销，招致国外反倾销诉讼的商品；(4) 属我国与设限国家签订的多、双边协议中规定需要实行出口配额管理的商品。

商务部通过出口商品配额招标委员会（以下简称招标委员会）负责对招标工作的领导和监督，招标委员会对商务部负责。招标委员会履行下列职责：(1) 根据不同商品的情况确定具体商品招标次数、每次招标的配额数量、招标方式以及各招标方式占招标总量的比例；(2) 审定具体出口商品配额招标方案，主持开标及评标工作，并审定配额招标的中标结果；(3) 发布配额招标的各类通知、公告、决定等；(4) 受理招标办公室上报的企业上交配额以及配额转受让备案；(5) 审查中标保证金和中标金的收取及配额使用情况；(6) 根据投标资格标准核定投标企业名单。

招标委员会根据招标商品种类在有关进出口商会设立相应的出口商品配额招标办公室（以下简称招标办公室）。招标办公室负责招标的具体实施工作。招标办公室由有关进出口商会、中国外商投资企业协会和相关行业协调部门的代表组成，对招标委员会负责。

出口配额招标采取公开招标、协议招标等方式。对于不同的商品可采取不同的招标方式。凡具有进出口经营资格、在工商行政管理部门登记注册、加入有关进出口商会（外商投资企业加入中国外商投资企业协会）、相关商品的出口额或出口供货额达到一定规模的各类出口企业（含外商投资企业），在相应的招标办公室登记并符合招标条件，可参加投标。

对出口配额实行招标办法，是中国外贸管理体制改革的一项重大措施，是探索在社会主义市场经济体制中建立科学的出口管理制度的一项大胆尝试，是完善出口商品配额分配制度，在配额分配中引进竞争机制的重要步骤。它有利于最大限度地减少配额管理中的主观随意性，增加科学性，避免了人为因素的干扰。配额的有偿招标在配额分配中引进了公平竞争机制，具备投标资格的各类外贸企业均可参与竞争，提高了外贸企业扩大出口的积极性。配额招标办法大大提高了管理制度的透明度，各方面可以对招标进行有效的监督。它有利于在出口总量和出口效益之间实现最佳平衡，有利于提高配额的使用效益，有利于减少国外对我国商品的反倾销投拆。同时，还在一定程度上促进了政府部门转变职能，促使企业转换经营机制，加强进出口商会的职能作用。

（三）出口许可证

出口许可证管理是出口管理的重要手段。中国实行出口许可证管理的目的是为了合理配置资源，规范出口经营秩序，营造公平的贸易环境，履行我国承诺的国际公约和条约，维护国家经济利益和安全。

商务部是全国出口许可证的归口管理部门，负责制定出口许可证管理条例、规章制度，发布出口许可证管理商品目录，监督、检查出口许可证管理规定的执行情况，处罚违规行为。

商务部授权配额许可证事务局统一管理、指导全国各发证机构的出口许可证签发工作，配额许可证事务局商务部负责。配额许可证事务局及其委托发证的商务部驻各地特派员办事处和各省、自治区、直辖市及计划单列市外经贸主管部门为出口许可证发证机构，在配额许可证事务局的统一管理下，负责授权范围内的发证工作。

各发证机构按商务部制定的《商品目录》和《分级证目录》范围，依下列规定签发出口许可证：（1）实行配额许可证管理的出口商品，凭商务部或各地外经贸主管部门下达配额的文件和出口企业的出口合同（正本复印件）签发出口许可证。（2）实行配额有偿招标的出口商品，凭商务部发布的中标企业名单、中标数量、《申领配额招标商品出口许可证证明书》或《配额招标商品转受让证明书》和中标企业的出口合同（正本复印件）签发出口许可证。（3）实行配额无偿招标的出口商品，凭商务部发布的中标企业名单及中标数量、招标办公室签发的中标证明书或转受让证明书和中标企业的出口合同（正本复印件）签发出口许可证。（4）实行配额有偿使用管理的出口商品，凭招标办公室签发的《申领配额有偿使用商品出口许可证证明书》和出口企业的出口合同（正本复印件）签发出口许可证。（5）核出口、核两用品及相关技术的出口，凭商务部批准文件和企业的出口合同（正本复印件）签发出口许可证。（6）易制毒化学品的出口，凭《对外贸易经济合作部易制毒化学品出口批复单》和出口企业的出口合同（正本复印件）签发出口许可证。（7）重水出口，凭国家履行禁止化学武器公约工作领导小组办公室批准文件和出口企业的出口合同（正本复印件）签发出口许可证。（8）计算机的出口，凭商务部批准的《出口许可证技术审查表》和出口企业的出口合同（正本复印件）签发出口许可证。（9）监控化学品的出口，凭国家履行禁止化学武器公约工作领导小组办公室批准文件和出口企业的出口合同（正本复印件）签发出口许可证。（10）消耗臭氧层物质的出口，凭国家消耗臭氧物质进出口管理办公室下发的批准文件和企业的出口合同（正本复印件）签发出口许可证。（11）其他实行出口许可证管理的出口商品，凭商务部批准文件或规定及出口企业的出口合同（正本复印件）签发出口许可证。

出口许可证管理一般实行“一证一关”制和“一批一证”制，但下列情况之一不实行“一批一证”制：（1）外商投资企业出口许可证管理的商品；（2）补偿贸易项下出口许可证管理的商品；（3）其他不实行“一批一证”的出口许可证管理商品。出口许可证一经签发，任何单位和个人不得修改，应在有效期内由原发证机构收回原许可证，重新换发出口许可证。出口许可证是国家管理货物出境的法律凭证。凡实行出口配额许可证管理和出口许可证管理的商品，各类进出口企业应在出口前按规定向指定的发证机构申领出口许可证，海关凭出口许可证接受申报和验放。出口许可证不得买卖、转让、伪造和变造。

第二节 出入境检验检疫管理

我国出入境检验检疫内容包括：进出口商品检验、进出境动植物检疫以及国境卫生监督制度。

一、进出口商品检验

国务院设立进出口商品检验部门（以下简称国家商检部门），主管全国进出口商品检验工作。国家商检部门设在各地的进出口商品检验机构（以下简称商检机构）管理所辖地区的进出口商品检验工作。商检机构和经国家商检部门许可的检验机构，依法对进出口商品实施检验。

进出口经营者在进出口通关时，必须向海关递交有关商品检验证明。

（一）进出口商品检验工作范围

1. 对列入实施检验的进出口商品目录（以下简称目录）的进出口商品，由商检机构实施检验。进口商品未经检验的，不准销售、使用；出口商品未经检验或检验不合格的，不准出口。必须实施的进出口商品检验，是指确定列入目录的进出口商品是否符合国家技术规范的强制性要求的合格评定活动。合格评定程序包括：抽样、检验和检查；评估、验证和合格保证；注册、认可和批准以及各项的组合。列入目录的进出口商品，按照国家技术规范的强制性要求进行检验；尚未制定国家技术规范的强制性要求的，应当依法及时制定，未制定之前，可以参照国家商检部门指定的国外有关标准进行检验。

2. 经国家商检部门许可的检验机构，可以接受对外贸易关系人或者外国检验机构的委托，办理进出口商品检验鉴定业务。

（二）进口商品的检验

1. 必须经商检机构检验的进口商品的收货人或者其代理人，应向报关地的商检机构报检。海关凭商检机构签发的货物通关证明验放。

2. 必须经商检机构检验的进口商品的收货人或者其代理人，应当在商检机构规定的地点和期限内，接受商检机构对进口商品的检验。商检机构应当在国家商检部门统一规定的期限内检验完毕，并出具检验证单。

3. 必须经商检机构检验的进口商品以外的进口商品的收货人，发现进口商品质量不合格或者残损短缺，需要由商检机构出证索赔的，应当向商检机构申请检验出证。

4. 对重要的进口商品和大型的成套设备，收货人应当依据对外贸易合同约定在出口国装运前进行预检验、监造或者监装，主管部门应当加强监督；商检机构根据需要可以派出检验人员参加。

（三）出口商品的检验

1. 必须经商检机构检验的出口商品的发货人或者其代理人，应当在商检机构规定的地点和期限内，向商检机构报检。商检机构应当在国家商检部门统一规定的期限内检验完毕，并出具检验证单。

2. 必须实施检验的出口商品，海关凭商检机构签发的货物通关证明验放。

3. 经商检机构检验合格发给检验证单的出口商品，应当在商检机构规定的期限内报关出口；超过期限的，应当重新报检。

4. 为出口危险货物生产包装容器的企业，必须申请商检机构进行包装容器的性能鉴定。生产出口危险货物的企业，必须申请商检机构进行包装容器的使用鉴定。使用未经鉴定合格的包装容器的危险货物，不准出口。

5. 对装运出口易腐烂变质食品的船舱和集装箱，承运人或者装箱单位必须在装货前申请检验。未经检验合格的，不准装运。

（四）监督管理

1. 商检机构对必须经商检机构检验的进出口商品以外的进出口商品，根据国家规定实施抽查检验。国家商检部门可以公布抽查检验结果或者向有关部门通报抽查检验情况。

2. 商检机构根据便利对外贸易的需要，可以按照国家规定对列入目录的出口商品进行出厂前的质量监督管理和检验。

3. 为进出口货物的收发货人办理报检手续的代理人应当在商检机构进行注册登记；办理报检手续时应当向商检机构提交授权委托书。

4. 国家商检部门可以按照国家有关规定，通过考核，许可符合条件的国内外检验机构承担委托的进出口商品检验鉴定业务。

5. 国家商检部门根据国家统一的认证制度，对有关的进出口商品实施认证管理。

6. 商检机构根据需要，对检验合格的进出口商品，可以加施商检标志或者封识。

（五）检验程序

1. 进口商品法定检验报验程序

（1）到货后收货人或其代理人须向口岸或到达站商检机构办理进口商品登记手续；

（2）按商检机构规定的地点和期限向到货地的商检机构办理进口商品报验；

（3）商检机构受理报验后进行检验，对合格的、符合合同约定的及有关规定的，签发《进口商品检验情况通知单》；不合格的、不符合合同约定的，则出具检验证书，供收、用货单位向责任方提出索赔；

（4）申请人及时到商检机构领取商检单证。

2. 出口商品法定检验报验程序

（1）报验人填写《出口商品检验申请单》；

（2）提供合同、信用证及有关单证、资料；

（3）商检机构对已报验的出口商品实施检验，并出具检验结果；

（4）报验人领取商检单证。

3. 非法定检验进口商品报验

（1）到货后由收、用货单位自行检验，若发现问题需凭商检证书索赔的，应向所在地商检机构申请检验出证；

（2）商检机构经检验不符合合同约定的，出具商检证书，订货单位凭此证书对外提出索赔；

（3）申请人及时领取商检证书。

4. 非法定检验出口商品报验

（1）合同、信用证的规定或申请人的要求，需商检机构检验出具商检证书的，可向商检机构报验；

（2）填写《出口检验申请单》，并提供有关单据资料；

（3）商检机构根据申请人的申请对出口商品实施检验，合格的出具商检证书，不合格的则出具《出口商品检验不合格通知单》；

（4）领取商检单证。

（六）进出口商品鉴定

进出口商品鉴定亦称对外贸易公证鉴定，它指商检机构根据对外贸易关系人的申请，或外国检验机构的委托，或仲裁、司法机关的指定，办理进出口商品的鉴定业务，签发各种鉴定证书，为贸易各方的合法权益起公证作用。

1. 进出口商品鉴定内容

（1）进出口商品的质量、数量、重量、包装鉴定和货载衡量；

（2）进出口商品的监视装载和监视卸载；

（3）进出口商品的积载鉴定、残损鉴定、载损鉴定和海损鉴定；

（4）装载出口商品的船舶、车辆、飞机、集装箱等运输工具的适载鉴定；

（5）集装箱及集装箱货物鉴定；

（6）与进出口商品有关的外商投资财产的价值、品种、质量、数量和损失鉴定；

（7）抽取并签封各类样品；

（8）签发价值证书及其他鉴定证书；

（9）其他进出口商品鉴定业务。

此外，商检机构可以接受对外贸易关系人申请，依照有关法律、法规规定签发普惠制原产地证和一般原产地证。

2. 集装箱鉴定程序

（1）申请人实施检验两天前，向所在地商检机构办理申请；

（2）商检机构对集装箱实施检验；

（3）商检机构对检验过的集装箱，发给鉴定证书；

（4）对装运出口货物集装箱，发货人或其代理人凭商检机构签发的验箱合格证书，组织货物的装箱作业。

3. 普惠制原产地证书的申报

（1）申请普惠制原产地证书；

（2）填制有关单证，包括《普惠制产地证明书申请书》、《普惠制产地证明书》及其他贸易形式普惠制原产地证明书等。

4. 一般原产地证书的申报

（1）商检机构，中国贸促会负责签发一般产地证书；

（2）申请单位必须是在中国境内依法设立，享有外贸经营权的企业和外商投资企业；

（3）申请注册登记；

（4）申请单位最迟于货物报关出运前3天向所在地签发机构提出申请。

二、进出境动植物检疫制度

为防止动物传染病、寄生虫病和植物危险性病、虫、杂草以及其他有害生物（以下简称病虫害）传入、传出国境，保护农、林、牧、渔业生产和人体健康，促进对外经济贸易的发展，中国对进出境动植物实施检疫。进出境动植物实施检疫包括进出境的动植物、动植物产品和其他检疫物，装载动植物、动植物产品和其他检疫物的装载容器、包装物，以及来自动植物疫区的运输工具。

（一）动植物检疫机关

国务院设立动植物检疫机关（以下简称国家动植物检疫机关），统一管理全国进出境动植物检疫工作。国家动植物检疫机关在对外开放的口岸和进出境动植物检疫业务集中的地点设立的口岸动植物检疫机关，实施进出境动植物检疫。国务院农业行政主管部门主管全国进出境动植物检疫工作。

1. 口岸动植物检疫机关在实施检疫时可以行使的职权

（1）登船、登车、登机实施检疫；

（2）进入港口、机场、车站、邮局以及检疫物的存放、加工、养殖、种植场所实施检疫，并依照规定采样；

（3）根据检疫需要，进入有关生产、仓库等场所，进行疫情监测、调查和检疫监督管理；

（4）查阅、复制、摘录与检疫物有关的运行日志、货运单、合同、发票以及其他单证。

凡属于实施动植物检疫范围的进出口货物，进出口单位或其代理人在办理进出境手续前应向动植物机构报验，由动植物检疫机构发给《动植物检疫放行通知单》或者在报关单上加盖检疫放行章，海关凭《动植物检疫放行通知单》或放行章接受报关。

2. 国家禁止的各物进境

（1）动植物病原体（包括菌种、毒种等）、害虫及其他有害生物；

（2）动植物疫情流行的国家和地区的有关动植物、动植物产品和其他检疫物；

（3）动物尸体；

（4）土壤。

口岸动植物检疫机关发现有规定的禁止进境物的，作退回或者销毁处理。因科学研究等特殊需要引进规定的禁止进境物的，必须事先提出申请，经国家动植物检疫机关批准。

（二）进境检疫

输入动物、动物产品、植物种子、种苗及其他繁殖材料的，必须事先提出申请，办理检疫审批手续。

通过贸易、科技合作、交换、赠送、援助等方式输入动植物、动植物产品和其他检疫物的，应当在合同或者协议中订明中国法定的检疫要求，并订明必须附有输出国家或者地区政府动植物检疫机关出具的检疫证书。

货主或者其代理人应当在动植物、动植物产品和其他检疫物进境前或者进境时持输出国家或者地区的检疫证书、贸易合同等单证，向进口岸动植物检疫机关报检。

装载动物的运输工具抵达口岸时，口岸动植物检疫机关应当采取现场预防措施，对上下运输工具或者接近动物的人员、装载动物的运输工具和被污染的场地作防疫消毒处理。

输入动植物、动植物产品和其他检疫物，应当在进境口岸实施检疫。未经口岸动植物检疫机关同意，不得卸离运输工具。

输入动植物，需隔离检疫的，在口岸动植物检疫机关指定的隔离场所检疫。

因口岸条件限制等原因，可以由国家动植物检疫机关决定将动植物、动植物产品和其他检疫物运往指定地点检疫。在运输、装卸过程中，货主或者其代理人应当采取防疫措施。指定的存放、加工和隔离饲养或者隔离种植的场所，应当符合动植物检疫和防疫的规定。

输入动植物、动植物产品和其他检疫物，经检疫合格的，准予进境；海关凭口岸动植物检疫机关签发的检疫单证或者在报关单上加盖的印章验放。输入动植物、动植物产品和其他检疫物，需调离海关监管区检疫的，海关凭口岸动植物检疫机关签发的《检疫调离通知单》验放。

输入动物，经检疫不合格的，由口岸动植物检疫机关签发《检疫处理通知单》，通知货主或者其代理人作如下处理：

- 检出一类传染病、寄生虫病的动物，连同其同群动物全群退回或者全群扑杀并销毁尸体；
- 检出二类传染病、寄生虫病的动物，退回或者扑杀，同群其他动物在隔离场或者其他指定地点隔离观察。

输入动物产品和其他检疫物经检疫不合格的，由口岸动植物检疫机关签发《检疫处理通知单》，通知货主或者其代理人作除害、退回或者销毁处理。经除害处理合格的，准予进境。

输入植物、植物产品和其他检疫物，经检疫发现有植物危险性病、虫、杂草的，由口岸动植物检疫机关签发《检疫处理通知单》，通知货主或者其代理人作除害、退回或者销毁处理。经除害处理合格的，准予进境。

（三）出境检疫

货主或者其代理人在动植物、动植物产品和其他检疫物出境前，向口岸动植物检疫机关报检。

出境前需经隔离检疫的动物，在口岸动植物检疫机关指定的隔离场所检疫。

输出动植物、动植物产品和其他检疫物，由口岸动植物检疫机关实施检疫，经检疫合格或者经除害处理合格的，准予出境；海关凭口岸动植物检疫机关签发的检疫证书或者在报关单上加盖的印章验放。检疫不合格又无有效方法作除害处理的，不准出境。

经检疫合格的动植物、动植物产品和其他检疫物，有下列情形之一的，货主或者其代理人应当重新报检：

- 更改输入国家或者地区，更改好的输入国家或者地区又有不同检疫要求的；
- 改换包装或者原未拼装后来拼装的；
- 超过检疫规定有效期的。

（四）过境检疫

要求运输动物过境的，必须事先商得中国国家动植物检疫机关同意，并按照指定的口岸和路线过境。装载过境动物的运输工具、装载容器、饲料和铺垫材料，必须符合中国动植物检疫的规定。

运输动植物、动植物产品和其他检疫物过境的，由承运人或者押运人持货运单和输出国家或者地区政府动植物检疫机关出具的检疫证书，在进境时向口岸动植物检疫机关报检，出境口岸不再检疫。

过境的动物经检疫合格的，准予过境；发现有动物传染病、寄生虫病的，全群动物不准过境。

过境动物的饲料受病虫害污染的，作除害、不准过境或者销毁处理。

过境的动物的尸体、排泄物、铺垫材料及其他废弃物，必须按照动植物检疫机关的规定处理，不得擅自抛弃。

对过境植物、动植物产品和其他检疫物，口岸动植物检疫机关检查运输工具或者包装，经检疫合格的，准予过境；发现有病虫害的，作除害处理或者不准过境。

动植物、动植物产品和其他检疫物过境期间，未经动植物检疫机关批准，不得开拆包装或者卸离运输工具。

三、国境卫生监督制度

为了防止传染病由国外传入或者由国内传出，保护人体健康，中国实施国境卫生检疫措施。国境卫生监督制度是指出入境检验检疫机构卫生监督执法人员，根据《中华人民共和国国境卫生检疫法》及其实施细则，以及国家其他的卫生法律法规和卫生标准，在进出口口岸对出入境的交通工具、货物、运输容器以及口岸辖区的公共场所、环境、生活措施、生产设备所进行的卫生检查、鉴定、评价和采样检验的制度。

在中华人民共和国国际通航的港口、机场以及陆地边境和国界江河的口岸（以下简称国境口岸），设立国境卫生检疫机关，实施传染病检疫、监测和卫生监督。国务院卫生行政部门主管全国国境卫生检疫工作。

传染病是指检疫传染病和监测传染病。检疫传染病，是指鼠疫、霍乱、黄热病以及国务院确定和公布的其他传染病。监测传染病，由国务院卫生行政部门确定和公布。

入境、出境的人员、交通工具、运输设备以及可能传播检疫传染病的行李、货物、邮包等物品，都应当接受检疫，经国境卫生检疫机关许可，方准入境或者出境。

（一）检　疫

入境的交通工具和人员，必须在最先到达的国境口岸的指定地点接受检疫。除引航员外，未经国境卫生检疫机关许可，任何人不准上下交通工具，不准装卸行李、货物、邮包等物品。

出境的交通工具和人员，必须在最后离开的国境口岸接受检疫。

来自国外的船舶、航空器因故停泊、降落在中国境内非口岸地点的时候，船舶、航空器的负责人应当立即向就近的国境卫生检疫机关或者当地卫生行政部门报告。除紧急情况外，未经国境卫生检疫机关或者当地卫生行政部门许可，任何人不准上下船舶、航空器，不准装卸行李、货物、邮包等物品。

在国境口岸发现检疫传染病、疑似检疫传染病，或者有人非因意外伤害而死亡并死因不明的，国境口岸有关单位和交通工具的负责人，应当立即向国境卫生检疫机关报告，并申请临时检疫。

国境卫生检疫机关依据检疫医师提供的检疫结果，对未染有检疫传染病或者已实施卫生处理的交通工具，签发入境检疫证或者出境检疫证。

国境卫生检疫机关对检疫传染病染疫人必须立即将其隔离，隔离期限根据医学检查结果确定；对检疫传染病染疫嫌疑人应当将其留验，留验期限根据该传染病的潜伏期确定。

因患检疫传染病而死亡的尸体，必须就近火化。

接受入境检疫的交通工具有下列情形之一的，应当实施消毒、除鼠、除虫或者其他卫生处理：

- 来自检疫传染病疫区的；
- 被检疫传染病污染的；
- 发现有与人类健康有关的啮齿动物或者病媒昆虫的。

如果外国交通工具的负责人拒绝接受卫生处理，除有特殊情况外，准许该交通工具在国境卫生检疫机关的监督下，立即离开中华人民共和国国境。

国境卫生检疫机关对来自疫区的、被检疫传染病污染的或者可能成为检疫传染病传播媒介的行李、货物、邮包等物品，应当进行卫生检查，实施消毒、除鼠、除虫或者其他卫生处理。

入境、出境的尸体、骸骨的托运人或者其代理人，必须向国境卫生检疫机关申报，经卫生检查合格后发给入境、出境许可证，方准运进或者运出。

（二）传染病监测

国境卫生检疫机关对入境、出境的人员实施传染病监测，并且采取必要的预防、控制措施。

国境卫生检疫机关有权要求入境、出境的人员填写健康申明卡，出示某种传染病的预防接种证书、健康证明或者其他有关证件。

对患有监测传染病的人、来自国外监测传染病流行区的人或者与监测传染病人密切接触的人，国境卫生检疫机关应当区别情况，发给就诊方便卡，实施留验或者采取其他预防、控制措施，并及时通知当地卫生行政部门。各地医疗单位对持有就诊方便卡的人员，应当优先诊治。

（三）卫生监督

国境卫生检疫机关根据国家规定的卫生标准，对国境口岸的卫生状况和停留在国境口岸的入境、出境的交通工具的卫生状况实施卫生监督：

1. 监督和指导有关人员对啮齿动物、病媒昆虫的防除；

2. 检查和检验食品、饮用水及其储存、供应、运输设施；

3. 监督从事食品、饮用水供应的从业人员的健康状况，检查其健康证明书；

4. 监督和检查垃圾、废物、污水、粪便、压舱水的处理。

国境卫生检疫机关设立国境口岸卫生监督员，执行国境卫生检疫机关交给的任务。

国境口岸卫生监督员在执行任务时，有权对国境口岸和入境、出境的交通工具进行卫生监督和技术指导，对卫生状况不良和可能引起传染病传播的因素提出改进意见，协同有关部门采取必要的措施，进行卫生处理。

思考题

1. 我国对限制进出口的货物是如何管理的？

2. 何谓关税配额？

3. 出入境检验检疫管理的基本内容是什么？

附录一

中华人民共和国海关法

1987年1月22日第六届全国人民代表大会常务委员会第十次会议通过根据2000年7月8日第九届全国人民代表会常务委员会第十六次会议《关于修改〈中华人民共和国海关法〉的决定》修正。

目　录

第一章　总　则

第一条　为了维护国家的主权和利益，加强海关监督管理，促进对外经济贸易和科技文化交往，保障社会主义现代化建设，制定本法。

第二条　中华人民共和国海关是国家的进出关境（以下简称进出境）监督管理机关。海关依照本法和其他有关法律、行政法规，监管进出境的运输工具、货物、行李物品、邮递物品和其他物品（以下简称进出境运输工具、货物、物品），征收关税和其他税、费，查缉走私，并编制海关统计和办理其他海关业务。

第三条　国务院设立海关总署，统一管理全国海关。国家在对外开放的口岸和海关监管业务集中的地点设立海关。海关的隶属关系，不受行政区划的限制。海关依法独立行使职权，向海关总署负责。

第四条 国家在海关总署设立专门侦查走私犯罪的公安机构，配备专职缉私警察，负责对其管辖的走私犯罪案件的侦查、拘留、执行逮捕、预审。海关侦查走私犯罪公安机构履行侦查、拘留、执行逮捕、预审职责，应当按照《中华人民共和国刑事诉讼法》的规定办理。海关侦查走私犯罪公安机构根据国家有关规定，可以设立分支机构。各分支机构办理其管辖的走私犯罪案件，应当依法向有管辖权的人民检察院移送起诉。地方各级公安机关应当配合海关侦查走私犯罪公安机构依法履行职责。

第五条 国家实行联合缉私、统一处理、综合治理的缉私体制。海关负责组织、协调、管理查缉走私工作。有关规定由国务院另行制定。各有关行政执法部门查获的走私案件，应当给予行政处罚的，移送海关依法处理；涉嫌犯罪的，应当移送海关侦查走私犯罪公安机构、地方公安机关依据案件管辖分工和法定程序办理。

第六条 海关可以行使下列权力：

（一）检查进出境运输工具，查验进出境货物、物品；对违反本法或者其他有关法律、行政法规的，可以扣留。

（二）查阅进出境人员的证件；查问违反本法或者其他有关法律、行政法规的嫌疑人，调查其违法行为。

（三）查阅、复制与进出境运输工具、货物、物品有关的合同、发票、账册、单据、记录、文件、业务函电、录音录像制品和其他资料；对其中与违反本法或者其他有关法律、行政法规的进出境运输工具、货物、物品有牵连的，可以扣留。

（四）在海关监管区和海关附近沿海沿边规定地区，检查有走私嫌疑的运输工具和有藏匿走私货物、物品嫌疑的场所，检查走私嫌疑人的身体；对有走私嫌疑的运输工具、货物、物品和走私犯罪嫌疑人，经直属海关关长或者其授权的隶属海关关长批准，可以扣留；对走私犯罪嫌疑人，扣留时间不超过二十四小时，在特殊情况下可以延长至四十八小时。在海关监管区和海关附近沿海沿边规定地区以外，海关在调查走私案件时，对有走私嫌疑的运输工具和除公民住处以外的有藏匿走私货物、物品嫌疑的场所，经直属海关关长或者其授权的隶属海关关长批准，可以进行检查，有关当事人应当到场；当事人未到场的，在有见证人在场的情况下，可以径行检查；对其中有证据证明有走私嫌疑的运输工具、货物、物品，可以扣留。海关附近沿海沿边规定地区的范围，由海关总署和国务院公安部门会同有关省级人民政府确定。

（五）在调查走私案件时，经直属海关关长或者其授权的隶属海关关长批准，可以查询案件涉嫌单位和涉嫌人员在金融机构、邮政企业的存款、汇款。

（六）进出境运输工具或者个人违抗海关监管逃逸的，海关可以连续追至海关监管区和海关附近沿海沿边规定地区以外，将其带回处理。

（七）海关为履行职责，可以配备武器。海关工作人员佩带和使用武器的规则，由海关总署会同国务院公安部门制定，报国务院批准。

（八）法律、行政法规规定由海关行使的其他权力。

第七条　各地方、各部门应当支持海关依法行使职权，不得非法干预海关的执法活动。

第八条　进出境运输工具、货物、物品，必须通过设立海关的地点进境或者出境。在特殊情况下，需要经过未设立海关的地点临时进境或者出境的，必须经国务院或者国务院授权的机关批准，并依照本法规定办理海关手续。

第九条　进出口货物，除另有规定的外，可以由进出口货物收发货人自行办理报关纳税手续，也可以由进出口货物收发货人委托海关准予注册登记的报关企业办理报关纳税手续。进出境物品的所有人可以自行办理报关纳税手续，也可以委托他人办理报关纳税手续。

第十条　报关企业接受进出口货物收发货人的委托，以委托人的名义办理报关手续的，应当向海关提交由委托人签署的授权委托书，遵守本法对委托人的各项规定。报关企业接受进出口货物收发货人的委托，以自己的名义办理报关手续的，应当承担与收发货人相同的法律责任。

委托人委托报关企业办理报关手续的，应当向报关企业提供所委托报关事项的真实情况；报关企业接受委托人的委托办理报关手续的，应当对委托人所提供情况的真实性进行合理审查。

第十一条 进出口货物收发货人、报关企业办理报关手续，必须依法经海关注册登记。报关人员必须依法取得报关从业资格。未依法经海关注册登记的企业和未依法取得报关从业资格的人员，不得从事报关业务。报关企业和报关人员不得非法代理他人报关，或者超出其业务范围进行报关活动。

第十二条 海关依法执行职务，有关单位和个人应当如实回答询问，并予以配合，任何单位和个人不得阻挠。海关执行职务受到暴力抗拒时，执行有关任务的公安机关和人民武装警察部队应当予以协助。

第十三条 海关建立对违反本法规定逃避海关监管行为的举报制度。任何单位和个人均有权对违反本法规定逃避海关监管的行为进行举报。海关对举报或者协助查获违反本法案件的有功单位和个人，应当给予精神的或者物质的奖励。海关应当为举报人保密。

第二章 进出境运输工具

第十四条 进出境运输工具到达或者驶离设立海关的地点时，运输工具负责人应当向海关如实申报，交验单证，并接受海关监管和检查。停留在设立海关的地点的进出境运输工具，未经海关同意，不得擅自驶离。进出境运输工具从一个设立海关的地点驶往另一个设立海关的地点的，应当符合海关监管要求，办理海关手续，未办结海关手续的，不得改驶境外。

第十五条 进境运输工具在进境以后向海关申报以前，出境运输工具在办结海关手续以后出境以前，应当按照交通主管机关规定的路线行进；交通主管机关没有规定的，由海关指定。

第十六条 进出境船舶、火车、航空器到达和驶离时间、停留地点、停留期间更换地点以及装卸货物、物品时间，运输工具负责人或者有关交通运输部门应当事先通知海关。

第十七条 运输工具装卸进出境货物、物品或者上下进出境旅客，应当接受海关监管。货物、物品装卸完毕，运输工具负责人应当向海关递交反映实际装卸情况的交接单据和记录。上下进出境运输工具的人员携带物品的，应当向海关如实申报，并接受海关检查。

第十八条 海关检查进出境运输工具时，运输工具负责人应当到场，并根据海关的要求开启舱室、房间、车门；有走私嫌疑的，并应当开拆可能藏匿走私货物、物品的部位，搬移货物、物料。海关根据工作需要，可以派员随运输工具执行职务，运输工具负责人应当提供方便。

第十九条 进境的境外运输工具和出境的境内运输工具，未向海关办理手续并缴纳关税，不得转让或者移作他用。

第二十条 进出境船舶和航空器兼营境内客、货运输，需经海关同意，并应当符合海关监管要求。进出境运输工具改营境内运输，需向海关办理手续。

第二十一条 沿海运输船舶、渔船和从事海上作业的特种船舶，未经海关同意，不得载运或者换取、买卖、转让进出境货物、物品。

第二十二条 进出境船舶和航空器，由于不可抗力的原因，被迫在未设立海关的地点停泊、降落或者抛掷、起卸货物、物品，运输工具负责人应当立即报告附近海关。

第三章　进出境货物

第二十三条 进口货物自进境起到办结海关手续止，出口货物自向海关申报起到出境止，过境、转运和通运货物自进境起到出境止，应当接受海关监管。

第二十四条 进口货物的收货人、出口货物的发货人应当向海关如实申报，交验进出口许可证件和有关单证。国家限制进出口的货物，没有进出口许可证件的，不予放行，具体处理办法由国务院规定。进口货物的收货人应当自运输工具申报进境之日起十四日内，出口货物的发货人除海关特准的外应当在货物运抵海关监管区后、装货的二十四小时以前，向海关申报。进口货物的收货人超过前款规定期限向海关申报的，由海关征收滞报金。

第二十五条 办理进出口货物的海关申报手续，应当采用纸质报关单和电子数据报关单的形式。

第二十六条 海关接受申报后，报关单证及其内容不得修改或者撤销；确有正当理由的，经海关同意，方可修改或者撤销。

第二十七条 进口货物的收货人经海关同意，可以在申报前查看货物或者提取货样。需要依法检疫的货物，应当在检疫合格后提取货样。

第二十八条 进出口货物应当接受海关查验。海关查验货物时，进口货物的收货人、出口货物的发货人应当到场，并负责搬移货物，开拆和重封货物的包装。海关认为必要时，可以径行开验、复验或者提取货样。经收发货人申请，海关总署批准，其进出口货物可以免验。

第二十九条 除海关特准的外，进出口货物在收发货人缴清税款或者提供担保后，由海关签印放行。

第三十条 进口货物的收货人自运输工具申报进境之日起超过三个月未向海关申报的，其进口货物由海关提取依法变卖处理，所得价款在扣除运输、装卸、储存等费用和税款后，尚有余款的，自货物依法变卖之日起一年内，经收货人申请，予以发还；其中属于国家对进口有限制性规定，应当提交许可证件而不能提供的，不予发还。逾期无人申请或者不予发还的，上缴国库。确属误卸或者溢卸的进境货物，经海关审定，由原运输工具负责人或者货物的收发货人自该运输工具卸货之日起三个月内，办理退运或者进口手续；必要时，经海关批准，可以延期三个月。逾期未办手续的，由海关按前款规定处理。前两款所列货物不宜长期保存的，海关可以根据实际情况提前处理。收货人或者货物所有人声明放弃的进口货物，由海关提取依法变卖处理；所得价款在扣除运输、装卸、储存等费用后，上缴国库。

第三十一条 经海关批准暂时进口或者暂时出口的货物，应当在六个月内复运出境或者复运进境；在特殊情况下，经海关同意，可以延期。

第三十二条 经营保税货物的储存、加工、装配、展示、运输、寄售业务和经营免税商店，应当符合海关监管要求，经海关批准，并办理注册手续。保税货物的转让、转移以及进出保税场所，应当向海关办理有关手续，接受海关监管和查验。

第三十三条 从事加工贸易，应当持有关批准文件和加工贸易合同向海关备案，加工贸易制成品单位耗料量由海关按照有关规定核定。加工贸易制成品应当在规定的期限内复出口。其中使用的进口料件，属于国家规定准予保税的，应当向海关办理核销手续；属于先征收税款的，依法向海关办理退税手续。加工贸易保税进口料件或者制成品因故转为内销的，海关凭准予内销的批准文件，对保税的进口料件依法征税；属于国家对进口有限制性规定的，还应当向海关提交进口许可证件。

第三十四条 经国务院批准在中华人民共和国境内设立的保税区等海关特殊监管区域，由海关按照国家有关规定实施监管。

第三十五条 进口货物应当由收货人在货物的进境地海关办理海关手续，出口货物应当由发货人在货物的出境地海关办理海关手续。经收发货人申请，海关同意，进口货物的收货人可以在设有海关的指运地、出口货物的发货人可以在设有海关的启运地办理海关手续。上述货物的转关运输，应当符合海关监管要求；必要时，海关可以派员押运。经电缆、管道或者其他特殊方式输送进出境的货物，经营单位应当定期向指定的海关申报和办理海关手续。

第三十六条 过境、转运和通运货物，运输工具负责人应当向进境地海关如实申报，并应当在规定期限内运输出境。海关认为必要时，可以查验过境、转运和通运货物。

第三十七条 海关监管货物，未经海关许可，不得开拆、提取、交付、发运、调换、改装、抵押、质押、留置、转让、更换标记、移作他用或者进行其他处置。海关加施的封志，任何人不得擅自开启或者损毁。人民法院判决、裁定或者有关行政执法部门决定处理海关监管货物的，应当责令当事人办结海关手续。

第三十八条 经营海关监管货物仓储业务的企业，应当经海关注册，并按照海关规定，办理收存、交付手续。在海关监管区外存放海关监管货物，应当经海关同意，并接受海关监管。违反前两款规定或者在保管海关监管货物期间造成海关监管货物损毁或者灭失的，除不可抗力外，对海关监管货物负有保管义务的人应当承担相应的纳税义务和法律责任。

第三十九条 进出境集装箱的监管办法、打捞进出境货物和沉船的监管办法、边境小额贸易进出口货物的监管办法，以及本法未具体列明的其他进出境货物的监管办法，由海关总署或者由海关总署会同国务院有关部门另行制定。

第四十条 国家对进出境货物、物品有禁止性或者限制性规定的，海关依据法律、行政法规、国务院的规定或者国务院有关部门依据法律、行政法规的授权作出的规定实施监管。具体监管办法由海关总署制定。

第四十一条 进出口货物的原产地按照国家有关原产地规则的规定确定。

第四十二条 进出口货物的商品归类按照国家有关商品归类的规定确定。海关可以要求进出口货物的收发货人提供确定商品归类所需的有关资料；必要时，海关可以组织化验、检验，并将海关认定的化验、检验结果作为商品归类的依据。

第四十三条 海关可以根据对外贸易经营者提出的书面申请，对拟作进口或者出口的货物预先作出商品归类等行政裁定。进口或者出口相同货物，应当适用相同的商品归类行政裁定。海关对所作出的商品归类等行政裁定，应当予以公布。

第四十四条 海关依照法律、行政法规的规定，对与进出境货物有关的知识产权实施保护。需要向海关申报知识产权状况的，进出口货物收发货人及其代理人应当按照国家规定向海关如实申报有关知识产权状况，并提交合法使用有关知识产权的证明文件。

第四十五条 自进出口货物放行之日起三年内或者在保税货物、减免税进口货物的海关监管期限内及其后的三年内，海关可以对与进出口货物直接有关的企业、单位的会计账簿、会计凭证、报关单证以及其他有关资料和有关进出口货物实施稽查。具体办法由国务院规定。

第四章 进出境物品

第四十六条 个人携带进出境的行李物品、邮寄进出境的物品，应当以自用、合理数量为限，并接受海关监管。

第四十七条 进出境物品的所有人应当向海关如实申报，并接受海关查验。海关加施的封志，任何人不得擅自开启或者损毁。

第四十八条 进出境邮袋的装卸、转运和过境，应当接受海关监管。邮政企业应当向海关递交邮件路单。邮政企业应当将开拆及封发国际邮袋的时间事先通知海关，海关应当按时派员到场监管查验。

第四十九条 邮运进出境的物品，经海关查验放行后，有关经营单位方可投递或者交付。

第五十条 经海关登记准予暂时免税进境或者暂时免税出境的物品，应当由本人复带出境或者复带进境。过境人员未经海关批准，不得将其所带物品留在境内。

第五十一条 进出境物品所有人声明放弃的物品、在海关规定期限内未办理海关手续或者无人认领的物品，以及无法投递又无法退回的进境邮递物品，由海关依照本法第三十条的规定处理。

第五十二条 享有外交特权和豁免的外国机构或者人员的公务用品或者自用物品进出境，依照有关法律、行政法规的规定办理。

第五章 关 税

第五十三条 准许进出口的货物、进出境物品，由海关依法征收关税。

第五十四条 进口货物的收货人、出口货物的发货人、进出境物品的所有人，是关税的纳税义务人。

第五十五条 进出口货物的完税价格，由海关以该货物的成交价格为基础审查确定。成交价格不能确定时，完税价格由海关依法估定。进口货物的完税价格包括货物的货价、货物运抵中华人民共和国境内输入地点起卸前的运输及其相关费用、保险费；出口货物的完税价格包括货物的货价、货物运至中华人民共和国境内输出地点装载前的运输及其相关费用、保险费，但是其中包含的出口关税税额，应当予以扣除。进出境物品的完税价格，由海关依法确定。

第五十六条 下列进出口货物、进出境物品，减征或者免征关税：

（一）无商业价值的广告品和货样；

（二）外国政府、国际组织无偿赠送的物资；

（三）在海关放行前遭受损坏或者损失的货物；

（四）规定数额以内的物品；

（五）法律规定减征、免征关税的其他货物、物品；

（六）中华人民共和国缔结或者参加的国际条约规定减征、免征关税的货物、物品。

第五十七条 特定地区、特定企业或者有特定用途的进出口货物，可以减征或者免征关税。特定减税或者免税的范围和办法由国务院规定。依照前款规定减征或者免征关税进口的货物，只能用于特定地区、特定企业或者特定用途，未经海关核准并补缴关税，不得移作他用。

第五十八条 本法第五十六条、第五十七条第一款规定范围以外的临时减征或者免征关税，由国务院决定。

第五十九条 经海关批准暂时进口或者暂时出口的货物，以及特准进口的保税货物，在货物收发货人向海关缴纳相当于税款的保证金或者提供担保后，准予暂时免纳关税。

第六十条 进出口货物的纳税义务人，应当自海关填发税款缴款书之日起十五日内缴纳税款；逾期缴纳的，由海关征收滞纳金。纳税义务人、担保人超过三个月仍未缴纳的，经直属海关关长或者其授权的隶属海关关长批准，海关可以采取下列强制措施：

（一）书面通知其开户银行或者其他金融机构从其存款中扣缴税款；

（二）将应税货物依法变卖，以变卖所得抵缴税款；

（三）扣留并依法变卖其价值相当于应纳税款的货物或者其他财

产，以变卖所得抵缴税款。海关采取强制措施时，对前款所列纳税义务人、担保人未缴纳的滞纳金同时强制执行。进出境物品的纳税义务人，应当在物品放行前缴纳税款。

第六十一条 进出口货物的纳税义务人在规定的纳税期限内有明显的转移、藏匿其应税货物以及其他财产迹象的，海关可以责令纳税义务人提供担保；纳税义务人不能提供纳税担保的，经直属海关关长或者其授权的隶属海关关长批准，海关可以采取下列税收保全措施：

（一）书面通知纳税义务人开户银行或者其他金融机构暂停支付纳税义务人相当于应纳税款的存款；

（二）扣留纳税义务人价值相当于应纳税款的货物或者其他财产。

纳税义务人在规定的纳税期限内缴纳税款的，海关必须立即解除税收保全措施；期限届满仍未缴纳税款的，经直属海关关长或者其授权的隶属海关关长批准，海关可以书面通知纳税义务人开户银行或者其他金融机构从其暂停支付的存款中扣缴税款，或者依法变卖所扣留的货物或者其他财产，以变卖所得抵缴税款。采取税收保全措施不当，或者纳税义务人在规定期限内已缴纳税款，海关未立即解除税收保全措施，致使纳税义务人的合法权益受到损失的，海关应当依法承担赔偿责任。

第六十二条 进出口货物、进出境物品放行后，海关发现少征或者漏征税款，应当自缴纳税款或者货物、物品放行之日起一年内，向纳税义务人补征。因纳税义务人违反规定而造成的少征或者漏征，海关在三年以内可以追征。

第六十三条 海关多征的税款，海关发现后应当立即退还；纳税义务人自缴纳税款之日起一年内，可以要求海关退还。

第六十四条 纳税义务人同海关发生纳税争议时，应当缴纳税款，并可以依法申请行政复议；对复议决定仍不服的，可以依法向人民法院提起诉讼。

第六十五条 进口环节海关代征税的征收管理，适用关税征收管理的规定。

第六章　海关事务担保

第六十六条　在确定货物的商品归类、估价和提供有效报关单证或者办结其他海关手续前，收发货人要求放行货物的，海关应当在其提供与其依法应当履行的法律义务相适应的担保后放行。法律、行政法规规定可以免除担保的除外。法律、行政法规对履行海关义务的担保另有规定的，从其规定，国家对进出境货物、物品有限制性规定，应当提供许可证件而不能提供的，以及法律、行政法规规定不得担保的其他情形，海关不得办理担保放行。

第六十七条　具有履行海关事务担保能力的法人、其他组织或者公民，可以成为担保人。法律规定不得为担保人的除外。

第六十八条　担保人可以以下列财产、权利提供担保：

（一）人民币、可自由兑换货币；

（二）汇票、本票、支票、债券、存单；

（三）银行或者非银行金融机构的保函；

（四）海关依法认可的其他财产、权利。

第六十九条　担保人应当在担保期限内承担担保责任。担保人履行担保责任的，不免除被担保人应当办理有关海关手续的义务。

第七十条　海关事务担保管理办法，由国务院规定。

第七章　执法监督

第七十一条　海关履行职责，必须遵守法律，维护国家利益，依照法定职权和法定程序严格执法，接受监督。

第七十二条　海关工作人员必须秉公执法，廉洁自律，忠于职守，文明服务，不得有下列行为：

（一）包庇、纵容走私或者与他人串通进行走私；

（二）非法限制他人人身自由，非法检查他人身体、住所或者场所，非法检查、扣留进出境运输工具、货物、物品；

（三）利用职权为自己或者他人谋取私利；

（四）索取、收受贿赂；

（五）泄露国家秘密、商业秘密和海关工作秘密；

（六）滥用职权，故意刁难，拖延监管、查验；

（七）购买、私分、占用没收的走私货物、物品；

（八）参与或者变相参与盈利性经营活动；

（九）违反法定程序或者超越权限执行职务；

（十）其他违法行为。

第七十三条 海关应当根据依法履行职责的需要，加强队伍建设，使海关工作人员具有良好的政治、业务素质。海关专业人员应当具有法律和相关专业知识，符合海关规定的专业岗位任职要求。海关招收工作人员应当按照国家规定，公开考试，严格考核，择优录用。海关应当有计划地对其工作人员进行政治思想、法制、海关业务培训和考核。海关工作人员必须定期接受培训和考核，经考核不合格的，不得继续上岗执行职务。

第七十四条 海关总署应当实行海关关长定期交流制度。海关关长定期向上一级海关述职，如实陈述其执行职务情况。海关总署应当定期对直属海关关长进行考核，直属海关应当定期对隶属海关关长进行考核。

第七十五条 海关及其工作人员的行政执法活动，依法接受监察机关的监督；缉私警察进行侦查活动，依法接受人民检察院的监督。

第七十六条 审计机关依法对海关的财政收支进行审计监督，对海关办理的与国家财政收支有关的事项，有权进行专项审计调查。

第七十七条 上级海关应当对下级海关的执法活动依法进行监督。上级海关认为下级海关作出的处理或者决定不适当的，可以依法予以变更或者撤销。

第七十八条 海关应当依照本法和其他有关法律、行政法规的规定，建立健全内部监督制度，对其工作人员执行法律、行政法规和遵守纪律的情况，进行监督检查。

第七十九条 海关内部负责审单、查验、放行、稽查和调查等主要岗位的职责权限应当明确，并相互分离、相互制约。

第八十条 任何单位和个人均有权对海关及其工作人员的违法、违纪行为进行控告、检举。收到控告、检举的机关有权处理的，应当依法按照职责分工及时查处。收到控告、检举的机关和负责查处的机关应当为控告人、检举人保密。

第八十一条 海关工作人员在调查处理违法案件时，遇有下列情形之一的，应当回避：

（一）是本案的当事人或者是当事人的近亲属；

（二）本人或者其近亲属与本案有利害关系；

（三）与本案当事人有其他关系，可能影响案件公正处理的。

第八章 法律责任

第八十二条 违反本法及有关法律、行政法规，逃避海关监管，偷逃应纳税款、逃避国家有关进出境的禁止性或者限制性管理，有下列情形之一的，是走私行为：

（一）运输、携带、邮寄国家禁止或者限制进出境货物、物品或者依法应当缴纳税款的货物、物品进出境的；

（二）未经海关许可并且未缴纳应纳税款、交验有关许可证件，擅自将保税货物、特定减免税货物以及其他海关监管货物、物品、进境的境外运输工具，在境内销售的；

（三）有逃避海关监管，构成走私的其他行为的。有前款所列行为之一，尚不构成犯罪的，由海关没收走私货物、物品及违法所得，可以并处罚款；专门或者多次用于掩护走私的货物、物品，专门或者多次用于走私的运输工具，予以没收，藏匿走私货物、物品的特制设备，责令拆毁或者没收。有第一款所列行为之一，构成犯罪的，依法追究刑事责任。

第八十三条 有下列行为之一的，按走私行为论处，依照本法第八十二条的规定处罚：

（一）直接向走私人非法收购走私进口的货物、物品的；

（二）在内海、领海、界河、界湖，船舶及所载人员运输、收购、贩卖国家禁止或者限制进出境的货物、物品，或者运输、收购、贩卖依法应当缴纳税款的货物，没有合法证明的。

第八十四条 伪造、变造、买卖海关单证，与走私人通谋为走私人提供贷款、资金、账号、发票、证明、海关单证，与走私人通谋为走私人提供运输、保管、邮寄或者其他方便，构成犯罪的，依法追究刑事责任；尚不构成犯罪的，由海关没收违法所得，并处罚款。

第八十五条 个人携带、邮寄超过合理数量的自用物品进出境，未依法向海关申报的，责令补缴关税，可以处以罚款。

第八十六条 违反本法规定有卜列行为之一的，可以处以罚款，有违法所得的，没收违法所得：

（一）运输工具不经设立海关的地点进出境的；

（二）不将进出境运输工具到达的时间、停留的地点或者更换的地点通知海关的；

（三）进出口货物、物品或者过境、转运、通运货物向海关申报不实的；

（四）不按照规定接受海关对进出境运输工具、货物、物品进行检查、查验的；

（五）进出境运输工具未经海关同意，擅自装卸进出境货物、物品或者上下进出境旅客的；

（六）在设立海关的地点停留的进出境运输工具未经海关同意，擅自驶离的；

（七）进出境运输工具从一个设立海关的地点驶往另一个设立海关的地点，尚未办结海关手续又未经海关批准，中途擅自改驶境外或者境内未设立海关的地点的；

（八）进出境运输工具，未经海关同意，擅自兼营或者改营境内运输的；

（九）由于不可抗力的原因，进出境船舶和航空器被迫在未设立海关的地点停泊、降落或者在境内抛掷、起卸货物、物品，无正当理由，不向附近海关报告的；

（十）未经海关许可，擅自将海关监管货物开拆、提取、交付、发运、调换、改装、抵押、质押、留置、转让、更换标记、移作他用或者进行其他处置的；

（十一）擅自开启或者损毁海关封志的；

（十二）经营海关监管货物的运输、储存、加工等业务，有关货物灭失或者有关记录不真实，不能提供正当理由的；

（十三）有违反海关监管规定的其他行为的。

第八十七条 海关准予从事有关业务的企业，违反本法有关规定的，由海关责令改正，可以给予警告，暂停其从事有关业务，直至撤销注册。

第八十八条 未经海关注册登记和未取得报关从业资格从事报关业务的，由海关予以取缔，没收违法所得，可以并处罚款。

第八十九条 报关企业、报关人员非法代理他人报关或者超出其业务范围进行报关活动的，由海关责令改正，处以罚款，暂停其执业；情节严重的，撤销其报关注册登记、取消其报关从业资格。

第九十条 进出口货物收发货人、报关企业、报关人员向海关工作人员行贿的，由海关撤销其报关注册登记，取消其报关从业资格，并处以罚款；构成犯罪的，依法追究刑事责任，并不得重新注册登记为报关企业和取得报关从业资格证书。

第九十一条 违反本法规定进出口侵犯中华人民共和国法律、行政法规保护的知识产权的货物的，由海关依法没收侵权货物，并处以罚款；构成犯罪的，依法追究刑事责任。

第九十二条 海关依法扣留的货物、物品、运输工具，在人民法院判决或者海关处罚决定作出之前，不得处理。但是，危险品或者鲜活、易腐、易失效等不宜长期保存的货物、物品以及所有人申请先行变卖的货物、物品、运输工具，经直属海关关长或者其授权的隶属海关关长批准，可以先行依法变卖，变卖所得价款由海关保存，并通知其所有人。人民法院判决没收或者海关决定没收的走私货物、物品、违法所得、走私运输工具、特制设备，由海关依法统一处理，所得价款和海关决定处以的罚款，全部上缴中央国库。

第九十三条 当事人逾期不履行海关的处罚决定又不申请复议或者向人民法院提起诉讼的，作出处罚决定的海关可以将其保证金抵缴或者将其被扣留的货物、物品、运输工具依法变价抵缴，也可以申请人民法院强制执行。

第九十四条 海关在查验进出境货物、物品时，损坏被查验的货物、物品的，应当赔偿实际损失。

第九十五条 海关违法扣留货物、物品、运输工具，致使当事人的合法权益受到损失的，应当依法承担赔偿责任。

第九十六条 海关工作人员有本法第七十二条所列行为之一的，依法给予行政处分；有违法所得的，依法没收违法所得；构成犯罪的，依法追究刑事责任。

第九十七条 海关的财政收支违反法律、行政法规规定的，由审计机关以及有关部门依照法律、行政法规的规定作出处理；对直接负责的主管人员和其他直接责任人员，依法给予行政处分；构成犯罪的，依法追究刑事责任。

第九十八条 未按照本法规定为控告人、检举人、举报人保密的，对直接负责的主管人员和其他直接责任人员，由所在单位或者有关单位依法给予行政处分。

第九十九条 海关工作人员在调查处理违法案件时，未按照本法规定进行回避的，对直接负责的主管人员和其他直接责任人员，依法给予行政处分。

第九章　附　则

第一百条 本法下列用语的含义：直属海关，是指直接由海关总署领导，负责管理一定区域范围内的海关业务的海关；隶属海关，是指由直属海关领导，负责办理具体海关业务的海关。进出境运输工具，是指用以载运人员、货物、物品进出境的各种船舶、车辆、航空器和驮畜。

过境、转运和通运货物，是指由境外启运、通过中国境内继续运往境外的货物。其中，通过境内陆路运输的，称过境货物；在境内设立海关的地点换装运输工具，而不通过境内陆路运输的，称转运货物；由船舶、航空器载运进境并由原装运输工具载运出境的，称通运货物。海关监管货物，是指本法第二十三条所列的进出口货物，过境、转运、通运货物，特定减免税货物，以及暂时进出口货物、保税货物和其他尚未办结海关手续的进出境货物。保税货物，是指经海关批准未办理纳税手续进境，在境内储存、加工、装配后复运出境的货物。海关监管区，是指设立海关的港口、车站、机场、国界孔道、国际邮件互换局（交换站）和其他有海关监管业务的场所，以及虽未设立海关，但是经国务院批准的进出境地点。

第一百零一条 经济特区等特定地区同境内其他地区之间往来的运输工具、货物、物品的监管办法，由国务院另行规定。

第一百零二条 本法自1987年7月1日起施行。1951年4月18日中央人民政府公布的《中华人民共和国暂行海关法》同时废止。

附录二

世界海关组织

世界海关组织（World Customs Organization，简称 WCO）前称海关合作理事会（Customs Co－operation Council，简称 CCC），是一个独立的政府间的多边国际组织，正式成立于 1952 年，其前身是 1947 年设立的欧洲海关同盟研究小组。

一、世界海关组织的创立

1947 年 9 月 12 日，经欧洲经济合作委员会 13 个成员国的同意成立工作组，即欧洲海关同盟研究小组，就成立一个或多个以关贸总协定的原则为基础的欧洲海关同盟的可行性进行研究。1948 年，该工作组在布鲁塞尔成立了两个委员会，即经济委员会和海关委员会。经济委员会即经济合作与发展组织的前身（the Organization for Economic Cooperation and Development，简称 OECD），而海关委员会则发展成为后来的海关合作理事会。

1952 年，《关于设立海关合作理事会的公约》正式生效，理事会也因此宣告成立，并于 1953 年 1 月 26 日在比利时首都布鲁塞尔召开了第一次代表大会，来自欧洲的 17 个国家参加了此次大会。30 年后，海关合作理事会将每年的 1 月 26 日定为世界海关日。

随着成员国的不断增长，为了适应其向国际性组织的转变，WCO 自 1994 年起对外正式更名为世界海关组织。至今，世界海关组织的成员已发展到了 164 个，几乎遍布了所有大洲并代表了经济发展的各个不同阶段。目前，世界上 95% 以上的国际贸易都发生在 WCO 成员国间。

1983 年 7 月 28 日，中国正式加入《关于设立海关合作理事会的公约》，并由此成为海关合作理事会的第 95 个成员国。香港海关和澳门海关则分别于 1987 年和 1993 年以非主权国家的单独关境身份加入该组织。

二、世界海关组织的宗旨与职权

世界海关组织的宗旨是通过政府合作来确保全世界各种海关制度最大程度的和谐与一致，以利于国际贸易的发展；通过制定国际公约推动各国海关的合作，在促进协调和简化海关手续、方便国际贸易方面起着积极作用。

其主要职权有：

1. 研究与海关事务有关的所有合作问题。

2. 从技术上和与之有关的经济因素上，审查各项海关制度，以便向其他成员提出取得高度协调与统一的切实可行的手段与步骤。

3. 草拟公约及公约的修正案，并建议有关成员国政府采纳。

4. 为确保所通过的协议在解释和实施方面的统一提出建议书，并根据公约和规定履行公约可能赋予的其他职能。

5. 以调停人身份，对有关公约解释与执行所产生的争议的解决提出建议。

6. 确保海关规章及手续的情况交流。

7. 主动或应邀，就公约管辖的海关事务向有关政府提供咨询及信息，并就此提出建议。

8. 在其职责范围内与其他政府间组织开展合作。

三、世界海关组织的组织及其机构

WCO 是一个世界论坛，它为各成员国的代表们在解决海关相关问题时提供了一个平等交流的平台，每个成员国都派有一个代表并拥有一张选票，同时，成员国们也能充分利用由秘书处或其他成员提供的技术协助及培训服务。

WCO 由一个全权理事会和一个政策委员会来领导（由 24 个成员国组成），由财政委员会（由 17 个成员国组成）提出财政意见。理事会是 WCO 的最高决策机构，每年召开一次年会，由各成员国海关（现有 164 个成员）署长出席。政策委员会作为理事会的核心，指导小组每年召开两次会议，自从1986年推行地区化政策以来，该委员会的6名成员还分别兼任代表6个地区的工作。中国目前是亚太地区的代表，负责协调和召集本地区的有关活动。地区代表的任期一般为两年。

秘书处则是WCO的日常办事机构，由秘书长领导，目前的秘书长是来自法国的Mr. Michel Danet。来自各成员国或被直接指派到WCO的约六十个专家技术人员为WCO的各种计划和项目提供高水平的专业技术知识。而当地新招募的人员则负责秘书、笔译、口译和其他日常工作。WCO的官方工作语言为英语和法语，但在某些技术性会议上也会使用西班牙语。

目前理事会设有9个委员会：

- PERMANENT TECHNICAL COMMITTEE, including the Information（常设技术委员会）
Management Sub – Committee
- ENFORCEMENT COMMITTEE（执法委员会）
- HARMONIZED SYSTEM COMMITTEE, including the Harmonized（协调制度委员会）
System Review Sub – Committee and the Scientific Sub – Committee
- TECHNICAL COMMITTEE ON CUSTOMS VALUATION（海关估价技术委员会）
- TECHNICAL COMMITTEE ON RULES OF ORIGIN（原产地规则委员会）
- FINANCE COMMITTEE（财政委员会）

四、世界海关组织的主要业务

海关技术、税则归类和估价一般被认为是WCO的三大业务支柱。在WCO秘书处内亦相应地设立3个职能司。这3个职能司通过各个专业技术委员会对本司分管范围内的业务问题开展工作。海关技术司负责常设技术委员会、执法委员会计算机分委会和1972年集装箱公约（由联合国海事组织制定并委托WCO管理）管理委员会。税则归类司负责协调制度委员会、税则委员会、协调制度审议分委会和科学分委会。估价司负责海关估价（即关贸总协定估价协议）技术委员会和估价技术委员会（布鲁塞尔定义）。上述专业委员会中，执法、协调制度、常设技术和海关估价技术委员会是 WCO 的重点委员会。另外还有总政策委员会、财政委员会、反舞弊和反走私委员会等。随着今年 WCO 培训工作的重视以及关贸总协定乌拉圭回合的结束，另行在秘书处内设立两个副司级的分司：培训分司和原产地分司，分别负责培训工作小组和原产地规则委员会。

五、世界海关组织的工作特点

多年以来，世界海关组织致力于协调各成员国间的海关通关程序，并取得了一定的成果。但随着国际贸易的进一步发展和世界形势的不断变化，世界海关组织的工作逐步呈现了一些新的特点。

1. 紧跟科技潮流提高服务水平和质量

为适应国际货物增长，信息技术的飞速发展和基于质量服务与顾客满意的高度竞争的商业环境，WCO 发展和引进了协调商品描述和密码系统，被世界范围内广泛运用于区分商品用于海关税收的基础，并且理事会于 1999 年 6 月通过了被修改的海关程序简单化的国际惯例。所有这些都对传统的海关方式和程序发生冲突。

2. 适应形势加强与其他国际组织的合作

近年来，WCO 与 WTO、UNCTAD 密切合作，共同努力，在全世界范围内通过简化和协调海关程序和过程，来逐步消除贸易壁垒。通过三者的努力，必将对贸易条件和贸易服务的改善作出巨大的贡献。同时，WCO 与 ICC 的联系也更为紧密，双方就进一步在全球范围内规范和提高海关能力达到合作协议。另外，由于全球经济一体化及科学技术的发展，使得商业贸易不断国际化，各国的经济依赖性不断加强，WCO 的工作也更为多样，如对知识产权的保护、武器禁运、反经济诈骗、消费者权益保护、禁毒、反洗黑钱、反化学污染、文物保护等，为此，WCO 与其他国际政府组织关系越来越为密切，如国际刑警组织、联合国禁毒委、关贸总协定甚至 7 国首脑会议等。

3. 重视成员国的海关管理

尽管世界海关组织已取得了一些显著的成果，但是更加有效高效的措施并没有在世界范围内的各成员国之间得到普遍发展，事实上许多成员国仍然遭受着效率不高或腐败的不良影响。特别是在发展中国家，由于腐败过于严重，导致某些国际信贷机构如国际货币基金组织在提供贷款时向受援国提出附加条件，要求有关国家在进口时向专营公司申请办理“装运前检查”（PSI）。WCO 对此引起高度重视，多次开会商讨对策，并于 1992 年发表“阿鲁沙宣言”，首次提出海关廉政。为此，WCO 给各成员国提供了广泛的技术援助，并开展海关改革和海关现代化（CRM）计划，旨在帮助那些寻求自立的成员国加强管理能力，制订合理有效的海关程序。

4. 加强海关的现代化建设

信息和数据是控制国际贸易的重要因素，尤其是在当今电子信息技术飞速发展的今天，建立强大的海关数据管理系统是非常必要的。为此，WCO 大力推行电子计算机在海关监管中的运用，开发研制了海关 EDI 监管系统，并建立了中央信息系统和各种数据库，以方便成员国查询与使用，从而达到提高效率、节省时间和成本的目的。

5. 重视人力资源的发展与培训

WCO 认为海关人员的素质对于一国海关的建设有着至关重要的作用。为此，WCO 提出了人力资源发展计划，向成员国提供人力资源发展援助（Human Recourse Development Services，HRDS），主要通过在国家或地区范围内组织专家团、编写培训教材、举办高级官员管理班以及召开培训工作会议等方式展开。同时，鉴于目前的面对面的正式培训只能使少部分成员国受益，WCO 还提出了远程教育计划，以使得培训面更为广泛，也使得各国可以根据本国的实情国情制定培训计划。

六、世界海关组织与中国海关

从 1972 年起，海关合作理事会多次来函邀请中国海关参加该会的活动，并希望中国早日成为其成员。1979 年 7 月，中国海关管理局局长朱剑白首次率领中国海关代表团访问海关合作理事会，并同当时的该会秘书长雷德福举行了会谈，建立了正式联系。1980 年 2 月，中国首次派观察员列席在布鲁塞尔召开的第 20 届协调制度委员会会议。此后，中国以观察员身份参加了海关合作理事会召开的部分专业会议和年会。中国海关于 1983 年 7 月 28 日加入 WCO，成为该组织第 95 个成员。1987 年 4 月，在我国驻比利时大使馆还专门设立了参赞级海关处，以进一步密切与海关合作理事会的联系，发展和加强同理事会的友好合作关系。中国海关于 1983 年参加世界海关组织后，已经加入了该组织制定或管理的 7 个国际公约，加速了中国海关业务制度与国际通行海关规则的接轨。目前，中国海关已与 11 个国家的海关签订了海关双边行政互助协议，为加强与各国海关业务的进一步合作奠定了基础。

在过去的 10 多年中，中国海关由一个冷静观察的成员发展成至今较为活跃的成员，受到各成员国海关及 WCO 的高度评价和注目。归纳起来，中国海关在加入 WCO 以来所取得的成就主要有以下几个方面:

1. 积极主动地与国际标准接轨，并取得成效

自 1983 年加入 WCO 以来，中国海关一直致力于严格按照海关组织的原则办事，不断适应日益更新的国际标准，根据 WCO 的要求改革、规范、发展和创新海关业务制度，加强中国海关的现代化管理，推广 EDI 的进一步运用，并且在货物估价、风险评估和货物风险管理为世界海关组织中其他成员、特别是发展中国家树立了榜样。在知识产权保护方面，中国海关已建立起一套完整的知识产权执法体系，培养了一支高素质、专业化的执法队伍，建立了从货运到行李邮递渠道，从报关、审单到查验环节的全方位知识产权保护监控体系。

在第一次全球反假冒大会上，中国海关保护知识产权所取得的成绩在与会者中引起巨大反响。世界海关组织认为中国海关对知识产权的保护，特别是在出口环节的执法，值得其他国家海关效仿。

2. 在世界海关组织中的地位越来越重要

1992 年中国海关入选政策委员会成员，并于次年当选为该委员会中的亚太地区代表，这是我国海关在更高层次上参与 WCO 的事务，同时对我国海关外事工作提出了更高的要求和挑战。

2004年6月26日中国海关总署在世界海关组织理事会年会上当选为世界海关组织副主席，任期两年。这是中国海关自1983年加入世界海关组织后首次当选为该组织副主席。这也意味着中国海关登上了一个新的台阶，面临的责任和挑战也越来越重了。

3. 在世界海关的舞台上越来越活跃

自中国海关入选政策委员会成员以来，于1994年12月成功地在北京举办了32届政策委员会，为我国海关在国际海关界争得了名誉。

1996年6月21日，中国在深圳主办了首届亚欧海关署长会议，中国海关总署署长钱冠林担任此次会议主席，来自亚欧会议25个成员国的海关署长和高级官员及欧盟委员会海关和间接税总司司长出席了这一盛会。各国就加强亚欧海关在打击非法毒品和军火交易、商业欺诈和其他违法行为方面的合作及简化海关手续问题交换了意见。会议通过了“声明”，决定建立联络官机制，并分别成立打击非法毒品贸易和其他国际犯罪的执法工作组和简化、协调海关手续工作组。

日前，中国海关总署又与世界海关组织签署了《RILO东道主协议》，正式在北京承办新一届世界海关组织亚太情报联络中心，这是在中国设立的第一个政府间海关国际性组织机构。Regional Intelligence Liaison Office，（RILO），是在世界海关组织框架下执法联络、情报交流领域的区域性海关合作机构。中国海关承办新一届亚太RILO，将有助于推动本地区成员海关间的情报工作交流和执法合作，维护本地区的贸易安全。

4. 积极参加各类研讨会、培训班

中国海关自加入WCO后积极地参加WCO举办的各类研讨会和培训班，如协调制度公约、EDI运用等。通过参加这些活动，使我国海关对有关国际公约等有了更深入的了解，为我国日后在国际海关舞台上发挥更重要的作用提供了必要的支持。

附录三

代码表

1. 监管方式代码表

监管方式 代码	监管方式简称	贸易方式全称
0110	一般贸易	一般贸易
0130	易货贸易	易货贸易
0214	来料加工	来料加工装配贸易进口料件及加工出口货物
0243	来料以产顶进	来料加工成品以产顶进
0245	来料料件内销	来料加工料件转内销
0255	来料深加工	来料深加工结转货物
0258	来料余料结转	来料加工余料结转
0265	来料料件复出	来料加工复运出境的原进口料件
0300	来料料件退换	来料加工料件退换
0320	不作价设备	加工贸易外商提供的不作价进口设备
0345	来料成品减免	来料加工成品凭征免税证明转减免税
0420	加工贸易设备	加工贸易项下外商提供的进口设备
0444	保税区进料成品	按成下税的保税区进料加工成品转内销货物
0445	保税区来料成品	按成下税的保税区来料加工成品转内销货物
0446	加工设备内销	加工贸易免税进口设备转内销
0456	加工设备结转	加工贸易免税进口设备结转
0466	加工设备退运	加工贸易免税进口设备退运出境
0513	补偿贸易	补偿贸易
0544	保税区进料料件	按料件征税的保税区进料加工成品转内销货物
0545	保税区来料料件	按料件征税的保税区来料加工成品转内销货物

续 表

监管方式 代码	监管方式简称	贸易方式全称
0615	进料对口	进料加工（对口合同）
0642	进料以产顶进	进料加工成品以产顶进
0644	进料料件内销	进料加工料件转内销
0654	进料深加工	进料深加工结转货物
0657	进料余料结转	进料加工余料结转
0664	进料料件复出	进料加工复运出境的原进口料件
0700	进料料件退换	进料加工料件退换
0715	进料非对口	进料加工（非对口合同）
0744	进料成品减免	进料加工成品凭征免税证明转减免税
0815	低值辅料	低值辅料
0844	进料边角料内销	进料加工项下边角料转内销
0845	来料边角料内销	来料加工项下边角料转内销
0864	进料边角料复出	进料加工项下边角料复出口
0865	来料边角料复出	来料加工项下边角料复出口
1110	对台贸易	对台直接贸易
1139	国轮油物料	中国籍运输工具境内添加的保税油料、物料
1215	保税工厂	保税工厂
1233	保税仓库货物	保税仓库进出境货物
1234	保税区仓储转口	保税区进出境仓储转口货物
1300	修理物品	进出境修理物品
1427	出料加工	出料加工
1500	租赁不满一年	租期不满一年的租赁贸易货物
1523	租赁贸易	租期在一年及以上的租赁贸易货物
1616	寄售代销	寄售、代销货物
1741	免税品	免税品

续 表

监管方式 代码	监管方式简称	贸易方式全称
1831	外汇商品	免税外汇商品
2025	合资合作设备	合资合作企业作为投资进口设备物品
2215	三资进料加工	三资企业为履行出口合同进口料件和出口成品
2225	外资设备物品	外资企业作为投资进口的设备物品
2439	常驻机构公用	外国常驻机构进口办公用品
2600	暂时进出货物	暂时进出口货物
2700	展览品	进出境展览品
2939	陈列样品	驻华商业机构不复运出口的进口陈列样品
3010	货样广告品 A	有经营权单位进出口的货样广告品
3039	货样广告品 B	无经营权单位进出口的货样广告品
3100	无代价抵偿	无代价抵偿货物
3339	其他进口免费	其他进口免费提供货物
3410	承包工程进口	对外承包工程进口物资
3422	对外承包出口	对外承包工程出口物资
3511	援助物资	国家和国际组织无偿援助物资
3612	捐赠物资	华侨、港澳台同胞、外籍华人捐赠物资
4019	边境小额	边境小额贸易（边民互市贸易除外）
4039	对台小额	对台小额贸易
4200	驻外机构运回	我驻外机构运回旧公用物品
4239	驻外机构购进	我驻外机构境外购买运回国的公务用品
4400	来料成品退换	来料加工成品退换
4500	直接退运	直接退运
4539	进口溢误卸	进口溢卸、误卸货物
4561	退运货物	因质量不符、延误交货等原因退运进出境货物
4600	进料成品退换	进料成品退换

续 表

监管方式 代码	监管方式简称	贸易方式全称
5000	料件进出区	用于区内外非实际进出境货物
5015	区内加工货物	加工区内企业从境外进口料件及加工出口成品
5033	区内仓储货物	加工区内仓储企业从境外进口的货物
5100	成品进出区	用于区内外非实际进出境货物
5200	区内边角调出	用于区内外非实际进出境货物
5300	设备进出区	用于区内外非实际进出境货物
5335	境外设备进区	加工区内企业从境外进口的设备物资
5361	区内设备退运	加工区内设备退运境外
9639	海关处理货物	海关变卖处理的超期未报货物，走私违规货物
9700	后续补税	无原始报关单的后续补税
9739	其他贸易	其他贸易
9800	租赁征税	租赁期一年及以上的租赁贸易货物的租金
9839	贸赠转卖物品	外交机构转售境内或国际活动留赠放弃特批货
9800	其他	其他

2. 征减免税方式代码表

征减免税方式代码	征减免税方式名称
1	照章征税
2	折半征税
3	全免
4	特案
5	征免性质
6	保证金
7	保函
8	折半补税
9	全额退税

3. 运输方式代码表

运输方式代码	运输方式名称
0	非保税区运入保税区和保税区退区
1	境内存入出口监管仓和出口监管仓退仓
2	江海运输
3	铁路运输
4	汽车运输
5	航空运输
6	邮运
7	保税区运往非保税区
8	保税仓库转内销
9	其他运输
Z	出口加工区

4. 结汇方式代码表

结汇方式代码	结汇方式名称
1	信汇
2	电汇
3	票汇
4	付款交单
5	承兑交单
6	信用证
7	先出后结
8	先结后出
9	其他

5. 监管证件名称代码表

许可证或批文名称	许可证或批文代码	许可证或批文名称	许可证或批文代码
1	进口许可证	I	精神药物进（出）口准许证
4	出口许可证	J	金产品出口证或人总行进口批件
5	定向出口商品许可证	N	机电产品进口证明
6	旧机电产品禁止进口	O	机电产品进口登记表
7	重要工业品证明或自动登记证明	P	进口废物批准证书
8	禁止出口商品	Q	进口药品通关单
9	禁止进口商品	S	进出口农药登记证明
A	检验检疫入境货物通关单	T	银行调运外币现钞进出境许可证
B	检验检疫出境货物通关单	U	白银进口准许证
D	关税进口配额	W	麻醉药品进出口准许证
F	濒危物种进出口允许证	X	有毒化学品环境管理放行通知单
G	被动出口配额证	Z	音像制品发行许可证或样带提取单

6. 用途代码表

用途代码	用途名称
01	外贸自营内销
02	特区内销
03	其他内销
04	企业自用
05	加工返销
06	借用
07	收保证金
08	免费提供
09	作价提供

续 表

用途代码	用途名称
10	货样、广告品
11	其他
13	以产顶进

7. 币制代码表

货币代码	货币符号	货币名称	货币代码	货币符号	货币名称
110	HKD	港币	304	DEM	德国马克
113	IRR	伊朗里亚尔	305	FRF	法国法郎
116	JPY	日本元	306	IEP	爱尔兰镑
118	KWD	科威特第纳尔	307	ITL	意大利里拉
121	MOP	澳门元	309	NLG	荷兰盾
122	MYR	马来西亚林吉特	312	ESP	西班牙比赛塔
127	PKR	巴基斯坦卢比	315	ATS	奥地利先令
129	PHP	菲律宾比索	318	FIM	芬兰马克
132	SGD	新加坡元	326	NOK	挪威克郎
136	THB	泰国铢	330	SEK	瑞典克郎
142	CNY	人民币	331	CHF	瑞士法郎
143	TWD	台币	332	SUR	苏联卢布
201	DZD	阿尔及利亚第纳尔	398	ASF	清算瑞士法郎
300	EUR	欧元	501	CAD	加拿大元
301	BEF	比利时法郎	502	USD	美元
302	DKK	丹麦克郎	601	AUD	澳大利亚元
303	GBP	英镑	609	NZD	新西兰元

8. 计量单位代码表

计量单位代码	计量单位名称	计量单位代码	计量单位名称	计量单位代码	计量单位名称	计量单位代码	计量单位名称
001	台	027	棵	052	千盒	083	盎司
002	座	028	株	053	千支	084	克拉
003	辆	029	井	054	千个	085	市尺
004	艘	030	米	055	亿支	086	码
005	架	031	盘	056	亿个	088	英寸
006	套	032	平方米	057	万套	089	寸
007	个	033	立方米	058	千张	095	升
008	只	034	筒	059	万张	096	毫升
009	头	035	千克	060	千伏安	097	英加仑
010	张	036	克	061	千瓦	098	美加仑
011	件	037	盆	062	千瓦时	099	立方英尺
012	支	038	万个	063	千升	101	立方尺
013	枝	039	具	067	英尺	110	平方码
014	根	040	百副	070	吨	111	平方英尺
015	条	041	百支	071	长吨	112	平方尺
016	把	042	百把	072	短吨	115	英制马力
017	块	043	百个	073	司马担	116	公制马力
018	卷	044	百片	074	司马斤	118	令
019	副	045	刀	075	斤	120	箱
020	片	046	疋	076	磅	121	批
021	组	047	公担	077	担	122	罐
022	份	048	扇	078	英担	123	桶
023	幅	049	百枝	079	短担	124	扎
025	双	050	千只	080	两	125	包
026	对	051	千块	081	市担	126	箩

续 表

计量单位代码	计量单位名称	计量单位代码	计量单位名称	计量单位代码	计量单位名称	计量单位代码	计量单位名称
127	打	132	本	139	粒	144	万双
128	筐	133	发	140	盒	145	万粒
129	罗	134	枚	141	合	146	千粒
130	匹	135	捆	142	瓶	147	千米
131	册	136	袋	143	千支	148	千英尺

9. 成交方式代码表

成交方式代码	成交方式名称
1	CIF
2	C&F
3	FOB
4	C&I
5	市场价
6	垫仓

10. 地区性质代码表

地区性质代码	地区性质名称
1	经济特区
2	沿海开放城市
3	经济技术开发区
4	经济开放区
5	海南省
6	西藏自治区
7	广东省
8	福建省

续　表

地区性质代码	地区性质名称
9	北京市、新疆
A	保税工业区
B	新技术开发园区

11. 企业性质代码表

企业性质代码	企业性质名称
1	国有
2	合作
3	合资
4	独资
5	集体
6	私营
8	报关
9	其他

参考文献

1. 陶明，杨永康，李元旭．现代海关实务．复旦大学出版社

2. 尤建新．海关管理与进出口商品检验导论．同济大学出版社

3. 王普光，何晓兵，齐忠平．关税理论政策与实务．对外贸易教育出版社

4. 杨圣明，黄胜强．中国关税制度改革．中国社会科学出版社

5. 周华洋．最新关税纳税筹划实务．民主与建设出版社

6. 黄天华．WTO 与中国关税．复旦大学出版社

7. 王意家，甄鸣，孙国权．中国海关概论．中国海关出版社

现代物流与采购管理系列教材

物流经济学	言　木　赵　娴
物流经济地理	陈　焰
现代物流企业经营管理	张大成
物流园区规划与设计	潘文安
企业物流工程	邹安全
物流成长与创新	龙　江
采购与供应链管理	霍　红　华　蕊
现代配送管理	白世贞　言　木
项目采购管理	刘北林　马常红
国际货物运输保险理论与实务	顾寒梅　张　华
进出口通关实务	温耀庆
现代物流管理案例集	蒋长兵